Hier spielte die Bundesliga vor 40 Jahren: Die Schalker Glückauf-Kampfbahn 1963, mit Holztribünen und einer Aschenbahn rund um das Spielfeld. 38000 Zuschauer passten damals ins Stadion. Einige Jahre zuvor kamen vor lauter Begeisterung auch 70000 in die Glückauf-Kampfbahn, um Fußball zu sehen. Heute steht das legendäre Stadion unter Denkmalschutz

Ullstein Verlag
Ullstein ist ein Verlag des
Verlagshauses Ullstein Heyne List
GmbH & Co. KG
Originalausgabe

Projektleitung: BILD
Herausgeber: Alfred Draxler
Redaktionelle Leitung: Gerald Selch, Klaus-Peter Witt
Art Direction & Umschlaggestaltung: Hans-Peter Lobmeyer
Fotoredaktion: Wiebke Eichhorst
Textchef: Stefan Hehn
Textredaktion: Gerhard Peters, Ursula Vielberg,
Matthias Müller, Peter Wenig
Texte: BILD-Sportredaktion
Layout & Produktion: Anette Broll, Hans-Peter Lobmeyer,
Andreas Paselk, Sebastian Stange
Technische Koordination: Eddi Zavrl
Schlussredaktion: Jürgen W. Müller
Dokumentation: Henning Feindt, Babak Milani
Statistiken: IMP Bundesliga-Datenbank (Stand: 25. Mai 2003)
Koordination: BILD-Merchandising
Repro: AMOS, Hamburg
Coverfoto: Fred Joch
Fotos: Baader, Baumann, Beil, Bongarts, Firo, GES, Harder,
Horstmüller, Joch, Kreft, Kunz, Metelmann, Multhaup, Pohl,
Rauchensteiner, Rust, Schumann, Simon, Ullstein, Werek, Witters
Druck und Weiterverarbeitung:
MOHN Media • Mohndruck GmbH, Gütersloh

Printed in Germany
ISBN 3-548-42085-0

40 Jahre Bundesliga

Die besten Fotos
Die besten Geschichten

01

Herausgegeben von Alfred Draxler
und der BILD-Sportredaktion

ULLSTEIN

Liebe Leser,
mit diesem BILD-Buch halten Sie ein Geburtstags-Geschenk in den Händen. Die Bundesliga feiert ihren 40. – und wir von der BILD-Sportredaktion möchten auf diesem Wege gratulieren.

Mit den besten Fotos, mit den besten Geschichten aus 40 Jahren Bundesliga.

Als unsere Liga am 24. August 1963 startete, war das ein historisches Datum für den deutschen Sport. Es wurde eine Erfolgs-Story. Mehr als 300 Millionen Zuschauer kamen an den 1355 Spieltagen in die Stadien. Die Bundesliga gehört zu unserem Leben. Viele Fußballfans freuen sich Woche für Woche: Donnerstag, Freitag, Samstag, 15.30 Uhr – endlich Bundesliga... Das Beste aus 40 Jahren findet sich in diesem Buch.

Und: Es ist nicht nur ein Buch über die Bundesliga, sondern mit der Bundesliga. Die größten Trainer und Stars haben ihre besten Geschichten hier noch einmal niedergeschrieben. Geschichten, die in ihrer Zeit ganz Deutschland bewegten.

Fußball-Kaiser Franz Beckenbauer führt Sie durch die 40 Jahre. Lesen Sie Hintergründe, Analysen, Statistiken. Feiern Sie ein Wiedersehen mit Ihren Helden.

Dieses Buch ist eine Zeitreise durch die Fußball-Geschichte. „Das Herz des Fußballs schlägt in der Bundesliga", sagt Franz Beckenbauer. Dem ist nichts hinzuzufügen.

Viel Spaß beim Lesen!

Ihr
Alfred Draxler

Alfred Draxler, BILD-Sportchef

Franz Beckenbauer hat die Bundesliga seit ihrer Gründung begleitet. Er schreibt über sein erstes Spiel, seinen Aufstieg, seine Meisterschaften. Der Kaiser kommentiert außerdem die Ereignisse aus jeder Saison

60er

70er

Inhalt

80er

90er

2000er

Statistik

T · Mobile
BUNDES

Meisterjubel

Immer wieder ein Höhepunkt: Die Ehrung der Meister. Früher gab's einen Händedruck, heute Böller, Bühne und Konfetti-Regen. So feierte 2003 der FC Bayern München den Titel

Sturzflug

Der Einsatz ist härter geworden, oft an der Grenze des Erlaubten. Luft-Crash inklusive. Robert Kovac (Leverkusen) und der Bremer Andre Wiedener legen eine unsanfte Landung hin

Haarscharf

Millimeter entscheiden. Über Tore, Titel und Millionen. Horst Heese verpasst am Hamburger Rothenbaum den Ball kurz vor der Torlinie. Die Schalker Rüssmann, van den Berg und Nigbur bangen

Uns Uwe

Einer der Größten aus 40 Jahren Bundesliga: Uwe Seeler, in Hamburg nur „Uns Uwe" (unser Uwe) genannt. Nach seinem Abschiedsspiel am 1. Mai 1972 trugen ihn die Fans auf den Schultern aus dem Volksparkstadion

Kopfsache

In jedem Spiel neu: das Duell Torwart-Faust gegen Stürmer-Kopf. Kevin Kuranyi (o.) vom VfB Stuttgart riskiert alles gegen Werder-Torwart Pascal Borel

Akrobatisch

Viele ausländische Spieler haben die Bundesliga-Spiele attraktiver gemacht. Akrobatische Schüsse wie von Zé Roberto bringen einen Hauch Copacabana in unsere Stadien

Franz Beckenbauer

Die Bundesliga - wir haben viel

Mit 18 Jahren machte Franz Beckenbauer 1964 sein erstes Spiel für den FC Bayern – als Linksaußen im Bundesliga-Aufstiegsspiel beim FC St.Pauli (4:0). 1965 gelang der Aufstieg, Franz spielte danach bis 1982 stolze 424mal in der Bundesliga.

Von FRANZ BECKENBAUER

40 Jahre Bundesliga – fast zwei Drittel meines Lebens begleitet sie mich und ich sie. Otto Rehhagel ist vielleicht noch ein bissel mehr ein Kind der Liga, weil er schon seit Beginn 1963 dabei ist. Ich stieß erst mit dem Aufstieg des FC Bayern 1965 dazu.

Das erste Bundesliga-Spiel – ich erinnere mich noch wie heute. Es war gleich das Lokalderby gegen die Löwen. „Timo" Konietzka machte das 1:0-Siegtor für 1860 München in der ersten Minute. Weil ich zu jung und zu schmächtig war, hatte mich Trainer Cajkovski nur ins Mittelfeld gestellt. Mein Glück war, dass unser rustikaler Mittelläufer (den Libero gab's noch nicht) „Pitter" Danzberg gleich vom Platz flog. Der angeblich gefoulte Konietzka saß feixend auf dem Rasen und drehte Danzberg eine lange Nase: Ätsch, du musst raus. Und ich bekam die geliebte Mittelläufer-Rolle. Ein Jahr später wurde der Libero erfunden.

Die ersten Jahre der Bundesliga klingen für uns heute sehr romantisch.

Oft bist du zu den weiten Reisen nach Köln oder Hamburg im Schlafwagen gerollt. Und da passierte es, dass schon mal das Mobiliar zu Bruch ging. Man muss zugeben: Wir haben damals bei den Fahrten mehr gehaust als logiert. In Luxushotels kamen wir gar nicht erst rein. Fußballer galten als „nicht gesellschaftsfähig". So hast du in schlichten Unterkünften deine Nächte mit einem Mitspieler verbracht. Mein Doppelbett-Partner war immer Gerd Müller, ein schnarchender Frühaufsteher.

Damals galten noch etwas engere Moralvorstellungen. Wegen eines unehelichen Kindes beschloss der

Die erfolgreichsten Jahre des Bayern-Kapitäns: Sein Team schaffte den Titel-Hattrick in der Bundesliga und auch im Europapokal der Landesmeister. Höhepunkt: Der WM-Sieg 1974

und ich erlebt

Die 80er

Die Sensation im September 1980: Franz Beckenbauer kehrt mit 35 Jahren von Cosmos New York in die Bundesliga zurück, spielt bis 1982 für den HSV. Würdiger Abschluss: Der Meistertitel

Die 90er

Nach der Zeit als DFB-Teamchef (1984 – 1990) setzte sich Beckenbauer nur noch dreimal auf die Trainerbank. Bei Olympique Marseille ('90/'91) und zweimal bei Bayern (1994 und 1996)

Die 2000er

Franz Beckenbauer hat mehrere hohe Ämter im großen Fußball inne. 1994 wurde er Präsident des FC Bayern. Er wurde 1998 Vizepräsident des DFB und leitet nach zwei Jahren als WM-Bewerbungschef seit 2001 das Organisationskomitee für die WM 2006 in Deutschland

1974: Mit der legendären Achse Gerd Müller/ Sepp Maier/Franz Beckenbauer (v.l.) wird der FC Bayern zum Top-Team Europas

1969: Franz mit seiner ersten Ehefrau Brigitte (Hochzeit 1966) und seinen Söhnen Stefan, Thomas und Michael (v.l.)

1970: Die Schnauzbart-Mode ging an keinem vorbei...

1977: Auf dem Flug nach New York mit seinem väterlichen Freund und Manager Robert Schwan (starb 2002)

1966: Franz kommt mit dem Schlager „Gute Freunde kann niemand trennen" in die Hitparade

2000: Auch im feinen Zwirn schießt Franz Beckenbauer so elegant wie kein Zweiter, hier an der Torwand im „Sportstudio"

Seit 35 Jahren „der Kaiser"

Den Titel „Kaiser" bekam Franz von BILD, nachdem er sich 1968 in Wien mit einer Büste von Kaiser Franz-Josef fotografieren ließ. Der „stern"-Titel (11.7.1974) zeigt „seine kaiserliche Hoheit" in vollem Ornat

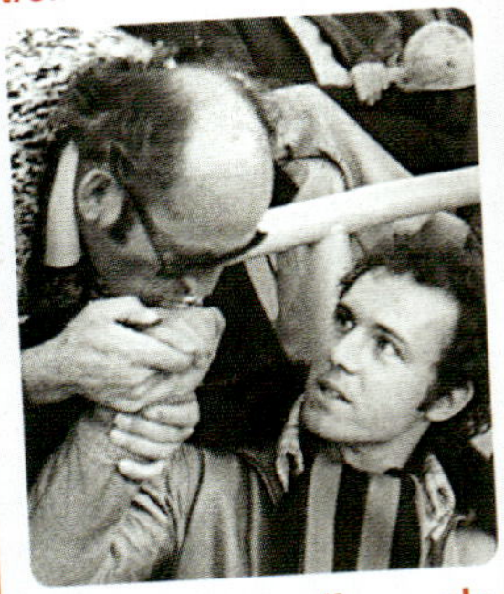

1977: Ein Handkuss als Zeichen der Verehrung für den „Kaiser"

1966: Der populäre Bayern-Trainer Zlatko „Tschik" Cajkovski (starb 1998) förderte Franz in seinen ersten Bundesliga-Jahren

1975: Sein Buch „Einer wie ich" wird zum Bestseller

1982: Servus! Trainer Happel erhebt sich von der Bank, als Franz in seinem letzten Bundesligaspiel (3:3 gegen den KSC) verletzt raus geht (41.)

DFB meinen Rauswurf aus der Jugend-Nationalelf. Erst als sich Sepp Herberger persönlich für mich einsetzte, lenkte der DFB ein – und schickte mir allerdings einen Anstands-Wauwau aufs Zimmer. Die Nächte musste ich mit Trainer Dettmar Cramer verbringen, der später zu Bayern kam...

Die „richtige" Sportler-Ernährung sah so aus: Schnitzel oder noch besser Schweinshaxen mit Bratkartoffeln vor dem Spiel. Beliebt war auch Filetsteak mit Sauce béarnaise. Jeder Ernährungswissenschaftler würde heutzutage schreiend davonlaufen.

Und dann die Gehälter. Im ersten Bundesliga-Jahr hatte ich 2400 Mark netto. In einem Modehaus hatte ich noch einen Schein-Job. Ich musste morgens drei Meter Stoff abmessen – soviel für einen Anzug – und konnte wieder raus zum Fußball spielen gehen.

Der Stoffgrossist war allerdings 1860-Fan. Und so versprach ich ihm: Wenn ich 1965 mit Bayern den Aufstieg in die Bundesliga nicht schaffe, komme ich zu euch. Aber es kam ja alles anders.

Und so kann Karl-Heinz Wildmoser heute froh sein, dass ich kein Löwe wurde. Sonst wäre ich heute 1860-Präsident...

Die Bundesliga und ihre Trainer – was habe ich da für Typen und Persönlichkeiten kennengerlernt.

Kleines dickes „Tschik" Cajkovski war nicht gerade ein Stratege, aber ein unglaublich herzlicher Typ. Für die Zeit damals der Richtige.

Dettmar Cramer hielt uns in der Mannschaftssitzung regelrechte Uni-Vorträge. Sepp Maier schnarchte meistens nach zehn Minuten ein. Gerd Müller raunte immer nur: „Was erzählt der? Die Blinden, die schlagen wir heute 4:0." Gerd sprach immer von den Blinden, auch wenn wir gegen Real Madrid spielten.

Den Udo Lattek habe ich zum FC

Kaiserliches Donnerwetter

Der charmante Franz kann auch anders! Vor allem als Trainer „explodierte" er häufig an der Seitenlinie, wenn seine Spieler nicht parierten. Hier ein kaiserliches Donnerwetter aus dem Mai 1994, als es gegen Absteiger Nürnberg nicht lief. Am Ende gewann Bayern 5:0 und wurde Meister...

Als Teamchef

Sein zweiter WM-Sieg: Teamchef Franz Beckenbauer feiert bei der Siegerehrung im Olympiastadion von Rom am 8. Juli 1990 den Endspiel-Erfolg über Argentinien (1:0)

Beckenbauer: Er holt

Als Spieler

Sein erster WM-Sieg: Kapitän Beckenbauer lacht mit Sepp Maier nach dem 2:1 über Holland am 7. Juli 1974 in München

Bayern gebracht. Manager Robert Schwan kam vor der WM 1970 zu mir: „Mach dir Gedanken über einen neuen Trainer." Da fiel mir Udo ein, der beim DFB einer der Assistenten von Helmut Schön war und die Bälle aufpumpen durfte. Dabei machte er einen guten Eindruck auf mich. So sprach ich Udo bei einem Länderspiel an: „Hätten Sie Lust, zu Bayern zu gehen." Und er hatte...

Udo besaß das Händchen dafür, mal die strenge Welle zu fahren und dann die Spieler wieder an der langen Leine zu lassen.

Den Branko Zebec hatte ich gleich zweimal als Trainer – bei den Bayern und 1980 nach der Rückkehr von meinem USA-Gastspiel beim HSV.

Eigentlich wollte ich bei Cosmos New York noch zwei Jahre dranhängen. Branko und Günter Netzer – damals Manager beim HSV – bearbeiteten mich: Komm zurück nach Deutschland.

Ich war unsicher, sagte mal Ja, mal Nein. Eines Morgens wachte ich in Amerika auf und wusste: Du musst

Vom Spieler zum Präsidenten – der FC Bayern wurde zum Lebensinhalt von Franz Beckenbauer

wieder in die Bundesliga. Ich rief sofort den HSV-Präsidenten Dr. Klein an: Ich komme!

Anderthalb Jahre wurden es in Hamburg, ich lernte so zum Glück noch Ernst Happel kennen. Ein Genie

Erfolgs-Duo: Beckenbauer feiert mit Meister-Trainer Ottmar Hitzfeld auf dem Oktoberfest

als schweigender Trainer, der nie etwas sagte – und trotzdem verstanden wurde. Happel brauchte dich nur anzuschauen und du wusstet, was er wollte.

Sie sehen, ich plaudere gerne aus alten Zeiten. Heute ist der Fußball auf dem Platz schneller, athletischer, einfach besser. Lustiger und emotionaler war's damals. Da hast du dich mal kräftig angebrüllt wie „Du Arsch, jetzt lauf mal", da hast Gaudi gemacht, da warst du in deinem Privatleben auch sehr umtriebig, ohne dass es am nächsten Tag in der Zeitung stand.

In den siebziger Jahren begann die Bundesliga professioneller und ernster zu werden. Den Spielern wird immer mehr abgenommen. Bei Bayern in der Kabine gibt's einen Schacht, in den die Spieler ihre schmutzigen Trainings-Klamotten werfen, und einen für die dreckigen Schuhe. Die Burschen müssen nur noch aufpassen, dass sie Schächte nicht verwechseln. Auch dies gelingt nicht immer....

Der Unterschied zwischen früher und heute fällt mir besonders auf, wenn ich mal bei uns in der Kabine reinschaue: Da ist es sehr viel ruhiger, da sitzen sie schweigend nebeneinander. Vielleicht liegt's auch daran, dass der Brasilianer nicht weiß, in welcher Sprache er mit dem Franzosen nebenan reden soll.

40 Jahre Bundesliga – das sind auch Generationen von Persönlichkeiten.

In den Anfängen waren es Uwe Seeler, Hans Tilkowski und Willi Schulz. Später Wolfgang Overath, Günter Netzer und Berti Vogts, wir Bayern sowieso. Die 80er prägten die harten Hamburger Jungs wie Manni Kaltz, Horst Hrubesch, Ditmar Jakobs, Felix Magath – und auch Uli Stein. Den habe ich übrigens nicht als Teamchef wegen seines „Suppenkasper"-Spruchs über mich von der WM 1986 aus Mexiko heimgeschickt. Der Uli wollte partout nicht einsehen, dass Toni Schumacher die Nummer 1 bleiben sollte.

In den neunziger Jahren waren es Rudi Völler, Lothar Matthäus, Jürgen Klinsmann und Stefan Effenberg. Oder ein Lizarazu, den ich in Bor-

Mit Perücke und Trompete spielte Franz zum 50. Geburtstag von Uli Hoeneß auf

deaux beobachtete und den Bayern aufs Auge gedrückt habe. Auch Mario Basler wird der Bundesliga in Zukunft fehlen.

Die „Typen" werden immer seltener. Doch die Bundesliga wird's auch in den nächsten 40 Jahren noch geben. Hier schlägt das Herz unseres Fußballs.

Aufgezeichnet von WALTER M. STRATEN und HERBERT JUNG

für Deutschland drei Weltmeisterschaften

Nach der Abstimmung in Zürich verkündete FIFA-Präsident Sepp Blatter: „And the winner is – Deutschland!"
Und Franz Beckenbauer war der Über-Kaiser. An diesem 6. Juli 2000 hat der größte deutsche Fußballspieler einen einmaligen WM-Hattrick komplettiert. Er holte für Deutschland drei Weltmeisterschaften: Als Spieler, als Teamchef und als Macher und Organisator.
Seitdem ist für Beckenbauer die Arbeit nicht weniger geworden. Als Chef des Organisationskomitees für die WM 2006 ist er fast täglich für das Turnier im Einsatz. Aber der Über-Kaiser beklagt sich nicht: „Weltmeister als Spieler oder Trainer kannst du mehrfach werden. Das Geschenk, eine WM zu organisieren, erhältst du nur einmal im Leben."

Als Macher

Sein dritter WM-Sieg: Als Lokomotive der deutschen Bewerbung holt Beckenbauer die WM 2006 in sein Heimatland. BILD setzt ihm auf Seite 1 ein Denkmal (rechts)

BILD vom 7. September, 2003

Die 60

Die Gründerjahre 24. August 1963 – der erste Spieltag der Bundesliga. Als die Trikots noch vorne zugeknöpft wurden und Torhüter mit Schiebermütze spielten. Schalkes Stürmer Willi Koslowski (l.) trifft beim 2:0 in der Glückauf-Kampfbahn zum 1:0 gegen Stuttgarts Torwart Günter Sawitzki

er…

„Uns Uwe" Seeler, wie ihn seine Fans vergötterten. Artistisch schraubt er sich zum Ball, schießt eins seiner tollen Tore. In 72 Länderspielen waren es 43, für den HSV in der Bundesliga bei 239 Einsätzen stolze 137 Tore. Uwe war „Fußballer des Jahres" 1960, 1964 und 1970, ist noch heute Repräsentant von „adidas"

28. Juli 1962: Im Goldsaal der Dortmunder Westfalenhalle stimmen die Landesverbände mit 103:26 Stimmen für die Einführung der Bundesliga. Gründervater: Kölns Präsident Franz Kremer

Uns Uwe: Als alles begann...

Von UWE SEELER

Unsere Bundesliga wird 40! Ich war von Anfang an dabei, neun Jahre lang als Spieler. Von 1963 bis 1972.

Ich freue mich über dieses BILD-Buch, in dem die Höhepunkte unserer Fußball-Geschichte noch mal lebendig werden. Feiern wir zusammen einen runden Geburtstag. Happy Birthday, Bundesliga!

Der Pfosten-Bruch von Gladbach, Franz Beckenbauers erstes Spiel, Günter Netzers Wechsel zu Real Madrid. Es war damals am Anfang eine tolle Zeit. Aber ich werde nie sagen, dass früher alles besser war. Es war – eben nur anders.

Wir mussten ja arbeiten und Fußball spielen.

Ich hatte seit 1961 die General-Vertretung von „adidas" im Norden, war also dabei, mir etwas aufzubauen.

Und ich war auch der einzige HSV-Spieler, der wegen seines Berufs einen freien Tag im Vertrag hatte. Nur unter der Bedingung habe ich unterschrieben.

Ach, ja – mein erster Vertrag: Ich weiß noch genau: Ich bekam 1500 Mark brutto. Dazu 500 Mark Prämie für einen Sieg.

Der DFB musste Werbung erlauben... Der junge Kaiser Franz löffelt Suppe. Knorr sprach er mit fünf „rrrrrr“...

Auge in Auge... Torwart Toni Schumacher (Köln) und Schiri Dieter Pauly, 1981 Sportfoto des Jahres

Super-Trainer Udo Lattek. Zwischen 1972 und 1987 achtmal Deutscher Meister mit Bayern und Gladbach

Aufgrund meiner Länderspiele erlaubte der DFB dann, dass ich – zusammen mit Kölns Hans Schäfer – 2500 Mark brutto verdienen durfte. Dazu gab's dann auch noch 30 000 Mark Treueprämie.

Wenn's gut lief, verdiente ich im Jahr bis zu 100 000 Mark. Wenn's gut lief...

Damals beim Training, da waren mal ein Journalist, höchstens zwei. Dazu vielleicht 20 Fans.

Es gab auch andere Regeln. Man durfte keine Werbung machen, musste immer die Genehmigung des DFB einholen. Für meinen TV-Spot mit „hattrick“ brauchte ich 'ne Genehmigung, der Franz für seine „Knorr-Suppe“ auch.

Der 54er-Weltmeister „Jupp“ Posipal warb für „Wellaform“. Und wurde bestraft, weil er nicht gefragt hatte. Da würden die Profis von heute nur laut lachen.

Die Bedingungen sind in jeder Beziehung extrem anders geworden. Es gibt gefährliche Entwicklungen, vor allem bei der Bezahlung.

Ich rede nicht von Topstars, sondern vom Mittelmaß. Da stimmt das Preis-Leistungs-Verhältnis gar nicht mehr.

Oft werde ich gefragt, ob ich zu früh geboren wurde, ob ich neidisch auf die Supergagen von heute bin? Was ich heute als Stürmer verdienen könnte, weiß ich nicht. Wahrscheinlich hätte ich mit einem Drei-Jahres-Vertrag ausgesorgt. Aber ich bin glücklich mit dem, was ich hatte.

Es war damals schon eine andere Zeit. Wir fuhren fast immer mit der Bahn zu Auswärtsspielen. Nur nach München durften wir fliegen.

Wir haben jeden Tag trainiert. Und wenn die übliche Schicht vorbei war,

Der Bomber der Nation. Gerd Müller traf in 427 Spielen 365 Mal. 1967 wurde er Fußballer des Jahres. Trainer Cajkovski gratuliert

Der 1. Bundesliga-Meister lässt sich feiern. Hier die Kölner Hemmersbach (v.l.), Schumacher, Sturm

habe ich Extra-Training gemacht. Drehschüsse, Volley-Kracher oder Übungen am Kopfballpendel. Da habe ich mir die Sicherheit fürs Spiel am Sonnabend geholt.

Die Fußball-Szene zu unserer Zeit war vielleicht menschlicher. Heute ist Fußball ein reines Geschäft.

Damals aber hatten wir viele große Spieler, in jeder Mannschaft mindestens fünf, sechs. Heute sind es vielleicht zwei – abgesehen von den Ausländern.

Köln hatte eine Bomben-Truppe: Hans Schäfer, Röhrig, Overath, Löhr. Nürnberg mit Wabra, Strehl, Brungs, Volkert, Reisch. Frankfurt mit Lutz, Höfer, später Grabowski, Hölzenbein. Bremen mit Höttges, Piontek, Lorenz, „Pico" Schütz.

Bayern stieg erst 1965 auf, hatte aber mit Maier, Breitner, Beckenbauer, Müller die Weltmeister von 1974.

Ein Overath heute, mit dem Biss und mit dem Können von damals, dem würden die Leute auf der Tribüne zujubeln, staunen und klatschen. Von der Klasse eines Overaths haben wir heute keinen mehr. Der wäre heute ein absoluter Superstar!

Es gab auch große Trainer: Hennes Weisweiler, „Fischken" Multhaup, Dettmar Cramer, Max Merkel. Dann Branko Zebec, Ernst Happel, Udo Lattek. Heute Ottmar Hitzfeld und Matthias Sammer. Der Matthias kann ein großer Trainer werden. Weil er weiß, dass Fußball gewisse Voraussetzungen braucht.

Kunst am Ball. Gladbach-Ikone Günter Netzer mit „Matte"

Sein Trainer Gutendorf

Boss Rahn war der 1. Superstar

Von RUDI GUTENDORF

Wir waren die Sensation der 1. Bundesliga-Saison. Außenseiter Meidericher SV (heute MSV Duisburg) am Ende Vizemeister. Und ich als junger, unbekannter Trainer war der Boss vom „Boss".... Mein Star: Weltmeister „Boss" Helmut Rahn, schon 34, aber Bundesliga-Attraktion. Dabei wollte das MSV-Präsidium den WM-Helden von Bern erst nicht haben. „So einer schadet unserem Ruf", erklärten mir die Herren. Na ja – der „Boss" war kurz vorher – nicht mehr ganz nüchtern – mit dem Auto in eine Baugrube gebrettert.

Rudi Gutendorf trainierte sechs Bundesligisten

Ich setzte mich aber durch, fuhr mit 60 000 Gulden nach Enschede, wo Rahn unter Vertrag stand – und holte meinen Wunschstürmer.

Der „Boss" schoss 8 Tore für uns, war aufgrund seiner Kraft und seiner Schußstärke kaum zu halten. Zudem war er die Seele der Truppe Nur Pünktlichkeit war nicht seine Stärke. Ich löste das Problem, indem ich mit Helmut einen Traber kaufte. Der hieß Zentaur. Täglich um 7 Uhr arbeiteten wir mit dem Pferd – und fuhren hinterher zum Training. Leider gewann der Zossen kein einziges Rennen. Und die Futterkosten musste ich – bei einem Nettogehalt von 1500 Mark – alleine zahlen. So was vergaß Helmut ...

Ich hab's ihm verziehen. Auch dass er am Abend vor dem Spitzenspiel in Köln einen halben Kasten Bier vernichtete. Wir schafften beim FC ein 3:3. Und der „Boss" war mein bester Mann...

Helmut Rahn (73) lebt heute zurückgezogen als Pensionär in Essen. Er gibt nie Interviews

„Boss“ Helmut Rahn stürmte von 1963 bis ’65 für den Meidericher SV (Duisburg) in der Bundesliga. Hertha-Torwart Tillich wirft sich hier dem WM-Helden von Bern, dem Schützen des goldenen 3:2 gegen Ungarn, entgegen

Saison 1963/64

Abschluss-Tabelle

1. 1. FC Köln	78:40	45-15
2. Meidericher SV	60:36	39-21
3. Eintracht Frankfurt	65:41	39-21
4. Borussia Dortmund	73:57	33-27
5. VfB Stuttgart	48:40	33-27
6. Hamburger SV	69:60	32-28
7. TSV München 1860	66:50	31-29
8. FC Schalke 04	51:53	29-31
9. 1.FC Nürnberg	45:56	29-31
10. Werder Bremen	53:62	28-32
11. Eintr. Braunschweig	36:49	28-32
12. 1.FC Kaiserslautern	48:69	26-34
13. Karlsruher SC	42:55	24-36
14. Hertha BSC Berlin	45:65	24:36
15. Preußen Münster	34:52	23-37
16. 1. FC Saarbrücken	44:72	17-43

So wurde damals gewertet:
Sieg = 2:0 Punkte,
Unentschieden = 1:1 Punkte,
Niederlage = 0:2 Punkte.

Torjäger

30 Tore
Uwe Seeler
(HSV)

20 Tore
„Timo" Konietzka
(Dortmund)

19 Tore
Rudi Brunnenmeier
(1860 Mün.)

19 Tore
Willi Huberts
(Frankfurt)

Die Top-Elf des Meisters

Zahlen & Fakten

Tore: 857 gesamt, 3,57 pro Spiel
Elfmeter: 63 (41 verwandelt, entspricht 65,51%)
Zuschauer: 6.057.355 gesamt, 25.134 im Schnitt
Fußballer des Jahres: Uwe Seeler
Herbstmeister: 1.FC Köln
Meistertrainer: Georg Knöpfle
Pokalsieger: 1860 München

Trainerentlassungen

Herbert Widmayer (Foto, 1.FC Nürnberg/entlassen am 30.10.63; Nachfolger: Jenö Csaknady), **Georg Gawliczek** (Schalke 04/25.04.64; Fritz Langner), **Martin Wilke** (Hamburger SV/07.05.64; Georg Gawliczek)

Spielertransfers

Otto Rehhagel (Foto) von Rot-Weiß Essen zu Hertha BSC Berlin, **Helmut Rahn** von Enschede zu Meidericher SV, **Willi Giesemann** von Bayern München zum Hamburger SV, **Uwe Klimaschefski** von Leverkusen zu Hertha BSC Berlin, **Willi Huberts** von New York zu Eintracht Frankfurt

So sah's Franz Beckenbauer

Warum unsere Bundesliga ohne die Bayern startet

Mit dem Start der Bundesliga begann eine neue Zeitrechnung im deutschen Fußball. Als die erste Saison am 24. August 1963 angepfiffen wurde, war der FC Bayern nicht dabei. Wir mussten in der Regionalliga Süd bleiben, weil der DFB nicht zwei Klubs aus einer Stadt die Lizenz für die Bundesliga erteilen wollte. 1860 München erhielt den Platz. Das dominierende Team hatte der in Weiß spielende 1. FC Köln. Sie waren das erste „Weiße Ballett" der Liga. Kopf der Elf war der 54er-Weltmeister Hans Schäfer, die große Entdeckung der damals erst 20-jährige Wolfgang Overath.

Jung, kraftvoll, torgefährlich: Der 19-jährige Wolfgang Overath vom Meister 1. FC Köln (hier gegen Drewes von Preußen Münster).

Das erste weiße Ballett

„Die Bayern" der frühen 60er - das waren die Kölner. Ganz in Weiß läuft der 1. FC Köln in der ersten Saison auf. Unter Präsident Franz Kremer gilt der 1. FC Köln als Vorzeigeklub der Liga. Vom ersten bis zum letzten Spieltag steht Köln auf Platz eins. Der 78-Tore-Sturm des Meisters ist eine Wucht. Das Team besteht fast nur aus Rheinländern. Mit dem 54er-Weltmeister Hans Schäfer als Leitwolf. Und dem 19-jährigen Wolfgang Overath als Jungfuchs.

BILD vom 24. August, 1963

Alles über die Bundesliga Alles über die Bundesliga Alles

Heute geht's los!

- Borussia mit ,Til'
- HSV: Nicht bolzen
- Duell der ,Löwen'

Von unseren Sportredakteuren an allen Bundesligaplätzen

Bremen, 24. August

Heute schlägt die „Stunde X"! Ein historischer Tag des deutschen Sports ist mit dem 24. August 1963 angebrochen. Erfüllung jahrzehntelanger Wünsche, siegreicher Abschluß harter Kämpfe: Anpfiff zur deutschen Fußball-Bundesliga! Und gleich ein Wirbel dramatischer Meldungen. Verletzungs-Sorgen bei Meister Borussia Dortmund, lautstarkes „Anheizen" bei

Die Fans in der Schalker Glückauf-Kampfbahn sehnen den Anpfiff herbei

Das erste Tor der Liga

Das Blitz-Tor: 58 Sekunden ist die Bundesliga alt, da findet der Ball zum 1. Mal den Weg ins Netz. „Timo" Konietzka schießt Borussia Dortmund in Bremen 1:0 in Führung. TV-Bilder gibt's keine. Konietzka erinnert sich: „‚Aki' Schmidt haut den Ball auf links raus. Lothar Emmerich passt in die Mitte. Ich halte nur noch den Fuß hin." Die Westfalen verlieren 2:3.

Ballartist „Timo" Konietzka (Mitte) schoss in der ersten Saison für Dortmund 20 Tore

Der erste Platzverweis

Ausgerechnet WM-Held Helmut Rahn bekommt den ersten Platzverweis in der Bundesliga. Der Neuzugang vom Meidericher SV („Boss" Rahn wechselte vor der Saison von Enschede an die Wedau) fliegt am vierten Spieltag beim 1:3 gegen Hertha BSC vom Platz (77. Minute). Insgesamt gibt es im Gründungsjahr acht Platzverweise.

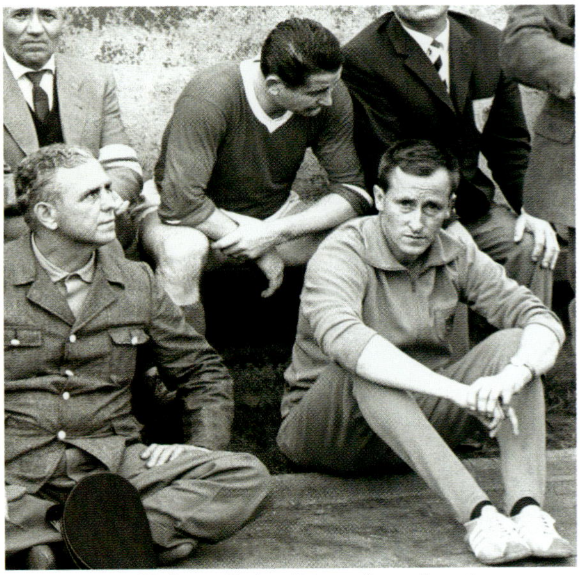

Weltmeister Helmut Rahn (hinten) nach seinem Platzverweis. Vor ihm Trainer Rudi Gutendorf

Die Bundesliga in der Statistik

Die Tabelle

1. FC Köln	1	1	–	–	2:0	2:0
Schalke 04 *)	1	1	–	–	2:0	2:0
Meidericher SV	1	1	–	–	4:1	2:0
Werder Bremen	1	1	–	–	3:2	2:0
Eintr. Braunschw.	1	–	1	–	1:1	1:1
Hamburger SV	1	–	1	–	1:1	1:1
1. FC Kaiserslaut.	1	–	1	–	1:1	1:1
1. FC Nürnberg	1	–	1	–	1:1	1:1
Hertha BSC	1	–	1	–	1:1	1:1
Eintracht Frankfurt	1	–	1	–	1:1	1:1
Preußen Münster	1	–	1	–	1:1	1:1
1860 München	1	–	1	–	1:1	1:1
Borussia Dortmund	1	–	–	1	2:3	0:2
Karlsruher SC *)	1	–	–	1	1:4	0:2
VfB Stuttgart	1	–	–	1	0:2	0:2
1. SC Saarbrücken	1	–	–	1	0:2	0:2

*) Am Ende der Saison sollen Schalke und Karlsruher SC je 4 Punkte abgezogen werden.

Am nächsten Sonntag spielen:

Am nächsten Samstag spielen: Eintracht Braunschweig – Preußen Münster: Hamburger SV – 1. FC Saarbrücken: 1. FC Köln – Karlsruher SC: Meidericher SV – Eintracht Frankfurt: 1. FC Kaiserslautern – Schalke 04: VfB Stuttgart gegen Hertha BSC: 1. FC Nürnberg gegen Werder Bremen: Borussia Dortmund – 1860 München.

60 München – Eintracht Braunschw. 1:1

1:0 Brunnenmeier (17.) nach glänzender Vorarbeit von Grosser; 1:1 Gerwien (74.) nahm einen Steilpaß auf und jagte von der Strafraumgrenze einen Bombenschuß unter die Latte.

Die besten Spieler: Stemmer, Grosser, Brunnenmeier bei München; Jäcker, Meyer, Kaack bei Braunschweig.

Pr. Münster – HSV 1:1

1:0 Dörr (72.) „Kopfball-Vorlage" von Dieter Seeler; 1:1 Dörfel (87.) Kopfball nach Ecke von Kreuz.

Die besten Spieler: Drewes, Bockisch, Tybussek bei Münster; Schnoor, Dörfel, Stapelfeldt beim Hamburger SV.

1. FC Saarbrücken – 1. FC Köln 0:2

0:1 Overath (22.) mit Flachschuß auf Vorlage Schäfers; 0:2 Müller (43.) Bombe aus 25 Metern.

Die besten Spieler: Steinmann, Rohe, Danner bei Saarbrücken; Pott, Ewert, Hornig bei Köln.

Karlsr. SC – Meid. SV 1:4

0:1 Krämer (29.) unhaltbarer Schuß aus sieben Metern; 0:2 Cichy (32.) nach einer Musterkombination Krämer-Rahn-Höher-Cichy; 0:3 Rahn (37.) nach Steilvorlage von Höher; 1:3 Metzger (83.) nach schönem Alleingang; 1:4 Krämer (89.) nach tollem Slalomlauf.

Die besten Spieler: Paul bei Karlsruhe; Krämer und Rahn bei Meiderich.

Eintracht Frankfurt – 1. FC Kaiserslautern 1:1

0:1 Neumann (38.) Foulelfmeter, den Höfer an Neumann verursacht hatte; 1:1 Schämer (40.) Handelfmeter, von Mangold verursacht.

Die besten Spieler: Landerer, Huberts bei Frankfurt; Schnarr, Neumann bei Kaiserslautern.

Schalke 04 – VfB Stuttgart 2:0

1:0 Koslowski (37.) nach mißglückter Abwehr von Sawitzki; 2:0 Gerhardt (42.) nach einem „Traumpaß" von Libuda.

Die besten Spieler: Nowak, Schulz, Horst bei Schalke; Entemann, Geiger, Waldner bei Stuttgart.

Hertha BSC – 1. FC Nürnberg 1:1

0:1 Morlock (41.), der einen Flankenball im Fallen erwischt und unter Tillich hindurch einschießt; 1:1 Schimmöller (58.), Handelfmeter, den Morlock verursacht hatte.

Die besten Spieler: Rehhagel, Eder, Schimmöller bei Hertha; Wabra, Wenauer, Reisch bei Nürnberg.

Werder Bremen – Borussia Dortmund 3:2

0:1 Konietzka (1.) nach Kombination Emmerich — Wosab — Konietzka; 1:1 Soya (34.) nach Zweikampf mit Tilkowski; 2:1 Schütz (47.) halbhoher Schuß aus 15 Metern; 3:1 Klöckner (50.) Schuß an den Innenpfosten, der ins Tor sprang; 3:2 Konietzka (90.) Kopfball nach Flanke von Cyliax.

Die besten Spieler: Ferner, Soya bei Bremen; Bracht bei Dortmund.

Die Torjäger-Liste

22 Tore fielen in den acht Spielen am ersten Tag der Fußball-Bundesliga. Friedhelm Konietzka (24) von Borussia Dortmund und Werner Krämer (23) vom Meidericher SV führen mit je zwei Treffern die Bundesliga-Torjägerliste an. Weitere 18 Spieler erzielten jeweils ein Tor, darunter die beiden „Oldtimer" Max Morlock (38) vom 1. FC Nürnberg und Helmut Rahn (34) vom Meidericher SV.

BILD vom 26. August, 1963: Alle Spiele, alle Tore: Der umfassende Statistik-Teil nach dem 1. Spieltag

Hennes Multhaup (60). Star-Fotograf BILD-Sport

BILD-Fotograf Hennes Multhaup erzählt

Mein Vater, der Meister-Trainer

Von HENNES MULTHAUP

Wenn ich das Meister-Foto mit dem Lorbeerkranz sehe, werde ich richtig wehmütig. Typisch für meinen „Alten" – er im feinen Zwirn. Das war sein Markenzeichen: Den Trainer Willy Multhaup hat bei Spielen niemals jemand im Trainingsanzug gesehen!

Das Foto ist 37 Jahre alt. Mein Vater, den alle nur „Fischken" nannten (weil meine Großeltern eine Fischhandlung hatten) war 62 Jahre alt. Bis zu seinem Tod 1981 hat er dieses Foto im Herzen getragen. Mit Werder Bremen wurde er 1965 zum einzigen Mal Deutscher Meister. Damals war ich 23. Mit seinen „grünen Bremer Fischköppen" hatte ich allerdings nichts am Hut – ich bin als Junge aus dem Kohlenpott ein „Blauer" (Schalke) oder „Rot-Weißer" (Essen).

Ich weiß aber: Es war eine Sensation, dass mein Vater mit Werder den Titel holte. Und ich meine mich zu erinnern, dass er 8000 Mark Monatsgehalt und 25000 Mark Prämie bekam. Das war damals viel. Aber was verdienen Meistertrainer heutzutage ...?

Bei „Fischken" Multhaup, das haben mir später viele Profis voller Respekt erzählt, stand Disziplin an erster Stelle. Sein Lieblingsspruch: „Im Fußball kommt ‚a' wie arbeiten vor ‚f' wie feiern..."

Als Vater war er sehr großzügig. Doch eine Ohrfeige habe ich von ihm gefangen. Als ich 15 war. Ausgerechnet Heiligabend. Da hatte er mich erwischt, als ich mit seinem Auto rumfuhr. Einem DKW 3=6, den er sehr hegte.

Der Meistermacher im Lorbeerkranz. Trainer Willy „Fischken" Multhaup 1965 mit den Werder-Helden Bernard, Schütz (oben), Klöckner, Lorenz, Ferner und Höttges (v.l.)

Abschluss-Tabelle

1. Werder Bremen	54:29	41-19
2. 1. FC Köln	66:45	38-22
3. Borussia Dortmund	67:48	36-24
4. TSV München 1860	70:50	35-25
5. Hannover 96	48:42	33-27
6. 1. FC Nürnberg	44:38	32-28
7. Meidericher SV	46:48	32-28
8. Eintracht Frankfurt	50:58	29-31
9. Eintr. Braunschweig	42:47	28-32
10. Borussia Neunkirchen	44:48	27-33
11. Hamburger SV	46:56	27-33
12. VfB Stuttgart	46:50	26-34
13. 1. FC Kaiserslautern	41:53	25-35
14. Hertha BSC Berlin *	40:62	25-35
15. Karlsruher SC	47:62	24-36
16. FC Schalke 04	45:60	22-38

* Zwangs-Abstieg für Hertha BSC wg. überhöhter Handgelder.
DFB stockt Liga auf 18 Klubs auf – dadurch kein sportlicher Absteiger.

Torjäger

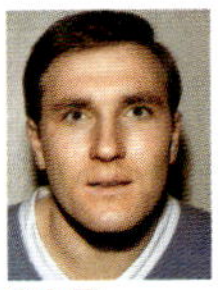

24 Tore
Rudi Brunnenmeier
(1860 Mün.)

22 Tore
„Timo" Konietzka
(Dortmund)

19 Tore
Christian Müller
(1. FC Köln)

Die Top-Elf des Meisters

Zahlen & Fakten

Tore: 796 gesamt, 3,32 pro Spiel
Elfmeter: 72 (48 verwandelt, entspricht 66,67%)
Zuschauer: 6.646.213 gesamt, 26.934 im Schnitt

Fußballer des Jahres: Hans Tilkowski
Herbstmeister: Werder Bremen
Meistertrainer: Willy Multhaup
Pokalsieger: Borussia Dortmund

Trainerentlassungen

Rudi Gutendorf (Foto, Meidericher SV/ 01.03.65), **Kurt Sommerlatt** (Karlsruher SC/ entlassen am 26.01.65), **Kurt Baluses** (VfB Stuttgart/24.02.65), **Günter Brocker** (Kaiserslautern/27.02.65), **Jupp Schneider** (Hertha BSC Berlin/08.03.65)

Spielertransfers

Horst-Dieter Höttges (Foto) von Borussia Mönchengladbach zu Werder Bremen, **Klaus Matischak** von Schalke 04 zu Werder Bremen, **Zeze** aus Brasilien zu 1. FC Köln, **Wolfgang Fahrian** von Ulm zu Hertha BSC Berlin

So sah's Franz Beckenbauer

12 Spiele ohne Gegentor! Werder ist Abwehr-Meister

Titelverteidiger 1.FC Köln ging als Favorit in die zweite Saison. Doch vor dem letzten Spieltag hatten sie immer noch Werder Bremen vor der Nase. Aus den zwei Punkten Differenz wurden sogar drei. Werder siegte in Nürnberg 3:2, Köln kam in Dortmund über ein 2:2 nicht hinaus.
Werder setzte dabei eine alte Fußball-Weisheit um: Titel werden in der Abwehr gewonnen. Zwölf Spiele ohne Gegentor belegen die Defensivstärke. Horst-Dieter Höttges, Spitzname „Eisenfuß", fegte hinten humorlos dazwischen. Übrigens auch bei der Nationalmannschaft. Da spielte ich im Training am liebsten mit ihm…

Hertha BSC verurteilt, Tasmania rückt nach

In ihrer zweiten Saison hat die Bundesliga gleich ihren ersten Skandal. Weil Hertha BSC gegen DFB-Statuten verstieß, muss der Berliner Klub in die Regionalliga zwangsabsteigen. Hertha hatte nachweislich überhöhte Handgelder an Spieler gezahlt. Damals waren Gehälter, Handgelder (10 000 Mark) und Ablösesummen (50 000 Mark) streng reglementiert. Uwe Klimaschefski aber kassierte 30 000 Mark, Jürgen Sundermann 36 000 und Wolfgang Fahrian hatte sich die Rekordsumme von 80 000 Mark eingesteckt.
Weil Berlin aber aus politischen Gründen unbedingt in der höchsten Spielklasse vertreten bleiben sollte, nahm Tasmania 1900 den Platz der verbannten Hertha ein. Um Klagen zu umgehen, wurde die Bundesliga kurzerhand von 16 auf 18 Vereine aufgestockt. So entgehen Schalke und Karlsruhe dem sportlichen Abstieg.

Matsch-Duell. Jagielski (r.) und Uwe Seeler (HSV) am Hamburger Rothenbaum

Meister-Glatze Erst die Schale, dann die Schere: Klaus Matischak rasiert Max Lorenz. Beide köpfen „oben ohne“

Jagielski: Der 1. Libero der Liga

Werders Meistertrainer Willy „Fischken“ Multhaup ist seiner Zeit voraus und führt als Erster in der Bundesliga einen Libero ein. Libero kommt aus dem Italienischen und bedeutet „frei, ohne Gegenspieler“. Werders Libero heißt Helmut Jagielski. „Jaggl“, wie seine Mitspieler ihn nennen, ist der Prototyp eines echten Ausputzers.

BILD vom 17. Mai, 1965

Club-Spieler loben: Bremen ist Klasse!

Jetzt ist Werder endgültig am Ziel

Köln holt den ersten Brasilianer

Stolz verkündet FC-Präsident Kremer im Sommer 1964 einen „sensationellen Transfer“. José Zeze – der erste Brasilianer in der Bundesliga. Zeze erweist sich als Fehlgriff, bleibt in seinen fünf Spielen torlos. Und macht zum Saisonende die Fliege ...

In seiner 1. Saison gleich Fußballer des Jahres

Der 20-jährige Franz im Bayern-Trikot. Hier bekommt er die Trophäe als „Fußballer des Jahres '66". Später sollte er noch drei Mal ('68, '74, '76) so ausgezeichnet werden

Fußball-Kaiser Franz Beckenbauer (57)

„Mensch,

Von FRANZ BECKENBAUER

Kennen Sie das auch? Man schaut auf ein altes Foto und denkt sich: Der da – das bin ich? Mensch, war ich da jung! 20 Jahre jung, um es genau zu sagen. Und ich wurde gerade zum „Fußballer des Jahres" gewählt.

Schauen Sie mal, wie ich auf dem Foto von 1966 mit fast ungläubigem Staunen die Trophäe entgegennehme. Diese Ehrung war für mich damals wie Weihnachten und Ostern an einem Tag.

Nach dem ersten Jahr Bundesliga mit dem FC Bayern gleich „Fußballer des Jahres". Davon kannst du normal nur träumen.

1965/66

war ich da jung“

Ich verdankte das natürlich den Mannschaften, in denen ich spielte. Mit dem FC Bayern kamen wir als Bundesliga-Aufsteiger gleich auf Platz 3. Der Maier Sepp, der Gerd Müller waren schon dabei. Zu meinen vier Saisontoren in der Bundesliga sag' ich – Schwamm drüber. DFB-Pokalsieger wurden wir immerhin auch. Der legendäre Trainer „Tschik“ Cajkovski hatte uns Bayern die Siegermentalität vermittelt: Er pfiff Trainingsspiele erst ab, wenn die A-Besetzung als Sieger feststand.

Viel verdanke ich aber auch Helmut Schön und der Nationalelf. Schön holte mich jungen Hüpfer im September 1965 erstmals zu einem Länderspiel. In Schweden ging es um die WM-Teilnahme, wir siegten 2:1.

Plötzlich spielte ich mit 20 bei der WM '66 in England. Dazu „Fußballer des Jahres“. Dann kommt halt so ein Foto zustande...

Saison 1965/66

Abschluss-Tabelle

1. TSV München 1860	80:40	50-18
2. Borussia Dortmund	70:36	47-21
3. Bayern München	71:38	47-21
4. Werder Bremen	76:40	45-23
5. 1.FC Köln	74:41	44-24
6. 1.FC Nürnberg	54:43	39-29
7. Eintracht Frankfurt	64:46	38-30
8. Meidericher SV	70:48	36-32
9. Hamburger SV	64:52	34-34
10. Eintr.Braunschweig	49:49	34-34
11. VfB Stuttgart	42:48	32-36
12. Hannover 96	59:57	30-38
13. Bor. Mönchengladbach	57:68	29-39
14. FC Schalke 04	33:55	27-41
15. 1.FC Kaiserslautern	42:65	26-42
16. Karlsruher SC	35:71	24-44
17. Borussia Neunkirchen	32:82	22-46
18. Tasmania 1900 Berlin	15:108	8-60

So wurde damals gewertet:
Sieg = 2:0 Punkte,
Unentschieden = 1:1 Punkte,
Niederlage = 0:2 Punkte.

Torjäger

31 Tore
Lothar Emmerich
(Dortmund)

26 Tore
Timo Konietzka
(1860 Mün.)

20 Tore
Arnold Schütz
(Werder)

Die Top-Elf des Meisters

Zahlen & Fakten

Tore: 987 gesamt, 3,23 pro Spiel
Elfmeter: 93 (66 verwandelt, entspricht 70,97%)
Zuschauer: 7.094.666 gesamt, 23.185 im Schnitt
Fußballer des Jahres: Franz Beckenbauer
Herbstmeister: TSV 1860 München
Meistertrainer: Max Merkel
Pokalsieger: Bayern München

Trainerentlassungen

Helmut Kronsbein (Foto, Hannover 96)
Helmut Schneider (Karlsruher SC),
Franz Linken (Tasmania 1900 Berlin),
Georg Gawliczek (Hamburger SV)

Spielertransfers

Reinhard „Stan" Libuda (Foto) von Schalke 04 zu Borussia Dortmund, **„Timo" Konietzka** von Borussia Dortmund zu 1860 München, **Willi Schulz** von Schalke 04 zum Hamburger SV, **Hans Nowak** von Schalke 04 zu Bayern München, **„Sigi" Held** von Offenbach zu Borussia Dortmund

So sah's Franz Beckenbauer

Feiertage in München, Jubel auch in Dortmund

Unter Max Merkel gewann 1860 München die Meisterschaft. Wir vom FC Bayern, mit den Gladbachern als Aufsteiger in die Saison gestartet, waren als Tabellendritter auch schon nah bei der Musik. Unser Sieg im DFB-Pokal rundete die Feiertage in München ab. Für den internationalen Höhepunkt neben der Vizeweltmeisterschaft mit dem legendären „Wembley-Tor" gegen England sorgte Dortmund. Mit 2:1 n.V. über Liverpool gewann Borussia den Europacup der Pokalsieger. Das Siegtor im Finale machte „Stan" Libuda. Solche Zauberer wie ihn gibt es heute leider nicht mehr.

Auch diese Elf schreibt Bundesliga-Geschichte: 7 Negativ-Rekorde von Tasmania stehen noch heute. Mitten im Tasmania-Chaos: Nationalspieler Horst Szymaniak (5. v. r.)

Tasmania total nass gemacht! Wasserspiele statt Schampus-Dusche

Das Wasser steht Tasmania in der Bundesliga bis zum Hals. Und der Berliner Klub hält bis heute 7 Rekorde: Die wenigsten Tore (15), die meisten Gegentore (108), die wenigsten Punkte (8), die wenigsten Siege (2), die meisten Niederlagen (28), die wenigsten Zuschauer (827 gegen Gladbach) und die längste Pleitenserie (31 Spiele in Folge ohne Sieg). Die Spieler Basikow, Posinski, Greuel und Talaszus (v.l) lenken sich mit lustigen Wasserspielen vom erfolglosen Fußballspiel ab.

Zu früh gefeiert, Meister-Titel verloren

„Stan" Libuda auf der rechten Seite, „Sigi" Held in der Mitte, Lothar „Emma" Emmerich links – was für ein Angriff. Und was für eine Saison: Borussia Dortmund wird aber nur Vizemeister, weil nach dem grandiosen Europacup-Sieg über Liverpool die letzten 3 Punktspiele verloren gingen. Zu früh zu viel gefeiert.

Blitz-Sieg der Löwen im 1. Münchner Derby

1. Spieltag, 1. Minute. Und das 1. Münchner Derby in der Bundesliga ist bereits entschieden: „Timo" Konietzka sichert mit seinem Blitz-Tor den Sechzigern nicht nur zwei Punkte, sondern auch die Vormachtstellung in München. Das Rückspiel gewinnen „die Roten" 3:0.

„Bin i' Radi, bin i' Keenig! Und das Spielfeld ist mein Keenigreich." 1860-Torwartlegende Petar „Radi" Radenkovic tritt nicht nur auf Fußballplätzen auf

BILD vom 21., 23. und 27. Mai, 1966

Vor dem deutschen Fußball-„Endspiel": Spannung auf dem Höhepunkt

Patsch, patsch-Jubel

So wollen sie spielen

Emmerichs Rezept gegen 1860

Nur Sensationen können 1860 München noch um die Meisterschaft bringen

„München war besser!"

Dortmunds Lob nach 0:2

Kann der Hamburger SV München schlagen! Nein!

Kann Frankfurt Dortmund stoppen! Ja!

Die „Salatschüssel" ist schon in München

Bei 1860-Sieg über HSV, Triumphzug durch die Stadt

Merkel über Radi

„Der clevere Hund hielt den Titel fest"

„Es gibt Titel, da kommst du mit ins Buch der Rekorde. Meine Meisterschaft mit den Sech'zgern zum Beispiel. 100 Jahre vorher war da nix, 100 Jahre danach wird da wohl auch nix sein." So umschreibt Max Merkel sein Meisterstück mit den Löwen.

Fünf Jahre zuvor war 1860 aus der Oberliga Süd abgestiegen. Dann kam Trainer Max Merkel, räumte auf. Wer nicht konnte, wer nicht wollte, der musste gehen. „Zuviele von der Sorte ‚brav' ist auch schlecht",erklärte er.

Der Jugoslawe Petar Radenkovic war ein Schlitzohr.

Löwen-Trainer Max Merkel (l.) und Torhüter „Radi" Radenkovic

„Der Radi war ein cleverer Hund. Wenn er nicht pünktlich war, hat er eben seine Uhr verstellt", erinnert sich Merkel. Für den Meistertrainer steht fest: „Ohne diesen Wahnsinns-Torwart wären wir nie Meister geworden."

Die Blauen jubeln im Stadion an der Grünwalder Straße: Am letzten Spieltag reicht dem TSV 1860 ein 1:1 gegen den HSV zum Titelgewinn

Netzer: So wurden wir die berühmten Gladbacher Fohlen

Von GÜNTER NETZER

Als Hennes Weisweiler 1964 zu uns an den Gladbacher Bökelberg kam, hatte er bei seinen bisherigen Vereinen nur wenig Erfolg gehabt. Jetzt ließ er täglich neue junge Leute zum Probetraining antanzen und trichterte allen seine Philosophie ein: „Tore, Tore, Tore! Ihr dürft ruhig vier Gegentore kassieren, aber ihr müsst 5:4 gewinnen. 1:0 will ich nicht."

Schon im ersten Jahr gelang der Aufstieg. Weisweiler erkannte das Potenzial in seinen Entdeckungen, ließ die hungrigen Talente wie Heynckes, Laumen oder Peter Meyer einfach nur stürmen – die berühmten „Fohlen" waren geboren.

Aber: Dieser Hurra-Stil wurde uns zum Verhängnis. Die Bayern, die mit uns 1965 aufgestiegen waren, holten kühl die Titel. Wir den Schönheitspreis.

Mit Weisweiler zu diskutieren, war aussichtslos. Er war so stur wie ich. Darum haben wir Spieler uns vor einem Spiel in Bielefeld zusammengesetzt und eine defensivere Taktik verabredet. Wir haben nicht so schön gespielt, aber gewonnen.

Weisweiler war außer sich: „Sonntagmorgen, 10 Uhr, Krisensitzung! Das lass ich mir von Ihnen nicht bieten. Sie machen meinen Namen kaputt!" So donnerte er uns zusammen. Dabei hatten wir einfach nur gewonnen...

Immerhin: Danach holte der Trainer harte Abwehrspieler wie Luggi Müller und Klaus Sieloff zu uns. Jetzt stimmte die Mischung. Wir wurden 70 und 71 Deutscher Meister, 1973 Pokalsieger.

Auch wegen der Krisensitzung nach dem Bielefeld-Sieg...

Gladbachs elf „Himmelstürmer": Vogts, Laumen, Wittmann, Winkler, Ackermann, Dietrich, Pöggeler, Netzer, Meyer, Danner und Kapitän Milder (v. l.)

Günter Netzer als „Fohlen" (1969). „Mit kurzen Haaren sah ich echt bescheuert aus", sagt er. Und ließ die langen Haare zu seinem Markenzeichen werden

Saison 1966/67

Abschluss-Tabelle

1.	Eintr. Braunschweig	49:27	43-25
2.	TSV München 1860	60:47	41-27
3.	Borussia Dortmund	70:41	39-29
4.	Eintracht Frankfurt	66:49	39-29
5.	1. FC Kaiserslautern	43:42	38-30
6.	Bayern München	62:47	37-31
7.	1. FC Köln	48:48	37:31
8.	Bor. Mönchengladbach	70:49	34-34
9.	Hannover 96	40:46	34-34
10.	1. FC Nürnberg	43:50	34-34
11.	MSV Duisburg	40:42	33-35
12.	VfB Stuttgart	48:54	33:35
13.	Karlsruher SC	54:62	31-37
14.	Hamburger SV	37:53	30-38
15.	FC Schalke 04	37:63	30-38
16.	Werder Bremen	49:56	29-39
17.	Fortuna Düsseldorf	44:66	25-43
18.	Rot-Weiß Essen	35:53	25-43

So wurde damals gewertet:
Sieg = 2:0 Punkte,
Unentschieden = 1:1 Punkte,
Niederlage = 0:2 Punkte.

Torjäger

28 Tore
Lothar Emmerich (Dortmund)

28 Tore
Gerd Müller (Bayern)

18 Tore
Herbert Laumen (Gladbach)

Die Top-Elf des Meisters

Zahlen & Fakten

Tore: 895 gesamt, 2,92 pro Spiel
Elfmeter: 81 (53 verwandelt, entspricht 65,65%)
Zuschauer: 7.129.485 gesamt, 23.266 im Schnitt
Fußballer des Jahres: Gerd Müller
Herbstmeister: Eintracht Braunschweig
Meistertrainer: Helmut Johannsen
Pokalsieger: Bayern München

Trainerentlassungen

Max Merkel (Foto, 1860 München), **Werner Roth** (Karlsruher SC), **Jenö Csaknady** (1.FC Nürnberg), **Rudi Gutendorf** (VfB Stuttgart), **Jupp Schneider** (Hamburger SV), **Fritz Pliska** (Rot-Weiß Essen), **Fritz Langner** (Schalke 04), **Kuno Klötzer** (Fortuna Düsseldorf)

Spielertransfers

Wolfgang Fahrian (Foto) von Hertha BSC Berlin zu 1860 München, **Christian Müller** von 1.FC Köln zu Karlsruher SC, **Gilbert Gress** von Straßburg zu VfB Stuttgart, **Fahrudin Jusufi** von Partizan Belgrad zu Eintracht Frankfurt

So sah's Franz Beckenbauer

Braunschweig baut den Meister-Riegel auf

Wenn ein Klub wie Eintracht Braunschweig Meister wird, heißt das: Die Mannschaft hat 110 Prozent ihrer Möglichkeiten abgerufen, andere dagegen zu wenig! Braunschweig hatte in Lothar Ulsaß seinen Antreiber. Und vor Torwart Horst Wolter haben sich die Braunschweiger versammelt. Ihr Abwehr-Riegel ließ in 34 Spielen nur 27 Gegentore zu. Wir Bayern holten in dieser Saison zwei Pokale. Den Cup der Pokalsieger mit dem 1:0 gegen die Glasgow Rangers durch „Bulle" Roth. Und den DFB-Pokal mit einem 4:0 gegen den HSV.

Norddeutsch-kühler Jubel von Meister Braunschweig. Kapitän Joachim Bäse stemmt die Schale. Rechts Meyer und Saborowski

Nicht schön, aber schön erfolgreich: Eintracht holt mit nur 49 Toren den Titel

Ein Stadion im Bierrausch

Da rollen die Fässer: Freibier für alle Zuschauer beim letzten Braunschweig-Spiel

BILD vom 29. Mai, 1967

Wollt ihr den Europacup? – Ja!

So feierte Braunschweig seinen Deutschen Meister

BILD vom 5. Juni, 1967

Was für eine Sensation: Eintracht Braunschweig wird zum Saisonstart als Abstiegskandidat gehandelt – und holt den Meistertitel. Trainer Helmut Johannsens Team spielt nicht schön, aber erfolgreich. Nur 27 Tore kassiert Keeper Horst Wolter. Die Eintracht schafft nur 49 Tore – bis heute Minusrekord für einen Deutschen Meister.

Ruhrpott-Derby: Um die Ehre!

Eine packende Szene aus dem Derby Dortmund – Schalke: BVB-Stürmer Reinhold Wosab fliegt über Schalkes Torwart Norbert Nigbur zum Ball. Die Borussia gewann im November 1966 vor 43 000 begeisterten Fans im Stadion Rote Erde mit 6:2, drei Tore schoss Torschützenkönig Lothar Emmerich (rechts im Bild)

Gladbach schießt Schalke 11:0 weg

Am 7. Januar erwischt Schalke auf weißem Schneeboden am Bökelberg einen rabenschwarzen Tag – 0:11 bei Borussia Mönchengladbach! Das erste zweistellige Ergebnis seit dem Bundesligastart. Schalkes Keeper Josef Elting wird von seiner Abwehr (mit Fichtel, Rausch) oft allein gelassen. Gladbachs Topstürmer Jupp Heynckes, Bernd Rupp und Herbert Laumen treffen alle dreimal, Günter Netzer ist zweimal erfolgreich.

Schönes Arbeiten: Gladbachs Bernd Rupp (r.) schiebt aus kurzer Entfernung den Ball an Schalke-Torwart Elting vorbei

Gefängnis und Sperre! Löwen-Stars rasten aus

Chaos beim Meister: Torjäger Rudi Brunnenmeier (starb im April 2003) muss nach einer Kneipenschlägerei hinter Gitter, kam nur zu Spielen raus. Stürmer „Timo" Konietzka verliert gegen Dortmund die Nerven: Bei Sigi Helds Siegtor zum 2:1 für die Borussia soll die Hand im Spiel gewesen sein. Konietzka tritt Schiedsrichter Spinnler (Mainz) ans Schienbein und schlägt ihm die Pfeife weg – sechs Monate Sperre! Bei soviel Ärger rutscht Meister 1860 bis auf den vorletzten Platz ab, Max Merkel verabschiedet sich nach Nürnberg. Nachfolger Weber bleibt nur bis Februar. Unter Gunter Baumann schaffen die Löwen dann sogar noch die Vizemeisterschaft.

„Timo" Konietzka

Rudi Brunnenmeier

Die Geburt des Bombers „Kleines dickes Müller"

Sein Trainer „Tschik" Cajkovski prophezeite mit jugoslawischem Akzent vor der Saison: „Kleines dickes Müller wird bestes Torjäger von Welt." Gerd Müller ließ den Worten Taten und Tore folgen. Der Bomber der Nation wurde Torschützenkönig (28 Treffer) und mit gerade 21 Jahren „Fußballer des Jahres".

„Tschik" Cajkovski gratuliert „Fußballer des Jahres" Gerd Müller

Mai 1968: Max Merkel (mit Schale) umringt von seinen Nürnberger Meistern: Assistent Körner, Volkert, Starek, Cebinac, Heinz Müller, Strehl, Hilpert, Luggi Müller (v. l.)

Nationalspieler Luggi Müller über Meistermacher Max Merkel

„Trainer, du bist ein netter Sauhund“

1967/68

Von LUGGI MÜLLER

Es gab bessere Nachrichten für einen Bundesliga-Spieler Mitte der 60er-Jahre als diese: Euer neuer Trainer heißt Max Merkel.

Wir hatten in Nürnberg natürlich einiges über ihn gehört. Er war der Zampano, der mit Zuckerbrot und Peitsche regierte. Er kam im Dezember 1966, als wir unten standen. Und schon in der Saison 67/68 drehten wir das Superding: Wir wurden Meister!

Ex-Nationalspieler Ludwig Müller (61) führt heute mit seiner Gattin das Modehaus Zehe in Haßfurt

Mit Zuckerbrot und Peitsche... Max, da wir uns ja gut verstehen, sage ich mal: Du warst ein netter Sauhund!

Deine Jungs vom Club wie Fritz Popp oder Schorsch Volkert erzählen noch heute gern die wahnsinnigsten Geschichten...

„Trainingslager in den Bergen, Kleinwalsertal. Merkel scheucht uns auf 3000 Meter. Er selbst hockt auf dem Hotelbalkon. Trinkt Bier. Und beobachtet uns durch ein Fernglas!"

Die Spanferkel-Nummer. Merkel: „Ihr habt eine Belohnung verdient. Esst und sauft, was reinpasst." Am nächsten Morgen setzte er Zirkeltraining an!

Oder: Er lud uns zu Kaffee und Kuchen auf eine Alm ein, die Kanzelwand. Rauf ging's mit der Seilbahn. Zurück zu Fuß über Geröll die Steilhänge runter...

Wir haben geflucht. Aber er hatte eine Menge drauf, konnte Begeisterung vermitteln. Seine Sitzungen dauerten nie länger als 15 Minuten. Selten, dass er nach einem Sieg mal jubelte. Max sagte nur: „Für mich zählt der Titel und sonst nix." Er hat ihn bekommen.

Saison 1967/68

Abschluss-Tabelle

1.	1. FC Nürnberg	71:37	47-21
2.	Werder Bremen	68:51	44-24
3.	Bor. Mönchengladbach	77:45	42-26
4.	1. FC Köln	68:52	38-30
5.	Bayern München	68:58	38-30
6.	Eintr. Frankfurt	58:51	38-30
7.	MSV Duisburg	69:58	36-32
8.	VfB Stuttgart	65:54	35-33
9.	Eintr. Braunschweig	37:39	35-33
10.	Hannover 96	48:52	34-34
11.	Alemannia Aachen	52:66	34-34
12.	TSV München 1860	55:39	33-35
13.	Hamburger SV	51:54	33-35
14.	Borussia Dortmund	60:59	31-37
15.	FC Schalke 04	42:48	30-38
16.	1. FC Kaiserslautern	39:67	28-40
17.	Bor. Neunkirchen	33:93	19-49
18.	Karlsruher SC	32:70	17-51

So wurde damals gewertet:
Sieg = 2:0 Punkte,
Unentschieden = 1:1 Punkte,
Niederlage = 0:2 Punkte.

Torjäger

27 Tore Hannes Löhr (1.FC Köln)

25 Tore Franz Brungs (Nürnberg)

20 Tore Gerd Müller (Bayern)

Die Top-Elf des Meisters

Zahlen & Fakten

Tore: 993 gesamt, 3,25 pro Spiel
Elfmeter: 90 (66 verwandelt, entspricht 73,33%)
Zuschauer: 6.147.508 gesamt, 20.089 im Schnitt
Fußballer des Jahres: Franz Beckenbauer
Herbstmeister: 1.FC Nürnberg
Meistertrainer: Max Merkel
Pokalsieger: 1. FC Köln

Trainerentlassungen

Heinz Murrach (Foto, Borussia Dortmund), **Günther Brocker** (Werder Bremen), **Paul Frantz** (Karlsruhe), **Karl-Heinz Marotzke** (Schalke), **Georg Gawliczek** (Karlsruhe), **Horst Buhtz** (Hannover), **Otto Knefler** (Kaiserslautern)

Spielertransfers

Jupp Heynckes (Foto) von Gladbach zu Hannover, **Hans Tilkowski** von Dortmund zu Eintracht Frankfurt, **Werner Krämer** vom MSV Duisburg zum Hamburger SV, **Friedel Lutz** von 1860 München zu Eintracht Frankfurt, **Manfred Pohlschmidt** vom Hamburger SV zu Schalke 04

So sah's Franz Beckenbauer

Max Merkel und sein Club mischen uns Bayern auf

Zuckerbrot und Peitsche. Dafür stand Max Merkel – vor allem für Peitsche. Auf jeden Fall war der „Zampano" Max als Trainer der erste Medienstar, als diesen Begriff noch keiner kannte. Leistung stand auch dahinter. Seinen Titel ´68 mit Nürnberg würde ich noch höher bewerten als den zwei Jahre zuvor mit 1860 München. Den Club hatte Max erst mal aus dem Abstiegssumpf ziehen müssen. Im zweiten Jahr, mit neuen Spielern, setzte er sich ganz oben fest. Mein FC Bayern ist in Nürnberg mit 3:7 aufgemischt worden, Franz Brungs traf fünf Mal. In der Rückrunde verloren wir 0:2 – Nürnbergs Meisterstück.

Meistermacher Merkel: „Ich war jeden Pfennig wert"

Löwen-Dompteur Max Merkel wurde mit 1860 Meister – und jetzt auch mit Nürnberg

Überraschungs-Meister wird der 1. FC Nürnberg. Trainer Max Merkel erntet viel Lob. Und viel Neid. Sein Monatsgehalt (knapp 10 000 Mark netto) sorgt für Schlagzeilen. Merkel kontert: „Ich war jeden Pfennig wert. Weil ich den Club zum Meister gemacht habe."
Wie schon bei 1860 München räumt Merkel vor der Saison gnadenlos auf. Elf Spieler müssen gehen. Sechs Neue (unter ihnen Regisseur Gustl Starek und Außenstürmer „Cebi" Cebinac) kommen. Der Titel ist schon am vorletzten Spieltag (2:0 bei Bayern) perfekt. Der (vorerst) letzte Titel für den Club.

BILD vom 4. Dezember, 1967

Max Merkel an die Kette gelegt

Vier-Jahres-Vertrag beim 1. FC Nürnberg für 9890 DM netto im Monat

Treffer-Glück! Hannes Löhr wird bester Torjäger

Hannes Löhr vom 1. FC Köln sichert sich die Torjäger-Trophäe. Der damals 26-jährige Löhr profitiert dabei von der Verletzung des Gladbachers Peter Meyer. Meyer führte die Torjägerliste mit 19 Toren an, bricht sich am 18. Spieltag aber das Bein und fällt für den Rest der Saison aus. Der Weg ist nun frei für Hannes Löhr, der sich mit 27 Toren die Krone holt.

Premiere! Ein Spieler darf ausgewechselt werden

Erst in dieser Saison wird das Ein- und Auswechseln erlaubt. Zunächst darf aber nur ein Spieler pro Partie getauscht werden. Bis zu dieser Regeleinführung konnten verletzte Spieler nicht ersetzt werden. Die Teams mussten dann in Unterzahl weiterspielen. Ab der Saison 1968/69 wurde das Auswechselkontingent erhöht – von da an durften dann zwei Spieler ausgetauscht werden.

6:0

BVB – Bor. Neunkirchen: Das 1. Tor durch Emmerich (r.) gegen Torwart Horst Kirsch

Tore, Tore, Tore…

Tore gibt's in dieser Saison wie Grashalme im Stadion – irre viel. 26 Treffer fallen allein in diesen drei Kantersieg-Partien. Ganz bitter: Borussia Neunkirchen muss gleich zwei derbe Pleiten hinnehmen. Zunächst am verflixten 7. Spieltag das 0:6 bei Borussia Dortmund. Dann das zweistellige 0:10-Debakel am Gladbacher Bökelberg. Neunkirchen, die Schießbude der Liga (93 Gegentreffer) steigt ab. Aber auch im Süd-Duell Nürnberg – Bayern (7:3) hagelt es Tore, Tore, Tore…

7:3 Nürnberg – FC Bayern: „Goldköpfchen" Franz Brungs traf fünfmal für den Überraschungs-Meister gegen Torwart Sepp Maier. Mitte: Kupferschmidt

10:0 Gladbach – Neunkirchen: Doppeltorschütze Herbert Laumen wirft sich in den Ball. Günther Kuntz (Vater des späteren Nationalspielers Stefan Kuntz) kommt zu spät

Sepp Maier über den Bomber der Nation

Torwart-Idol Sepp Maier (58/l.) und Supertorjäger Gerd Müller (57) wurden ins Jahrhundert-Team gewählt

Einen gibt's

Von SEPP MAIER

„Was der FC Bayern geworden ist, verdankt er Gerd Müller."

Franz Beckenbauer hat das gesagt. Ich freue mich, dass ich allen Fußballfans, vor allem den jüngeren, mehr dazu erzählen darf.

Einen Torjäger wie Gerd Müller wird es nie mehr geben! Der Gerd konnte mit links, rechts, oben, unten, ja mit dem Hintern Tore machen. Der hatte diesen besonderen Riecher für die Situation. Wenn alles umeinander stolperte – Gerd stand goldrichtig. Drehung, drin! Wie beim 2:1 im WM-Finale '74 gegen die Holländer.

Da war Gerd schon längst der „Bomber der Nation". 68 Tore in 62 Länderspielen, eine Wahnsinns-Quote. Wie die 365 Treffer in 427 Bundesliga-Spielen.

Angefangen hatte alles mit „Kleines dickes Müller". So nannte ihn Trainer „Tschik" Cajkovski", als Gerd mit 19 im Sommer '65 zu uns kam. Ein stämmiger Bursche aus der schwäbischen Kreisstadt Nördlingen. Mit strammen Haxen – und Babyspeck...

„Tschik" hielt zuerst nichts von der Stürmerhoffnung: „Kleines dickes Müller kann nicht laufen."

Doch dann sprach der damalige Präsident Wilhelm Neudecker ein Machtwort. „Der Müller spielt jetzt, basta!" Ab sofort wurde „gemüllert." Sein Tor-Geheimnis: Der „Dicke" hatte vor der Kiste eine Reaktionszeit wie Schumi beim Start in der Formel 1. Allein sieben Mal Torschützen-König – Gerd, das macht dir keiner nach!

wie Gerd Müller nie wieder

Hier wird „gemüllert“! Torjäger Gerd Müller macht 1968/69 runde 30 Tore. Und schießt im Pokal-Finale gegen Schalke (rechts: Erlhoff und Fichtel) beide Tore zum 2:1-Sieg der Bayern

Saison 1968/69

Abschluss-Tabelle

1. Bayern München	61:31	46-22
2. Alemannia Aachen	57:51	38-30
3. Bor. Mönchengladbach	61:46	37-31
4. Eintr. Braunschweig	46:43	37-31
5. VfB Stuttgart	60:54	36-32
6. Hamburger SV	55:55	36-32
7. FC Schalke 04	45:40	35-33
8. Eintr. Frankfurt	46:43	34-34
9. Werder Bremen	59:59	34-34
10. TSV München 1860	44:59	34-34
11. Hannover 96	47:45	32-36
12. MSV Duisburg	33:37	32-36
13. 1. FC Köln	47:56	32-36
14. Hertha BSC Berlin	31:39	32-36
15. 1. FC Kaiserslautern	45:47	30-38
16. Borussia Dortmund	49:54	30-38
17. 1. FC Nürnberg	45:55	29-39
18. Kickers Offenbach	42:59	28-40

So wurde damals gewertet:
Sieg = 2:0 Punkte,
Unentschieden = 1:1 Punkte,
Niederlage = 0:2 Punkte.

Torjäger

30 Tore Gerd Müller (Bayern)

23 Tore Uwe Seeler (HSV)

17 Tore Josip Skoblar (Hannover)

Die Top-Elf des Meisters

Zahlen & Fakten

Tore: 873 gesamt, 2,85 pro Spiel
Elfmeter: 72 (49 verwandelt, entspricht 68,06%)
Zuschauer: 6.550.497 gesamt, 21.406 im Schnitt
Fußballer des Jahres: Gerd Müller
Herbstmeister: Bayern München
Meistertrainer: Branko Zebec
Pokalsieger: FC Bayern München

Trainerentlassungen

Günther Brocker (Foto, Schalke 04), **Albert Sing** (1860 München), **Helmut Schneider** (Borussia Dortmund), **Max Merkel** (1. FC Nürnberg), **Robert Körner** (1. FC Nürnberg), **Egon Piechaczek** (Kaiserslautern), **Gunter Baumann** (VfB Stuttgart)

Spielertransfers

Franz Brungs (Foto) von Nürnberg zu Hertha BSC Berlin, **Horst Köppel** von VfB Stuttgart zu Gladbach, **Jürgen Friedrich** von Eintracht Frankfurt zu Kaiserslautern, **Franz Hasil** von Rapid Wien zu Schalke 04, **Bernd Dörfel** vom Hamburger SV zu Braunschweig

So sah's Franz Beckenbauer

Branko ist ein harter Hund, er macht uns so richtig fit

Wenn der Meister absteigt, kann man von einer besonderen Saison sprechen. Und es war eine besondere: Beim 1. FC Nürnberg stürzte Max Merkel. Wir vom FC Bayern schafften dagegen das erste Double der Vereinsgeschichte. Der harte Branko Zebec hatte uns unglaublich fit gemacht. Die Meisterschaft war nie gefährdet, auch wenn wir einen Durchhänger hatten: In Hannover verloren wir 0:1 und die Emotionen kochten über. Gerd Müller fehlte nach Platzverweis für vier Spiele. Aber mit Gerd und seinen Toren kamen dann auch die Siege zurück. Er schoss uns sogar noch zum DFB-Pokal-Erfolg gegen Schalke.

Kaiser & Co Für den Titel fürstlich belohnt

Bayerns Titel-Prämie: 10 000 Mark für jeden!

BILD vom 19. Mai, 1969

1969 – das Kaiserjahr: Franz Beckenbauer wird mit Bayern Meister, Pokalsieger und ist dabei der eleganteste Libero der Liga. Niemand spielt so vornehm, so leichtfüßig auf der Ausputzer-Position wie er. Beckenbauer legt mit den Bayern einen Start-Ziel-Sieg hin. Und das, obwohl Neu-Trainer Branko Zebec in der ganzen Saison nur 13 Spieler einsetzt. Doch der Erfolg hat auch seinen Preis. Die Bayern-Spieler werden für den Titel fürstlich belohnt: Jeder erhält eine Prämie von 10 000 Mark.

Kaiser ist der Franz von Bayern

BILD vom 10. Juni, 1969

Kaiser Franz Beckenbauer – keiner kann's eleganter

Geteiltes Leid ist halbes Leid: Nürnbergs Ludwig Müller tröstet den weinenden Horst Leupold

Bittere Tränen! Nürnberg steigt als Meister ab

Von ganz oben nach ganz unten: Meister Nürnberg steigt ab – trotz des Trainerwechsels (Klötzer für Merkel). Unvergessen sind die Tränen der Spieler. Unvergessen auch der dramatische letzte Spieltag: Der Club (16.) muss in Köln (15.) ran. Ein Remis hätte beiden gereicht, Dortmund wäre abgestiegen. Köln gewinnt aber 3:0 – und Nürnberg weint...

Trainer-Chaos beim BVB! Vier in einer Saison

Des einen Leid, des anderen Freud: Während die Nürnberger weinen, jubeln die Dortmunder: Der BVB rettet sich knapp, verschleißt in einer Saison aber gleich vier Trainer: Oswald Pfau stirbt im Dezember an einem Herzinfarkt, Interimstrainer Helmut „Jockel" Bracht übergibt wenige Tage später an den Meistertrainer früherer Tage, an Helmut Schneider. Doch Schneiders harscher Ton kommt bei den Spielern nicht mehr an, der Abstieg rückt immer näher. So sitzt schon 90 Tage später Trainer Nummer vier auf der Bank: Hermann Lindemann. Er schafft den Klassenerhalt.

Trainer Nummer 1: **Oswald Pfau. Er stirbt im Dezember an Herzinfarkt**

Trainer Nummer 2: **Interimscoach Helmut „Jockel" Bracht bleibt nur kurz**

Trainer Nummer 3: **Helmut Schneider hält auch nur 90 Tage durch, fliegt raus**

Trainer Nummer 4: **Hermann Lindemann. Er rettet schließlich den BVB**

Sensation mit Talenten aus der Region: Aachen wird Vizemeister

Sensationell Zweiter wird Alemannia Aachen, im Vorjahr erst aufgestiegen. Trainer Michel Pfeiffer hatte um Torjäger „Yogi" Ferdinand eine verschworene Elf von Spielern aus dem Westen zusammengestellt. Getreu dem Schlachtruf der Fans: „Wir brauchen keinen Seeler, wir brauchen keinen Brülls – wir kaufen unsere Spieler alle in Marl-Hüls." Nur für Belgiens Starstürmer Roger Claessen machte die Alemannia eine Ausnahme. Lohnte sich: Claessen schießt am letzten Spieltag vor 50 000 Fans im Olympiastadion das Siegtor bei Hertha BSC. Aachen ist Vizemeister – bis heute größter Erfolg der Vereinsgeschichte.

Im alten Dortmunder Stadion „Rote Erde" ist der Hund los. Schalke-Profi Friedel Rausch (M.) wird in den Allerwertesten gebissen. Er schreit vor Schmerzen

Schalke-Profi Friedel Rausch

Mitten mich ein

Spieler, dann Trainer, jetzt Pensionär: Rausch (63) lebt am Vierwaldstätter See in der Schweiz

Von FRIEDEL RAUSCH

Wenn ich das Foto seh', tut's mir wieder weh...

Es war der 6. September 1969. Ich spielte mit meinem Klub Schalke beim „Erzfeind" Dortmund. Als „Andenken" blieb mir eine lebenslange, etwa sechs Zentimeter lange Narbe auf der rechten Pobacke.

Wenn du als Schalker vom Hund gebissen wirst – dann natürlich in Dortmund... Es war die 37. Minute, vergess' ich nie. Hansi Pirkner schoss uns mit 1:0 in Führung. Wir lagen uns in den Armen. Ein Teil unserer Fans rannte auf den Rasen – ich spürte plötzlich einen Schmerz, dass ich zuerst dachte: Hat da einer auf mich geschossen?

im Spiel biss Schäferhund

Riesenaufregung. Meine Hose blutdurchtränkt. Ich hörte nur Stimmen: „Haltet den Hund fest!" Ein Dortmunder Ordner hatte seinen Schäferhund zu viel Leine gelassen. Ich wurde vom Platz getragen, bekam eine Tetanusspritze und spielte weiter. Die Schmerzen waren tierisch. Immerhin holten wir ein 1:1.

Ich schlief 14 Tage nur auf dem Bauch, bekam später von Borussia Schmerzensgeld. 300 Mark für die durchlöcherte Pobacke. Zum Schaden kam Spott. Einige Gegenspieler nervten mit „Wau-Wau-Sprüchen". Aber als harter Spieler weiß man sich zu wehren.

BILD vom 8. September, 1969

Wau, wau – ich beiße Schalke

Dortmunds neue „Geheimwaffe" heißt Rex

Von JÖRG F. HÜLS

Dortmund, 8. September

Borussias neue „Geheimwaffe" heißt Rex und ist ein fünfjähriger Schäferhund. Diese Waffe bekamen die beiden Schalker Spieler Gerd Neuser und Friedel Rausch zu spüren.

Es war in der 37. Minute des Ruhrpott-Schlagers Dortmund – Schalke, als Zuschauer den Platz stürmten und das Führungstor der

Dortmunds Obmann „Jockel" Bracht bedauerte den Vorfall: „Ich hätte am liebsten mein eigenes Hinterteil hingehalten ..." Auch Schalkes Boß Günter Siebert will mit dem befreundeten Verein keinen Ärger: „Wir erstat-

Ach, ja: Die Schalker Kollegen flachsten: „Friedel, stell dir vor, der Hund hätte dich vorne gebissen..." Meine Antwort: „Dann hätte der Köter seine Zähne verloren..."

Saison 1969/70

Abschluss-Tabelle

1. Bor. Mönchengladbach	71:29	51-17
2. Bayern München	88:37	47-21
3. Hertha BSC Berlin	67:41	45-23
4. 1. FC Köln	83:38	43-25
5. Borussia Dortmund	60:67	36-32
6. Hamburger SV	57:54	35-33
7. VfB Stuttgart	59:62	35-33
8. Eintr. Frankfurt	54:54	34-34
9. FC Schalke 04	43:54	34-34
10. 1. FC Kaiserslautern	44:55	32-36
11. Werder Bremen	38:47	31-37
12. Rot-Weiß Essen	41:54	31-37
13. Hannover 96	49:61	30-38
14. Rot-Weiß Oberhausen	50:62	29-39
15. MSV Duisburg	35:48	29-39
16. Eintr. Braunschweig	40:49	28-40
17. TSV München 1860	41:56	25-43
18. Alemannia Aachen	31:83	17-51

So wurde damals gewertet:
Sieg = 2:0 Punkte,
Unentschieden = 1:1 Punkte,
Niederlage = 0:2 Punkte.

Torjäger

38 Tore Gerd Müller (Bayern)

20 Tore Werner Weist (Dortmund)

19 Tore Herbert Laumen (Gladbach)

19 Tore Hannes Löhr (1.FC Köln)

19 Tore Klaus Fischer (1860 Mün.)

Die Top-Elf des Meisters

Zahlen & Fakten

Tore: 951 gesamt, 3,11 pro Spiel
Elfmeter: 69 (45 verwandelt, entspricht 65,22%)
Zuschauer: 6.113.726 gesamt, 19.979 im Schnitt
Fußballer des Jahres: Uwe Seeler
Herbstmeister: Borussia Mönchengladbach
Meistertrainer: Hennes Weisweiler
Pokalsieger: Kickers Offenbach

Trainerentlassungen

Branko Zebec (Foto, Bayern München), **Fritz Langner** (1860 München), **„Tschik" Cajkovski** (Hannover 96), **Georg Stollenwerk** (Alemannia Aachen), **Fritz Rebell** (Werder Bremen)

Spielertransfers

Luggi Müller (Foto) von Nürnberg zu Gladbach, **Max Lorenz** von Werder Bremen zu Braunschweig, **Bernd Patzke** von 1860 München zu Hertha BSC Berlin, **Klaus-Dieter Sieloff** von VfB Stuttgart zu Gladbach, **Manfred Manglitz** von MSV Duisburg zu 1. FC Köln

So sah's Franz Beckenbauer

Wir stolpern im März, da schlägt Gladbach zu

Gladbach gegen Bayern. Dieses Duell sollte Fußball-Deutschland erstmals fesseln. Jeder lauerte im Titelkampf auf Schwächen des anderen. Nach der Hinrunde lag Gladbach vor uns. Dort hatte Hennes Weisweiler mit „Luggi" Müller und Sieloff die Abwehr verstärkt. Wir waren nicht zuletzt durch Gerd Müller das torgefährlichste Team. Aber Anfang März verspielten wir durch Niederlagen gegen Frankfurt und 1860 die Titelchance. Für Branko Zebec kam Udo Lattek als neuer Trainer. An Gladbach jedoch kamen wir nicht mehr heran. Die WM ´70 in Mexiko mit Platz drei half darüber hinweg.

Ein junger Unbekannter namens

Bei Titelverteidiger Bayern läuft's nicht rund. Nach der 1:2-Derby-Pleite bei den Münchner Löwen wird Trainer Branko Zebec gefeuert. Für ihn kommt der bisher noch unbekannte DFB-Sportlehrer Udo Lattek. Und der erst 35-Jährige feiert einen perfekten Einstand: 6:0 watschen seine neu-

Der fröhliche „Tschik“ fliegt in Hannover raus

Mit 35 000 Mark Monatsgehalt ist er der bestbezahlte Trainer. Doch im Dezember muss „Tschik“ Cajkovski in Hannover gehen. Der Entdecker von Gerd Müller kann bei 96 nicht an seine Erfolge mit den Bayern anknüpfen. Nach dem Herztod des populären Trainers 1998 sagte Franz Beckenbauer: „‚Tschik‘ hat den Grundstein gelegt für die späteren Erfolge des FC Bayern.“

Der Gute-Laune-Trainer: Zlatko „Tschik“ Cajkovski (1923 – 1998)

Bibber-Winter legt Spielbetrieb lahm

Das gab es noch nie: Ein kompletter Spieltag wird abgesagt. Durch Schnee, Eis und Matsch sind die Plätze am 10. Januar 1970 komplett unbespielbar. Alle Partien fallen aus. So machen die Spieler der 18 Vereine gleich am ersten Spieltag nach der Winterpause Kälteferien. Insgesamt fallen in diesem Bibber-Winter 42 Spiele aus.

„Uns Uwe“ ist der beste Mann

Uwe Seeler – er war der Mann der ersten Bundesligastunde: Im Gründungsjahr 1964 wurde der HSV-Stürmer Torschützenkönig und „Fußballer des Jahres“. Und jetzt, zum Abschluss seiner Nationalmannschafts-Karriere, wird „Uns Uwe“ ein weiteres Mal zum „Fußballer des Jahres“ gewählt. Für den HSV geht Seeler noch bis Sommer 1972 auf Torejagd.

Hopp, hopp, hopp! Udo Lattek im weinroten Trainingsanzug, schon damals mit grauen Haaren, lässt die Bayern tanzen. Rechts neben ihm Hoeneß, Breitner und Schwarzenbeck

Lattek trainiert Bayern

en Bayern den späteren Absteiger Alemannia Aachen ab. Titelverteidiger Bayern wird mit Neu-Trainer Lattek immerhin noch Vizemeister. Vor allem auch dank der 38 (!) Treffer von Dauer-Torschützenkönig Gerd Müller.

Gladbachs 1. Meistertitel. Trainer Weisweiler (li.) und Kapitän Netzer lassen sich 1970 feiern

Mit seinen „schweren Säbeln“ wird Weisweiler endlich Meister

Hennes Weisweiler liebte den Offensiv-Fußball. Doch sein Team hatte in den vergangenen drei Jahren nicht nur die meisten Treffer erzielt, sondern auch eklatante Abwehrschwächen offenbart. Getreu der Devise: Vorne Attacke und hinten offen wie ein Scheunentor. Weisweiler reagiert, holt die rustikalen Abwehr-Asse „Luggi“ Müller (Nürnberg) und Klaus-Dieter Sieloff (Stuttgart). Und siehe da: Gladbach stellt in seiner ersten Meister-Saison die beste Abwehr. „Nur mit Florett geht’s nicht“, sagt Weisweiler, „man braucht auch schwere Säbel.“

Gladbachs Meister feiern in der Kabine. Hinten v.l.: Wimmer, Sieloff, Laumen, Trainer Weisweiler (mit Schale), Müller, Köppel, Bleidick. Vorne v.l. Co-Trainer Schlott, Le Fevre, Dietrich, Netzer, Kleff, Vogts, Schäfer.

Die 70

Das Bayern-Jahrzehnt Der FC Bayern hat viel zu feiern. Dreimal holen sie die Meisterschaft, dreimal den Europacup der Landesmeister, dazu den Weltpokal. Der Erfolgstrainer ist Udo Lattek, hier nach dem Meistertitel 1972 mit Johnny Hansen (l.) und Paul Breitner

er

Ich war Zeuge Bestechungs

Klaus Bockelkamp (68) war von der ersten Bundesliga-Saison 1963/64 bis 1999 BILD-Reporter

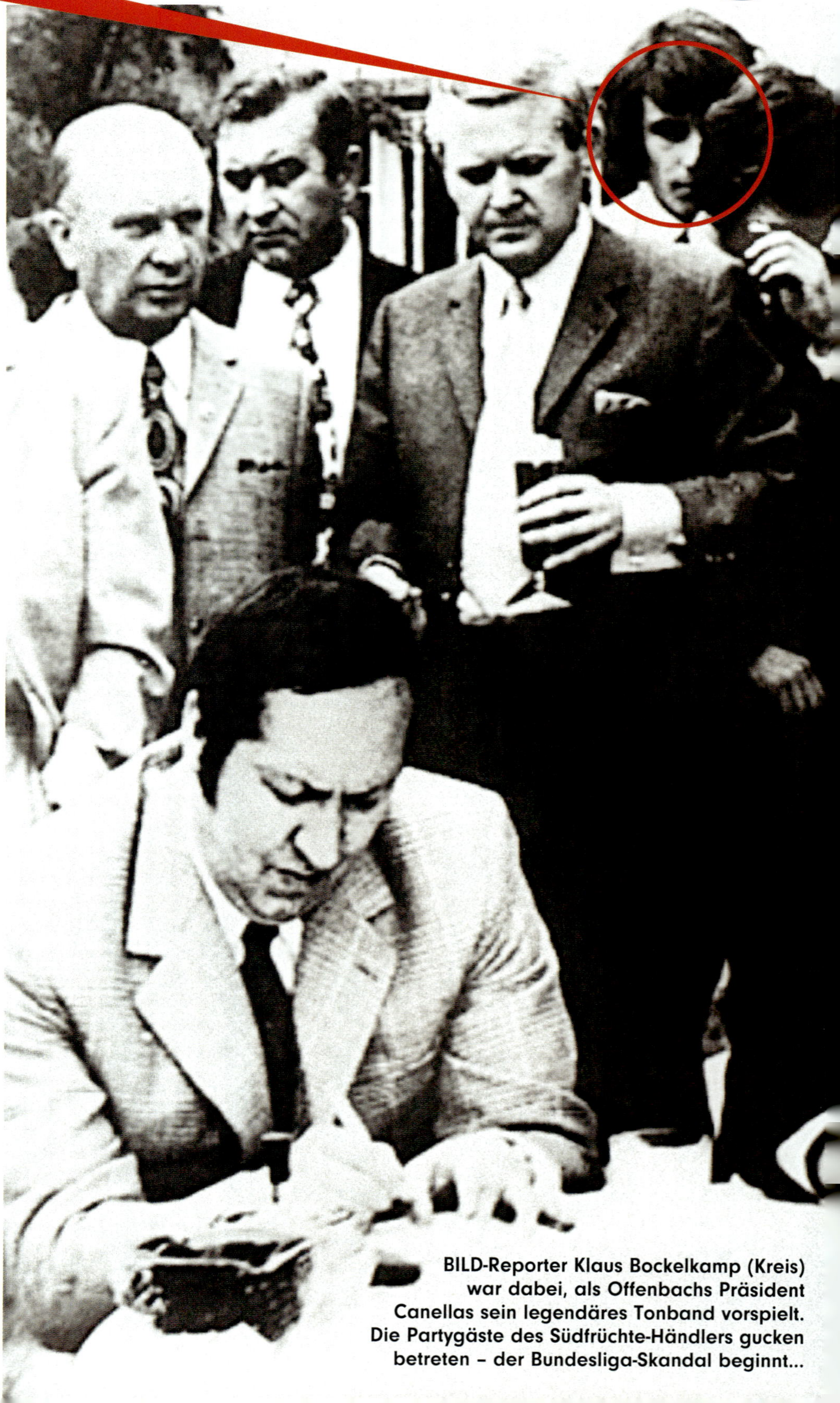

BILD-Reporter Klaus Bockelkamp (Kreis) war dabei, als Offenbachs Präsident Canellas sein legendäres Tonband vorspielt. Die Partygäste des Südfrüchte-Händlers gucken betreten – der Bundesliga-Skandal beginnt...

Von KLAUS BOCKELKAMP

Ich stand nur zwei Schritte hinter Canellas, als er auf das Tonband drückte...

Es war der 6. Juni 1971. Horst Gregorio Canellas, der Präsident der am Vortag abgestiegenen Offenbacher Kickers, macht aus seiner Feier zum 50. Geburtstag ein Tribunal: „Wir sind durch Betrug abgestiegen. Das werde ich beweisen."

Bundestrainer Helmut Schön schaut wie alle geladenen Gäste, darunter mein BILD-Kollege Werner Bremser und ich, ungläubig auf den Gartentisch mit dem Tonbandgerät. Eine Stimme sagt: „Gestern war schon einer von Bielefeld da, aber wir haben uns noch nicht entschieden." Canellas ruft: „Das war Patzke." Der Berliner Verteidiger hatte von ihm 140 000 Mark für einen Hertha-Sieg gegen Bielefeld gefordert.

Die nächste Stimme erkenne ich sofort: Manfred Manglitz, der Torwart des 1. FC Köln. Canellas soll den FC-Spielern für einen Offenbacher Sieg in Köln 100 000 Mark zahlen. Canellas sieht mich an, fragt: „Ist das Manglitz?" Ich nicke: „Ja, das ist die Stimme von Manglitz." Ich kannte sie von vielen Telefongesprächen her.

Triumphierend schaut Canellas seine Frau an: „Hast du gehört, Hasi, der Herr Bockelkamp hat ihn sofort erkannt."

Werner Bremser war von Canellas schon vier Tage vor dem letzten Spieltag zum Zeugen der Schein-Gespräche gemacht worden, musste aber schweigen. Auch DFB-Offizielle hatte der Südfrüchtehändler informiert. Sie reagierten nicht...

Der Bundesliga-Skandal war da. 18 Spiele der Saison 70/71 waren gekauft und manipuliert worden. Insgesamt wurden zwei Millionen Mark an Bestechungs- und Schweigegeld bezahlt.

Keine Meisterschaft ist so wenig gewürdigt worden wie die der Gladbacher 1971. Ihr Triumph ging im Sumpf der Betrüger unter. Auch die Geburtstagsfeier von Horst Gregorio Canellas endete wie eine Trauerfeier...

beim größten -Skandal der Liga

Saison 1970/71

Abschluss-Tabelle

1. Bor. Mönchengladbach	77:35	50-18
2. Bayern München	74:36	48-20
3. Hertha BSC Berlin	61:43	41-27
4. Eintr. Braunschweig	52:40	39-29
5. Hamburger SV	54:63	37-31
6. FC Schalke 04	44:40	36-32
7. MSV Duisburg	43:47	35-33
8. 1. FC Kaiserslautern	54:57	34-34
9. Hannover 96	53:49	33-35
10. Werder Bremen	41:40	33-35
11. 1. FC Köln	46:56	33-35
12. VfB Stuttgart	49:49	30-38
13. Borussia Dortmund	54:60	29-39
14. Arminia Bielefeld	34:53	29-39
15. Eintr. Frankfurt	39:56	28-40
16. Rot-Weiß Oberhausen	54:69	27-41
17. Kickers Offenbach	49:65	27-41
18. Rot-Weiß Essen	48:68	23-45

So wurde damals gewertet:
Sieg = 2:0 Punkte,
Unentschieden = 1:1 Punkte,
Niederlage = 0:2 Punkte.

Torjäger

24 Tore Lothar Kobluhn (Oberhausen)

22 Tore Gerd Müller (Bayern)

22 Tore Karl-Heinz Vogt (Kaiserslautern)

Die Top-Elf des Meisters

Zahlen & Fakten

Tore: 926 gesamt, 3,03 pro Spiel
Elfmeter: 72 (58 verwandelt, entspricht 80,56%)
Zuschauer: 6.304.856 gesamt, 20.604 im Schnitt
Fußballer des Jahres: Berti Vogts
Herbstmeister: Bayern München
Meistertrainer: Hennes Weisweiler
Pokalsieger: Bayern München

Trainerentlassungen

Gyula Lorant (Foto, Kaiserslautern) **Rudi Gutendorf** (Schalke 04), **Alfred Schmidt** (Kickers Offenbach), **Rudi Gutendorf** (Kickers Offenbach),

Spielertransfers

Rudi Assauer (Foto) von Borussia Dortmund zu Werder Bremen, **Klaus Fischer** von 1860 München zu Schalke 04, **Jupp Heynckes** von Hannover 96 zu Borussia Mönchengladbach, **Winfried Schäfer** von Borussia Mönchengladbach zu Kickers Offenbach, **Ferdinand Keller** von 1860 München zu Hannover 96

So sah's Franz Beckenbauer

Eine Katastrophen-Saison für uns Bayern und die Liga

Diese Saison würde ich gerne aus meinem Gedächtnis streichen. Denn die Bundesliga hatte plötzlich einen Bestechungs-Skandal, der sich als dunkler Schatten über den deutschen Fußball legte. Es war ein sehr bitteres Kapitel, das Prozesse und Sperren nach sich zog. Das sportliche Geschehen geriet darüber in den Hintergrund. Wieder ging es zwischen Gladbach und uns um den Titel. Nach dem 33. Spieltag lag der FC Bayern ein Tor vor den punktgleichen Gladbachern. Das Finale: Bayern 0:2 in Duisburg, Gladbach zog mit einem 4:1 in Frankfurt noch vorbei. Mensch, war das bitter!

Umringt von Zuschauern versuchen Bremer Spieler (v.l. Zembski, Björnmose, und Deterding) das Tor wieder aufzurichten

Pfostenbruch in Gladbach

Einmalig: In Gladbach bricht das Tor zusammen. Im Spiel gegen Werder Bremen am 3. April 1971 stürzen Jupp Heynckes, Herbert Laumen und Werder-Keeper Günter Bernard gemeinsam ins Tornetz. Das Tor bricht zusammen. Zwei Minuten vor Abpfiff. Beim Stande von 1:1. Die Bremer wollen unbedingt weiterspielen, helfen beim Aufbau mit. „Uns wäre ein Wiederholungsspiel lieber gewesen. Deshalb kippten wir den Kasten wieder um", gesteht Heynckes später. Der provozierte Spielabbruch wird zum Eigentor für die Borussia. Das DFB-Sportgericht wertet das Spiel mit zwei Punkten und 2:0 Toren für Bremen. Und Gladbach muss bis zum Saisonende um die Meisterschaft zittern. Erst am letzten Spieltag fängt Gladbach mit einem 4:1-Sieg in Frankfurt den bisherigen Spitzenreiter Bayern München ab (0:2 in Duisburg).

Bundesliga-Skandal: Spieler auf Anklagebank

Lütkebohmert, Fichtel, Wittkamp, Libuda und Rüssmann (von vorne) nehmen auf der Anklagebank Platz

Nach fünf Jahren Aufklärungsarbeit von DFB-Ankläger Kindermann und der Gerichte steht fest: 10 der 18 Bundesliga-Vereine waren am Bundesliga-Skandal beteiligt. Darunter Hertha, Schalke, Köln und Frankfurt. 18 Spiele wurden an den letzten acht Spieltagen der Saison 70/71 verkauft oder zu kaufen versucht. Unter anderem wurden 15 Spieler von Hertha und 13 Schalker Profis mit Sperren und Geldbußen bestraft. Bielefeld und Offenbach wurde die Lizenz entzogen.

BILD vom 7. Juni, 1971

BILD war Zeuge: Bundesliga-Schiebung

140 000 Mark her – oder wir verlieren!

Nationalspieler versuchten Absteiger Offenbach zu erpressen

BILD vom 7. Juni, 1971

„Was hier geschah, war furchtbar!"

So urteilt Bayerns Boß Neudecker über den Kampf in Duisburg

Der Skandal von Duisburg

„Als der Franz nickte, legte Sepp sich hin!"

Das behauptet Duisburgs Geschäftsführer Heß nach dem Skandal

Erstmals Gelbe und Rote Karten

Die Karten werden eingeführt. Gelb für eine Verwarnung. Rot für einen Platzverweis. Die Karten wurden ursprünglich vom englischen FIFA-Schiri Ken Aston konzipiert, um bei Länderspielen Sprachbarrieren zu überwinden. Sie hatten ihr Debüt im Eröffnungsspiel der WM 1970 in Mexiko. Bei dem Turnier wurde keinmal Rot gezeigt, aber 45-mal Gelb.

Netzer sieht Gelb

Ein Kobluhn wird König

Ein kaum bekannter Mittelfeldspieler ohne Länderspiel wird Torschützenkönig: Lothar Kobluhn von RW Oberhausen ist mit 24 Toren der Treffsicherste der Liga. Als Mittelfeld-Regisseur schießt Kobluhn fast die Hälfte aller RWO-Tore (54).

Gutendorf fliegt zweimal

Rudi Gutendorf ist der erste Trainer, der in einer Saison zweimal fliegt. Am 7. September 1970 feuert ihn Schalke-Boss Günter Siebert. Nur zwei Wochen später heuert Gutendorf in Offenbach an. Am 23. Februar 1971 fliegt er auch hier.

Rolf Rüssmann über den Dribbel-König von Schalke

Rolf Rüssmann (52) spielte sechs Jahre mit Libuda

Keiner vorbei ...

Typisch Libuda: Links antäuschen, rechts vorbei – mit diesem Trick nach Vorbild von Sir Stanley Matthews versetzte der Schalker viele Gegenspieler (hier Bleidick/ Gladbach)

kommt an Gott nur Libuda!

Von ROLF RÜSSMANN

Fritz Szepan, Ernst Kuzorra, Berni Klodt – alles Schalker für die Ewigkeit. Doch für mich gehört noch einer in die königsblaue Ruhmeshalle: Reinhard Libuda!

„Stan" haben ihn die Fans getauft. Weil er dribbeln konnte wie der legendäre Engländer Stanley Matthews.

„Unser Stan", der seine Gegner auf dem Bierdeckel auskreiseln konnte, bekam den „Ritterschlag" direkt vom Publikum.

Es war so 1973. Die Zeugen Jehovas hatten in Gelsenkirchen ein Plakat aufgehängt. Aufschrift: *„Keiner kommt an Gott vorbei..."*

„...nur Libuda!" Das hatte ein witziger „Stan"-Fan darunter gekritzelt. Und damit sein Idol unsterblich gemacht.

Wir Mitspieler haben „Stan" natürlich oft darauf angesprochen. Doch jedes Mal bollerte er mit hochrotem Kopf los: „Hör auf mit der Scheiße! Der is' doch bekloppt, der dat aufet Plakat geschrieben hat."

Typisch „Stan", er hasste es, im Mittelpunkt zu stehen. Dabei bin ich mir absolut sicher, dass Libuda unbändig stolz auf diese in der Bundesliga wohl einmalige Art der Verehrung war.

Am 25. August 1996 starb „Stan". Er wurde nur 52 Jahre. Scheidung, Krebs, arbeitslos – das Leben hat er nie so beherrscht wie den Ball.

Abschluss-Tabelle

1. Bayern München	101:38	55-13
2. FC Schalke 04	76:35	52-16
3. Bor. Mönchengladbach	82:40	43-25
4. 1. FC Köln	64:44	43-25
5. Eintr. Frankfurt	71:61	39-29
6. Hertha BSC Berlin	46:55	37-31
7. 1. FC Kaiserslautern	59:53	35-33
8. VfB Stuttgart	52:56	35-33
9. VfL Bochum	59:69	34-34
10. Hamburger SV	52:52	33-35
11. Werder Bremen	63:58	31-37
12. Eintr. Braunschweig	43:48	31-37
13. Fortuna Düsseldorf	40:53	30-38
14. MSV Duisburg	36:51	27-41
15. Rot-Weiß Oberhausen	33:66	25-43
16. Hannover 96	54:69	23-45
17. Borussia Dortmund	34:83	20-48
18. Arminia Bielefeld*	0:0	0-0

* Bielefeld wurde die Lizenz entzogen. Alle Spiele für den Verein nicht gewertet.

So wurde damals gewertet: Sieg = 2:0 Punkte, Unentschieden = 1:1 Punkte, Niederlage = 0:2 Punkte.

Torjäger

40 Tore Gerd Müller (Bayern)

22 Tore Klaus Fischer (Schalke)

22 Tore Hans Walitza (Bochum)

Die Top-Elf des Meisters

Zahlen & Fakten

Tore: 1006 gesamt, 3,29 pro Spiel
Elfmeter: 103 (71 verwandelt, entspricht 68,93%)
Zuschauer: 5.487.286 gesamt, 17.932 im Schnitt
Fußballer des Jahres: Günter Netzer
Herbstmeister: Schalke 04
Meistertrainer: Udo Lattek
Pokalsieger: Schalke 04

Trainerentlassungen

Helmut Johannsen (Foto, Hannover 96), **Robert Gebhardt** (Werder Bremen), **Horst Witzler** (Borussia Dortmund), **Egon Piechaczek** (Bielefeld), **Gyula Lorant** (1. FC Köln), **Branko Zebec** (VfB Stuttgart)

Spielertransfers

Herbert Laumen (Foto) und **Peter Dietrich** von Gladbach zu Werder Bremen, **Erwin** und **Helmut Kremers** von Offenbach zu Schalke 04, **Willi Neuberger** und **Werner Weist** von Borussia Dortmund zu Werder Bremen, **Georg Volkert** von Nürnberg zum Hamburger SV, **Erwin Hermandung** von Aachen zu Hertha BSC Berlin

So sah's Franz Beckenbauer

Als Europameister lassen wir uns gebührend feiern

Als Folge des Bundesliga-Skandals entzog der DFB Arminia Bielefeld in dieser Saison die Lizenz. Mein FC Bayern konnte sich dagegen ganz auf Fußball konzentrieren: Gerd Müller spielte seine beste Saison. Seine 40 Tore sind bis heute Rekord, ebenso unsere 101 Treffer in dieser Meistersaison. Zwischendurch wurde der EM-Titel „eingefahren". Für uns sechs Europameister des FC Bayern ging es am letzten Spieltag vor fast 80000 im neuen Olympiastadion noch um die Meisterschale. Schalke, nur einen Punkt hinter uns, wurde 5:1 geschlagen. Ein Fußball-Fest zum Saisonfinale.

BILD vom 30. Juni, 1972

Was wir können, haben wir vom Franz gelernt

Bayerns Asse nach dem 5:1-Triumph über Schalke: „Beckenbauer ist der Vater der Meisterschaft“

FC Bayern

Lattek denkt, Franz lenkt, Müller trifft

Mit dem Strategen Udo Lattek auf der Bank und einem überragenden Libero Franz Beckenbauer holt der FC Bayern den Titel. Großartig vor allem auch die Leistung der Stürmer: Die Münchner schießen 101 Tore! Den Löwenanteil natürlich Gerd Müller: 40 Treffer.

Bayerns Meistertrainer Udo Lattek feiert mit einem Luftsprung

28.6.1972: Mit verklärter Miene präsentiert Franz Beckenbauer die Meisterschale, rechts lacht Sepp Maier. 80 000 Zuschauer im Olympiastadion applaudieren nach dem 5:1 über Schalke 04

Nach dem Skandal: Fans bleiben weg

Durch den Bundesliga-Skandal hatte der deutsche Profi-Fußball seine Glaubwürdigkeit bei vielen Fans verloren: Der Zuschauerschnitt sank auf unter 18 000, die Vereine schrieben rote Zahlen. Bielefeld musste wegen Korruption die Saison außer Konkurrenz zu Ende spielen und zwangsabsteigen.

BILD vom 17. April, 1972

SPORT

Der schwarze Sonnabend

Beteiligt Spieler an den Pleiten!

Alarm! Bundesliga ist dem Untergang geweiht

Nach der Zuschauer-Misere und Freigabe der Gehälter stöhnen die Bosse: Das ist der Ruin

Le Fevre schießt das erste „Tor des Jahres“

Bis heute gehört es zu jeder Saison: Das „Tor des Jahres“, gewählt von den Zuschauern der ARD-Sportschau aus 12 Toren des Monats. Erster Gewinner wird 1971 Gladbachs Stürmer Ulrik Le Fevre mit seinem Treffer beim 7:0 gegen Schalke. Der elegante Däne hob den Ball vor seinem Schuss über mehrere Gegenspieler.

Das erste „Tor des Jahres“: Ulrik Le Fevre knallt wuchtig neben Schalkes Sobieray (rechts) ins Tor

Werder wollte sich den Titel erkaufen

Mit vier Star-Einkäufen wollte Werder Bremen die Meisterschale holen: Aus Gladbach kamen Herbert Laumen und Peter Dietrich, aus Dortmund Willi Neuberger und Werner „Acker“ Weist. Doch Trainer Robert „Zapf“ Gebhardt blieb erfolglos, musste im September gehen. Werder wurde – wie auch in den nächsten beiden Jahren – nur Elfter. Und musste bis 1988 auf den Meistertitel warten.

Voller Hoffnung: Werder-Trainer „Zapf“ Gebhardt (links) präsentiert im Sommer 1971 seine viel versprechenden Neueinkäufe. Oben v.l.: Neuberger, Weist, Haak, Weber. Unten v.l.: Dietrich, Baumann, Laumen

Wie „Jägermeister“

Ich bin der Trikot-

Hier grüßt der Jägermeister-Chef. 1973 lässt Günter Mast Braunschweig erstmals mit seinem „Firmen-Hirsch“ auflaufen. 1983 wird Mast Eintracht-Boss

Von GÜNTER MAST

Ich habe 1973 die Trikot-Werbung in der Bundesliga erfunden. Eine verrückte Geschichte.

Eintracht Braunschweig war hoch verschuldet. Die brauchten Geld, ich Werbung. Mit meinem verstorbenen Freund, dem Eintracht-Präsidenten Balduin Fricke, schmiedeten wir den Plan.

Günter Mast den DFB austrickste

der Erfinder
Werbung

Das Wahrzeichen der Eintracht war ein Löwenkopf. Wir teilten dem DFB mit, dass wir in Zukunft mit einem Hirschkopf spielen wollen.

Aus Frankfurt kam das Ja.

Weil die nicht wussten, dass der „Hubertus-Hirsch" das Wahrzeichen meiner Firma Jägermeister war. Löwe oder Hirsch – war den ahnungslosen Herren erstmal egal...

Ich ließ alle Trikots neu beflocken. Der Hirsch auf der Brust war 18 Zentimeter groß. Als der DFB unsere List erkannte, gab's Ärger. Auflage: Hirsch darf höchstens 14 Zentimeter haben...

Vorm Spiel gegen Offenbach am 27. Januar 1973 kam Schiedsrichter Walter Eschweiler mit einem Zentimetermaß in die Kabine! Ich sagte: „So schnell können wir das nicht ändern."

Zähneknirschend pfiff er das Spiel an.

Der DFB verbot danach den Hirsch. Wir spielten nach einstweiliger Verfügung weiter mit Werbung. Drei Jahre später entschied der Bundesgerichtshof: erlaubt!

Eintracht habe ich 300 000 Mark pro Jahr (5 Jahre lang) gezahlt. Die Werbung im TV und Zeitungen hätte mich das 20fache gekostet...

Saison 1972/73

Abschluss-Tabelle

1. Bayern München	93:29	54-14
2. 1. FC Köln	66:51	43-25
3. Fortuna Düsseldorf	62:45	42-26
4. Wuppertaler SV	62:49	40-28
5. Bor. Mönchengladbach	82:61	39-29
6. VfB Stuttgart	71:65	37-31
7. Kickers Offenbach	61:60	35-33
8. Eintracht Frankfurt	58:54	34-34
9. 1. FC Kaiserslautern	58:68	34-34
10. MSV Duisburg	53:54	33-35
11. Werder Bremen	50:52	31-37
12.. VfL Bochum	50:68	31-37
13. Hertha BSC Berlin	53:64	30-38
14. Hamburger SV	53:59	28-40
15. FC Schalke 04	46:61	28-40
16. Hannover 96	49:65	26-42
17. Eintr. Braunschweig	33:56	25-43
18. Rot-Weiß Oberhausen	45:84	22-46

Bielefeld wurde die Lizenz entzogen. Alle Spiele für den Verein nicht gewertet.
So wurde damals gewertet: Sieg = 2:0 Punkte, Unentschieden = 1:1 Punkte, Niederlage = 0:2 Punkte.

Torjäger

36 Tore
Gerd Müller
(Bayern)

28 Tore
Jupp Heynckes
(Gladbach)

21 Tore
Günter Pröpper
(Wuppertal)

Die Top-Elf des Meisters

Zahlen & Fakten

Tore: 1045 gesamt, 3,42 pro Spiel
Elfmeter: 114 (83 verwandelt, entspricht 72,81%)
Zuschauer: 5.014.332 gesamt, 16.372 im Schnitt
Fußballer des Jahres: Günter Netzer
Herbstmeister: Bayern München
Meistertrainer: Udo Lattek
Pokalsieger: Bor. Mönchengladbach

Trainerentlassungen

Dietrich Weise (Foto, 1. FC Kaiserslautern, entlassen am 30.06.73; Nachfolger: Erich Ribbeck), **Hans Hipp** (Hannover 96, entlassen am 01.03.73; Nachfolger: Hannes Baldauf)

Spielertransfers

Horst Wolter (Foto) von Eintracht Braunschweig zu Hertha BSC Berlin, **Josef Hickersberger** von Austria Wien zu Kickers Offenbach, **Luggi Müller** von Borussia Mönchengladbach zu Hertha BSC Berlin, **Henning Jensen** von Nörre Sundby (Dänemark) zu Borussia Mönchengladbach

So sah's Franz Beckenbauer

Schon fast peinlich, wie überlegen Bayern ist

In der Meisterschaft war der FC Bayern unglaublich dominant. BILD titelte schon: „Die Bundesliga wird langweilig." Udo Lattek setzte sich mit uns, bei damaliger Zwei-Punkte-Wertung, mit 11 Zählern Vorsprung durch. Fünf Runden vor Saisonende stand der Meister fest. Als einzige Gegner hatte der 1. FC Köln aus München einen Punkt (1:1) mitnehmen können. Wir waren in dieser Saison so überlegen, dass es mir schon fast peinlich war. International lief es nicht so gut. Wir scheiterten im Europapokal-Viertelfinale an Ajax Amsterdam. Gladbach musste sich im UEFA-Cup Finalgegner FC Liverpool geschlagen geben (0:3/2:0).

Günter

Skandal

Das hat Netzer nicht verdient

- Er mußte um seinen Einsatz beim Pokal-Endspiel betteln – und schoß das Siegestor
- Kein Dank von Trainer Hennes Weisweiler
- Verläßt auch Berti Vogts verbittert Mönchengladbach?

BILD vom 25. Juni, 1973

Fröhliche Pool-Party: Udo Lattek (im Trainingsanzug!) stößt mit den Nackedeis Paul Breitner, Franz Beckenbauer und Uli Hoeneß an

Diese Bayern machen den Rest der Liga nass

Bayern München ist eine absolute Klasse für sich. Schon fünf Spieltage vor Schluss steht das Team von Udo Lattek als Meister fest, holt am Ende die Schale mit elf Punkten Vorsprung. Und gibt dabei in 17 Heimspielen nur einen Punkt ab (1:1 gegen Köln). Gerd Müller – wer sonst? – wird zum fünften Mal Torschützenkönig.

Splitternackt tranken die Bayern Sekt

So feierten die Münchner ihre Meisterschaft

Von ANGELA GEBHARDT

München, 7. Mai

Die Wogen schäumten über — al-

Teil steht ja noch aus. Nach dem Spiel gegen Köln (9. Juni) wird erst die Meisterschale überreicht, folgt

BILD vom 7. Mai, 1973

Netzer wechselt sich selbst ein!

Sein letztes Spiel beginnt unwürdig: Günter Netzer sitzt im Pokalfinale Gladbach gegen Köln nur auf der Bank. Aber es endet legendär: Netzer wechselt sich vor der Verlängerung selbst ein (für Kulik). Und entscheidet das packende Endspiel mit einem krachenden Schuss zum 2:1 in den Torwinkel!

Netzers persönlicher Triumph nach einem langen Zwist mit seinem Trainer Hennes Weisweiler. Der hatte von seinem extravaganten Mittelfeld-Star mehr Laufarbeit gefordert. Netzer: „Wir waren beide extrem stur." Zudem sollte Netzers Gehalt gekürzt werden – also unterschrieb er bei Real Madrid. Günter Netzter verabschiedete sich nach 230 Bundesliga-Spielen.

Pokalfinale 1973 in Düsseldorf: Der Kracher von Günter Netzer (rechts) rauscht in den Torwinkel. Da staunt auch Kölns Torwart Welz (links)

Glückliche Pokalsieger: Günter Netzer und Berti Vogts (l.)

Der dritte Meister muss absteigen

Nach 1860 München und Nürnberg erwischt es diesmal Braunschweig: Ein Ex-Meister muss runter in die Regionalliga. Ausgerechnet Erzrivale Hannover verpasst der Eintracht am letzten Spieltag den Todesstoß durch ein 4:0 in Wuppertal. Braunschweig verliert 1:2 gegen Düsseldorf, schafft schon zwei Jahre später den Wiederaufstieg.

Angst bei den Skandal-Vereinen

Es war die letzte Saison mit Skandal-Spätfolgen. Oberhausen startet mit fünf Punkten Abzug und steigt ab. Schalke und Hertha müssen auf viele gesperrte Stars verzichten und kommen in Abstiegsgefahr. Der Zuschauerschnitt sinkt auf 16372. Erst im kommenden Jahr haben die Fans den Spielern vergeben – denn Deutschland wird Weltmeister.

Paul Breitner: Ich war die pure Provokation

Forscher Verteidiger: Paul Breitner überspringt den Frankfurter Bernd Nickel

Von PAUL BREITNER

Hinter dem Foto auf der rechten Seite, das mich im Frühjahr 1973 zeigt, steckt eine längere Geschichte. Begonnen hatte sie im Mai 1971, als ich als 19-jähriger Bayern-Spieler vor meinem ersten Länderspiel stand.

Im Trainingslager am Ammersee fragte mich ein Reporter vom „Münchner Merkur": „Warum gehen Sie eigentlich nie mit der Mannschaft ins Kino?"

Ich antwortete: „Ich mach`mir nichts aus Westernfilmen. Ich lese lieber. Ich habe immer drei, vier Bücher dabei."

„Und was lesen Sie?"

Ich antwortete: „Alles, was mir wichtig erscheint, natürlich auch Schriften von Lenin oder Mao." Der Journalist bedankte sich, stand auf und war weg.

Daraus entstand die Story vom linken Paul als linker Verteidiger beim FC Bayern. Die Folgen, die das haben sollte, habe ich damals nicht realisiert. Wie ein Brandzeichen bekam ich den Stempel „Kommunist" und „Maoist" aufgedrückt. Ich wurde in die Nähe zu Terroristen gerückt, die Banken überfielen und schlimmere Taten verübten. Ich fühlte mich manchmal wie ein Aussätziger.

Dass mich der damalige Bayern-Präsident Wilhelm Neudecker ätzend fragte, warum ich denn nicht nach China oder Kuba auswandern würde, war noch das geringste Übel. Was mich entsetzte und verletzte, war die Tatsache, dass niemand wirklich mit mir diskutieren wollte. Niemand wollte wissen, dass ich natürlich auch Bücher von de Gaulle oder Adenauer las. Ich war ganz einfach wissbegierig.

Ich war und bin ein toleranter Mensch. Jeder soll denken und leben, wie er will. Diese Freiheit habe ich aber auch immer für mich selbst beansprucht. Aber das interessierte niemanden. Und da sagte ich mir: Okay, wenn ihr es nicht anders wollt, dann bediene ich eure Vorurteile! Dann reize ich euch bis aufs Blut!

In die damals beliebten Fragebögen schrieb ich als Wunsch für meine Familie: „Dass Franz Josef Strauß nicht Kanzler wird." Sonst würde ich auswandern. Oder: „Dass die Amerikaner in Vietnam verlieren." Ich war die Provokation in Person. Der Beginn der70er Jahre war dazu da, vieles in Frage zu stellen. Ich wollte alles hinterfragen, wie viele Studenten und wie viele junge Menschen. Ohne daran zu denken, dass ich als Profi von vielen bereits als Teil des Establishments angesehen wurde.

So entstand auch das Foto mit dem Mao-Poster. Es war eine Art Protestschrei von mir gegen alle, die nicht denken konnten oder wollten. Ich wollte nebenbei auch zeigen, dass ich mich nie und nimmer verbiegen lassen würde.

Für mich persönlich waren jene Jahre ein ganz wichtiger Lernprozess, auch als Fußballprofi. Das war der Beruf, in dem ich Außergewöhnliches leisten wollte. Ich wollte ja nicht Politiker werden. Weil ich mich aber so weit aus dem Fenster hängte, konnte ich mir von zehn Spielen höchstens ein nicht ganz so gutes leisten. Sonst wären sie über mich hergefallen wie die Hornissen.

Und unterm Strich habe ich hoffentlich auch dazu beigetragen, dass sich der eine oder andere sagte: Hoppla, es gibt offensichtlich doch Fußballspieler, die es nicht nur in den Beinen haben...

Das Foto des Anstoßes: Paul Breitner 1973 in seinem Schaukelstuhl vor dem Mao-Plakat mit der „Peking Rundschau", die er jede Woche bekam. Dazu hatte er die Monatszeitschrift „China im Bild" abonniert. Zu Breitners Füßen sein Boxer Dino

Saison 1973/74

Abschluss-Tabelle

1. Bayern München	95:53	49-19
2. Bor. Mönchengladbach	93:52	48-20
3. Fortuna Düsseldorf	61:47	41-27
4. Eintracht Frankfurt	63:50	41-27
5. 1. FC Köln	69:56	39-29
6. 1. FC Kaiserslautern	80:69	38-30
7. FC Schalke 04	72:68	37-31
8. Hertha BSC Berlin	56:60	33-35
9. VfB Stuttgart	58:57	31-37
10. Kickers Offenbach	56:62	31-37
11. Werder Bremen	48:56	31-37
12. Hamburger SV	53:62	31-37
13. Rot-Weiß Essen	56:70	31-37
14. VfL Bochum	45:57	30-38
15. MSV Duisburg	42:56	29-39
16. Wuppertaler SV	42:65	25-43
17. Fortuna Köln	46:79	25-43
18. Hannover 96	50:66	22-46

So wurde damals gewertet:
Sieg = 2:0 Punkte,
Unentschieden = 1:1 Punkte,
Niederlage = 0:2 Punkte.

Torjäger

30 Tore
Gerd Müller
(Bayern)

30 Tore
Jupp Heynckes
(Gladbach)

21 Tore
Klaus Toppmöller
(Kaiserslautern)

21 Tore
Klaus Fischer
(Schalke)

Die Top-Elf des Meisters

Zahlen & Fakten

Tore: 1085 gesamt, 3,55 pro Spiel
Zuschauer: 6.280.945 gesamt, 20.525 im Schnitt
Elfmeter: 98 (76 verwandelt, entspricht 77,55%)
Fußballer des Jahres: Franz Beckenbauer
Herbstmeister: Bayern München
Meistertrainer: Udo Lattek
Pokalsieger: Eintracht Frankfurt

Trainerentlassungen

Rudi Schlott (Foto, 1.FC Köln), **Horst Witzler** (Rot-Weiß Essen), **Rudolf Faßnacht** (MSV Duisburg), **Volker Kottmann** (Fortuna Köln), **Helmut Kronsbein** (Hertha BSC Berlin), **Gyula Lorant** (Kickers Offenbach)

Spielertransfers

Günter Netzer (Foto) von Gladbach zu Real Madrid, **Bernd Gersdorff** von Braunschweig zu Bayern München, **Hans-Josef** Kapellmann von 1.FC Köln zu Bayern München, **Roland Sandberg** von Atvidaberg (Schweden) zu Kaiserslautern, **Julio Baylon** aus Peru zu Fortuna Köln

So sah's Franz Beckenbauer

Wir werden Weltmeister und Europapokal-Sieger

Am Betzenberg in Kaiserslautern 4:1 geführt, dann noch 4:7 verloren: Es war im Oktober 1973 eine legendäre Niederlage für den FC Bayern. Aber letztlich wurde es dann eine Saison der großen Erfolge. Die dritte Meisterschaft in Serie unter Udo Lattek wurde vom Europapokal-Sieg im Cup der Landesmeister überstrahlt. Im ersten Finale gegen Atletico Madrid hat uns „Katsche" Schwarzenbeck mit seinem Treffer zum 1:1 gerettet und sich so ein Denkmal gesetzt. Das zweite Spiel, das damals nötig war, gewannen wir 4:0. Über die WM 1974 muss ich nicht mehr sagen als: München, Holland, 2:1 Gerd Müller – Weltmeister!

Bayern führt am Betze 4:1. Dann der Toppi-Kracher. Sein 16-Meter-Kopfball überrascht die Bayern mit Maier, Hoeneß, Schwarzenbeck, Roth ebenso wie den Fotografen: Deshalb fehlt Toppmöller auf dem tollen Foto

Glücklose Fortuna zurück in Liga zwei

Neben München gibt es erstmals in dieser Saison eine zweite Stadt, die mit zwei Vereinen in der 1. Liga vertreten ist: der 1. FC Köln und Fortuna Köln. Doch Aufsteiger Fortuna muss gleich wieder runter – trotz Präsident Löhrings Stareinkau Julio Baylon (Peru).

Düsseldorf stoppt Gladbachs Titeljagd

Fortuna Düsseldorf wiederholt den überraschenden 3. Platz vom Vorjahr. Und stoppt am vorletzten Spieltag durch Geyes 1:0 den Angriff von Gladbach auf den Thron. Gerd Müllers Tor gegen Offenbach macht Bayern vorzeitig zum Meister – sie können sich am letzten Spieltag ein 0:5 auf dem Bökelberg leisten!

BILD vom 13. Mai, 1974

Viel Geld für viele Tore! Bayern zahlt Rekord-Prämien

Bayern Meister: Ein Vermögen für jeden Spieler

Aller guten Dinge sind drei: Bayern wurde zum dritten Mal in Folge Deutscher Meister. Noch nie hat eine Bundesliga-Mannschaft vor den Bayern den Meisterschafts-Hattrick geschafft. Aber auch noch nie hat eine Mannschaft so viel Geld verdient: Allein an Prämien kassierte jeder Spieler 113 000 Mark. Für den Gewinn des Europacups bekam jeder noch mal 85 000 Mark. Und für die Deutsche Meisterschaft war eine Sonderprämie von 10 000 Mark ausgesetzt. Zugegeben: Viel, viel Geld. Nicht nur für damalige Verhältnisse. Aber immerhin haben die Spieler ihrem Verein durch ihre großen Erfolge einen Jahresumsatz von elf Millionen Mark gebracht.

„Katsche" putzt alles weg

„Katsche" Schwarzenbeck, heute 55

Georg „Katsche" Schwarzenbeck – er stand immer im Schatten von Franz Beckenbauer. Er war der „Ausputzer des Kaisers". Und umgeputzt hat „Katsche" die Mittelstürmer reihenweise. Obwohl er bereits drei Meistertitel plus EM-Titel gewonnen hatte, nahm von ihm kaum einer Notiz. Das änderte sich schlagartig am 15. Mai 1974. Mit seinem Tor zum 1:1 gegen Atletico Madrid erzwingt Schwarzenbeck in Brüssel in letzter Sekunde eine Wiederholung des Europacup-Finals der Meister. Das zweite Endspiel gewinnt Bayern zwei Tage später locker mit 4:0. Dank „Katsche".

Hier jubelt der junge Toppi (1972 bis '80 bei Lautern/ 108 Tore). Noch heute denkt der 52-jährige Trainer gerne an die FCK-Zeit

Bayerns größte Pleite – für Toppi „das geilste Spiel"

Die großen Bayern putzt jeder gern, das ist bis heute so. Aber dass sie nach 4:1-Führung noch 4:7 vergeigen, das ist einmalig, ja legendär...

Für die Bayern war es die schlimmste Pleite in der Bundesliga. Für Klaus Toppmöller „das geilste Spiel meiner Karriere!" Toppi weiter: „Ich stand am 20. Oktober 1973 als 22-jähriger Jung-Profi auf dem Betzte und dachte: Spinn' ich - oder träum' ich?"

Dabei lief für die Bayern zunächst alles nach Plan. Zweimal Gersdorff, zweimal Gerd Müller, 4:1. Und nur noch 31 Minuten zu spielen. Doch dann das unglaubliche Toppi-Tor. Aus 16 Metern köpft er genau in den Giebel. Lautern plötzlich wie im Rausch. Die Bayern, nach Platzverweis von Gersdorff nur noch mit zehn Mann, knicken total ein. Und werden überrollt. Pirrung (2), Laumen (2), Diehl und noch mal Toppmöller drehen das Spiel um – nach 1:4-Rückstand gewinnt Lautern noch 7:4. Die ganze Pfalz war wie von Sinnen.

Ich war Deutschlands erste schwarze Perle

Von ERWIN KOSTEDDE

Es gibt nichts Besseres im Leben, als Fußball zu spielen. Die Saison 74/75 war mein Glücksjahr.

Mit Kickers Offenbach fegten wir die Bayern gleich 6:0 weg, mit zwei Buden von mir. Es folgte beim 4:3-Sieg gegen Gladbach mein Volleyschuss, der zum Tor des Jahres gewählt wurde.

Mein größter Tag war aber der 22. Dezember 1974: Mit 28 Jahren erfüllte sich mein größter Traum.

Auf Malta trug ich das Trikot der Nationalelf. Ausgerechnet ich, Sohn eines US-Besatzungssoldaten, der seinen Vater leider nie kennen lernte, spielte für Deutschland. Als erste „schwarze Perle", wie es damals hieß. Der Wirbel um mich machte mich stolz.

Mann, war ich aufgeregt. Ich weiß noch, wie mich Kapitän Franz Beckenbauer vor dem Anstoß beruhigen wollte: „Spiel wie zu Hause in Offenbach." Hat nicht ganz geklappt beim mageren 1:0.

98 Tore habe ich in 15 Jahren Bundesliga für fünf Klubs gemacht. Doch die würde ich alle hergeben, um noch einmal auf dem „heiligen Rasen" von Wembley zu spielen. Auch wenn wir im März '75 in England 0:2 verloren – Wembley war die Krönung.

Gegen Griechenland (1:1) war ich noch einmal dabei. In den Tagen vor dem Spiel bekam ich von Bundestrainer Schön Post: „Lieber Erwin, es war schön, Dich kennen gelernt zu haben. Herzlichst, Dein Helmut Schön..."

Da ahnte ich schon, der Traum geht zu Ende...

Kostedde (55) lebt zurückgezogen im Münsterland

Erwin Kostedde für Deutschland – hier 1975 beim 1:1 gegen Griechenland. Der Torjäger spielte unter anderem für Duisburg, Offenbach, Hertha BSC, Dortmund, Bremen. 1982 Bundesliga-Abschied.

Saison 1974/75

Abschluss-Tabelle

1. Bor. Mönchengladbach	86:40	50-18
2. Hertha BSC Berlin	61:43	44-24
3. Eintracht Frankfurt	89:49	43-25
4. Hamburger SV	55:38	43-25
5. 1. FC Köln	77:51	41-27
6. Fortuna Düsseldorf	66:55	41-27
7. FC Schalke 04	52:37	39-29
8. Kickers Offenbach	72:62	38-30
9. Eintr. Braunschweig	52:42	36-32
10. Bayern München	57:63	34-34
11. VfL Bochum	53:53	33-35
12. Rot-Weiß Essen	56:68	32-36
13. 1. FC Kaiserslautern	56:55	31-37
14. MSV Duisburg	59:77	30-38
15. Werder Bremen	45:69	25-43
16. VfB Stuttgart	50:79	24-44
17. Tennis Borussia Berlin	38:89	16-52
18. Wuppertaler SV	32:86	12-56

So wurde damals gewertet:
Sieg = 2:0 Punkte, Unentschieden = 1:1 Punkte, Niederlage = 0:2 Punkte.
Ab dieser Saison drei Ab- und Aufsteiger

Torjäger

27 Tore
Jupp Heynckes
(Gladbach)

24 Tore
Dieter Müller
(1.FC Köln)

23 Tore
Gerd Müller
(Bayern)

Die Top-Elf des Meisters

Zahlen & Fakten

Tore: 1056 gesamt, 3,45 pro Spiel
Elfmeter: 126 (91 verwandelt, entspricht 72,22%)
Zuschauer: **6.738.303 gesamt, 22.020 im Schnitt**
Fußballer des Jahres: Sepp Maier
Herbstmeister: Bor. Mönchengladbach
Meistertrainer: Hennes Weisweiler
Pokalsieger: Eintracht Frankfurt

Trainerentlassungen

Udo Lattek (Foto, Bayern München), **Horst Buhtz** (Wuppertaler SV), **Hermann Eppenhoff** (VfB Stuttgart), **Heinz Lucas** (Fortuna Düsseldorf)

Spielertransfers

Paul Breitner (Foto) von Bayern München zu Real Madrid, **Karl-Heinz Schnellinger** von AC Milan zu Tennis Borussia Berlin, **Hannes Bongartz** von Wattenscheid zu Schalke 04, **Ronnie Hellström** von Hammarby (Schweden) zu Kaiserslautern, **Klaus Wunder** von MSV Duisburg zu Bayern München

So sah's Franz Beckenbauer

Die Bundesliga hat auch international großen Erfolg

International war es ein gutes Jahr für die Bundesliga. Der FC Bayern gewann erneut den Europacup der Landesmeister (2:0 gegen Leeds). Gladbach setzte sich im UEFA-Cup durch (0:0 und 5:1 gegen Twente Enschede). Die Gladbacher schenkten ihrem Trainer Hennes Weisweiler (zum FC Barcelona) die Meisterschaft. Hertha BSC Berlin ließ als Vize aufhorchen. Bei uns lief in der Liga wenig zusammen. Das 0:2 gegen Schalke bedeutete die 1. Heimniederlage nach 73 Spielen. Es folgten weitere Rückschläge. Für Udo Lattek kam im Winter Dettmar Cramer. Dass er uns zum Europapokal-Sieg führte, rettete diese Saison.

Sakradi! Super-Bayern plötzlich total schwach

Der FC Bayern, dreimal Meister in Folge, beginnt mit einem 0:6 bei Kickers Offenbach. Zu Hause setzt es ein 2:5 gegen Lautern. Trotz Trainerwechsel Cramer für Lattek: nach 14 Niederlagen und 63 Gegentoren für Sepp Maier landet die Star-Truppe auf Platz 10 – so schlecht wie nie zuvor.

Der große Schnellinger steigt ganz grausam ab

Einer der größten Stars wechselt zu einer der schlechtesten Mannschaften: Nationalspieler Karl-Heinz Schnellinger (Foto) kommt vom AC Mailand, spielt bei Aufsteiger Tennis Borussia sein einziges Bundesliga-Jahr – und steigt mit den meisten Gegentoren der Saison ab.

Zum dritten Mal hält Hennes Weisweiler als Gladbachs Meistertrainer die Schale hoch. 1978 wurde er auch mit dem 1.FC Köln Meister

Grandiose Gladbacher verabschieden Hennes Weisweiler

Nach einer Serie von 17 Spielen ohne Niederlage holt Mönchengladbach überlegen den Titel. Die drei Klasse-Stürmer Jupp Heynckes, Alan Simonsen und Henning Jensen waren nicht zu stoppen, schossen 58 der 86 Tore. Nach elf Jahren verabschiedet sich der populäre Meistermacher Hennes Weisweiler zum FC Barcelona („So ein Angebot kann man nicht ablehnen"), kehrt aber schon ein Jahr danach an den Rhein (1. FC Köln) zurück.

Mein Herz bleibt in Gladbach
Hennes Weisweiler schreibt in BILD
Meine Spieler – meine Siege und der traurige Abschied

BILD vom 9. Juni, 1975

Heynckes wird zum besten deutschen Stürmer

So dynamisch stürmt Jupp Heynckes in diesem Jahr oft: Der „Gladbacher Jung" wird mit 27 Treffern Torschützenkönig und holt mit seiner Borussia die Meisterschaft. Jetzt ist der schussstarke Linksaußen der beste deutsche Stürmer neben Gerd Müller, mit dem er sich im Vorjahr noch die Torjäger-Kanone geteilt hatte. Ehrgeiz und Kampfgeist lernte er zu Hause: Heynckes ist das neunte von zehn Kindern eines Schmieds. Nach seiner Karriere (220 Bundesliga-Tore) wurde er ein ebenso erfolgreicher Trainer. Zuerst in Gladbach (1978 – 87), danach u.a. bei Real Madrid, wo er 1998 Champions-League-Sieger wurde.

Ich war der Feldherr des Fußballs

Von DETTMAR CRAMER

Es gibt Filme über Napoleon. TV-Serien. Und dieses Foto. Es zeigt mich, den damaligen Bayern-Trainer, 1975 in Napoleon-Pose. Und es ärgert mich noch heute...

Warum? Das möchte ich in diesem BILD-Buch über die Bundesliga mal erzählen.

Der FC Bayern ging mit mir als Europapokalsieger der Meister in die Saison '75/'76. Da meldete sich Dr. Wiede, ich kannte ihn vom ZDF. Für seine Münchner Zeitung wollte er mich als „Napoleon" fotografieren lassen. Die Presse hatte mich nach den Europapokal-Sieg '75 in Paris (2:0 gegen Leeds) zum Fußball-Feldherrn ernannt.

Also: Wir einigten uns auf ein Kopf-Foto mit Dreispitz. Beim Termin im Münchner Olympiastadion hielt man mir eine Uniform aus dem Theaterfundus hin. Da ich in Eile war, gab ich nach: Cramer komplett als Napoleon...

Das Echo im Blätterwald erreichte mich in Südamerika, wo ich mit den Bayern gerade unterwegs war. „Der Cramer dreht wohl durch" – in dem Stil lief das.

Meine Antwort: Seriöse Arbeit. Mit Bayern gewann ich auch '76 den Europapokal, dazu den Weltpokal.

Doch „Napoleon" blieb an mir haften. Noch jahrelang bekam ich Uniformknöpfe und ähnliches zugeschickt. Und als ich 1978 mit Girondins Bordeaux verhandelte, erschien in der dortigen Presse wieder dieses „Napoleon-Foto" mit der Überschrift: „Er kommt zurück". Da bin ich nach Saudi-Arabien gegangen...

Dettmar Cramer als Napoleon (gr. Foto). Das legendäre Foto des Bayern-Trainers (von '75 bis Ende '77) im Olympiastadion machte die Fotografin Diana Sandmann, elf Jahre die Frau an der Seite von Franz Beckenbauer (Foto Mitte). Trainer Cramer (heute 78, rechts) war zuletzt in China tätig

Saison 1975/76

Abschluss-Tabelle

1.	Bor. Mönchengladbach	66:37	45-23
2.	Hamburger SV	59:32	41-27
3.	Bayern München	72:50	40-28
4.	1. FC Köln	62:45	39-29
5.	Eintr. Braunschweig	52:48	39-29
6.	FC Schalke 04	76:55	37-31
7.	1. FC Kaiserslautern	66:60	37-31
8.	Rot-Weiß Essen	61:67	37-31
9.	Eintracht Frankfurt	79:58	36-32
10.	MSV Duisburg	55:62	33-35
11.	Hertha BSC Berlin	59:61	32-36
12.	Fortuna Düsseldorf	47:57	30-38
13.	Werder Bremen	44:55	30-38
14.	VfL Bochum	49:62	30-38
15.	Karlsruher SC	46:59	30-38
16.	Hannover 96	48:60	27-41
17.	Kickers Offenbach	40:72	27-41
18.	Bayer Uerdingen	28:69	22-46

So wurde damals gewertet:
Sieg = 2:0 Punkte,
Unentschieden = 1:1 Punkte,
Niederlage = 0:2 Punkte.

Torjäger

29 Tore Klaus Fischer (Schalke)

23 Tore Erich Beer (Hertha BSC)

23 Tore Gerd Müller (Bayern)

Die Top-Elf des Meisters

Zahlen & Fakten

Tore: 1009 gesamt, 3,30 pro Spiel
Zuschauer: 6.768.448 gesamt, 22.119 im Schnitt
Elfmeter: 106 (74 verwandelt, entspricht 69,81%)

Fußballer des Jahres: Franz Beckenbauer
Herbstmeister: Borussia Mönchengladbach
Meistertrainer: Udo Lattek
Pokalsieger: Hamburger SV

Trainerentlassungen

„Tschik" Cajkovski (Foto, 1. FC Köln), **Otto Rehhagel** (Kickers Offenbach), **Helmut Kronsbein** (Hannover 96), **Herbert Burdenski** (Werder Bremen), **Max Merkel** (Schalke 04), **Willibert Kremer** (Duisburg), **Josef Piontek** (Düsseldorf), **Dietrich Weise** (Frankfurt)

Spielertransfers

Kurt Jara (Foto) von Innsbruck zu Duisburg, **Gerhard Heinze** von Stuttgart zu Duisburg, **Horst Blankenburg** von Ajax Amsterdam zum Hamburger SV, **Branko Oblak** von Hajduk Split zu Schalke 04, **Hans Ettmayer** von Stuttgart zum Hamburger SV

So sah's Franz Beckenbauer

Der Lattek wollte es uns mit Gladbach zeigen

Bei Borussia Mönchengladbach ist mit dem Abschied von Hennes Weisweiler nach elf Trainer-Jahren eine Ära zu Ende gegangen. Udo Lattek löste ihn ab und sein ganzer Ehrgeiz war es natürlich, die Bayern hinter sich zu lassen. In der Meisterschaft gelang dies. Wir hielten uns dafür mit Dettmar Cramer im Europapokal schadlos, gewannen zum 3. Mal in Serie den Cup der Meister (1:0 gegen St. Etienne). Noch ein Wort zu Schalke. Dort spielte sich ein neuer Held in die Herzen der Fans: Klaus Fischer gelingt 1975/76 der Durchbruch zum Top-Torjäger. Seine Fallrückzieher waren und sind einmalig.

Eine wilde Saison auf Schalke

Präsident Günter „Oskar" Siebert wollte endlich auch mal Meister werden. Holte Max Merkel und Weltklasse-Spielmacher Branko Oblak. Schalke begeistert mit tollem Offensiv-Fußball – aber die Spätfolgen des Bundesliga-Skandals stoppen die Titel-Hoffnungen: 7 Spieler müssen über Monate im Essener Meineid-Prozess aussagen. Schalkes Form ist dahin. Und Siebert feuert im März Merkel, der sich mit dem Satz verabschiedet: „Das Schönste an Schalke ist sowieso die Autobahn nach München."

Die Bayern marschieren durch Europa

Titel-Hattrick im Landesmeister-Wettbewerb: Zum dritten Mal in Folge sichern sich die Bayern um Franz Beckenbauer (er wurde „Fußballer des Jahres") den Europapokal der Landesmeister. Im Endspiel von Glasgow erzielt Franz „Bulle" Roth den 1:0-Siegtreffer gegen St. Etienne. Wenig später setzen die Bayern noch eins drauf: Sie holen den Weltpokal gegen Belo Horizonte (Brasilien).

Der schwarze Mann ist blau: Halbzeit nach nur 30 Minuten!

Noch nie war ein 0:0 so kurios. Schiedsrichter Wolf-Dieter Ahlenfelder pfeift im November 1975 bei der Partie Werder Bremen gegen Hannover 96 bereits nach 30 Minuten zur Halbzeit. Ahlenfelder hat auch eine Fahne – von Bier und Malteser! Bereits beim Anpfiff riechen die Spieler „Ahlis" Alkohol. Im Laufe des Spiels streckt der gut gelaunte Schiri zuerst den Fotografen die Zunge raus. Und dann pfeift er nach nur 30 Minuten zur Pause. Erst die aufgebrachten Trainer und Linienrichter können Ahlenfelder gemeinsam davon überzeugen, dass noch eine Viertelstunde zu spielen ist.

Bundesliga-Schiedsrichter: Ja, ich hatte getrunken

Wolf-Dieter Ahlenfelder: „Wir sind doch Männer ..."

„Wir sind doch Männer, wir trinken keine Brause!"

Schiedsrichter Ahlenfelder: „Betrunken war ich bestimmt nicht!"

BILD vom 10. November, 1975

Pfiff 1975 mit Alkohol-Fahne: Ahlenfelder. Die Spieler mochten den lockeren Schiri

Mit Rehhagel steigt der BVB wieder auf

Packendes Duell um den dritten Aufsteiger zwischen den beiden Zweiten der zweigeteilten 2. Liga: Dortmund gewann durch ein Tor von „Ede" Wolf 1:0 in Nürnberg. Im Rückspiel steht es bis zur 90. Minute 2:2. Da hämmert Verteidiger Lothar Huber das Siegtor in den Winkel – die Borussia ist mit Neu-Trainer Rehhagel (kam von Offenbach) wieder erstklassig!

Aufstiegsjubel im Westfalen-Stadion: BVB-Trainer Otto Rehhagel wird von den Fans auf Händen getragen

Lattek: Vertrag gebrochen, Meisterschaft gewonnen

Im Jahr eins nach Hennes Weisweiler holt Vizepräsident Grashoff Star-Trainer Udo Lattek nach Gladbach. Und das, obwohl Lattek schon bei RW Essen unterschrieben hatte. „Was würden Sie denn machen, wenn Sie die Wahl zwischen einem Fahrrad und einem Mercedes hätten?", begründet Lattek seinen Vertragsbruch.

Trainer Udo Lattek

Dass ausgerechnet der von den Bayern gekommene Coach die Gladbacher übernimmt, ärgert Weisweiler mächtig. „Don Hennes" knurrt: „Meine Borussia wird Meister. Das kann selbst Lattek nicht verhindern." Doch damit tut er ihm Unrecht: Lattek bringt frischen Wind bei Borussia rein und führt das Team souverän zum Titel.

81

Unnachahmlich: Gegen Klaus Fischers Kunst-Schuß ist auch KSC-Keeper Kessler machtlos

Legendär! Klaus Fischers Fallrückzieher

Ein Treffer der Marke Traumtor: Am 27. September 1975 liegt der Schalker Klaus Fischer waagerecht in der Luft – und erzielt beim Karlsruher SC per Fallrückzieher das „Tor des Jahres". Nicht seine einzige Auszeichnung in dieser Saison: Mit 29 Toren wird Fischer im Alter von 26 Jahren Torschützenkönig. In den darauf folgenden Jahren erzielt Kunstschütze Fischer zwei weitere Male das „Tor des Jahres" – zwei weitere Male mit prachtvollen Fallrückziehern. Sein Markenzeichen.

FRANZ Bei Nacht und Nebel nach New York

Schmunzelnd läuft Franz Beckenbauer 1977 in seine neue Welt: Zu den sexy Cheer-Leaders auf den Kunstrasen des Giants-Stadiums von New York. Er blieb bis 1980, wurde 3-mal US-Meister

Von ANGELA GEBHARDT

Franz Beckenbauer und der Fußball-Schock: Der Kaiser weg ins Ausland!

Es gab 1977 Hinweise, dass der damals 31-jährige Beckenbauer „seinen" FC Bayern verlassen würde. Nur geglaubt hat's keiner!!!

Dann Ostern '77. Und ich, die junge BILD-Reporterin, hatte über Querverbindungen gehört: Franz soll in New York sein.

„Quatsch", hieß es. „Der macht irgendwo Urlaub."

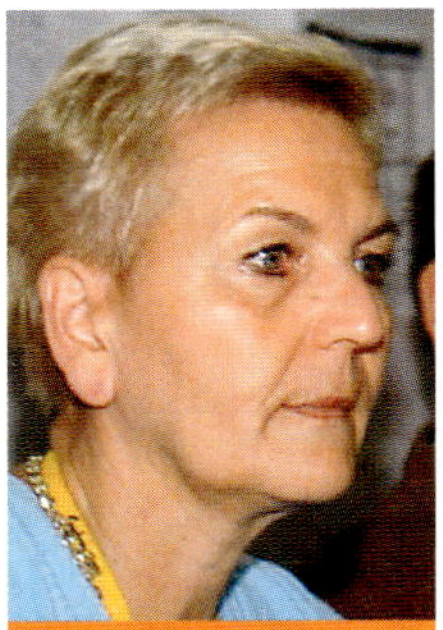

Unsere Reporterin Angela Gebhardt schreibt heute für Sport-BILD

Wir haben alles versucht, um ihn zwischen Kitzbühel und New York aufzuspüren. Nichts! Franz verschwunden. Bis Ostermontag. Endlich: Franz war wirklich bei Nacht und Nebel nach New York abgetaucht! Hatte dort, begleitet von seinem Freund und Manager Robert Schwan, mit Cosmos New York verhandelt. Der entscheidende Hinweis: Franz hatte in New York eingecheckt, Rückflug nach München über Köln.

Ein Kollege fing Beckenbauer nach der Zwischenlandung in Köln ab: Ja, es stimmt! Franz zu Cosmos!

Alarm im Fußball-Land. Auch mit der Nationalelf war nach 103 Spielen Schluss! Nach Saisonende wechselte Franz aus der Bundesliga (396 Spiele für Bayern) in die „Mickymaus-Liga". Er soll damals 7 Millionen erhalten haben.

Franz suchte in New York ein neues Leben nach der Ehe mit Brigitte (drei Kinder). Er hatte mit der Fotografin Diana Sandmann eine neue Liebe. Machte in USA völlig neue Erfahrungen.

Franz sagte später: „New York hat mir die Welt geöffnet. Ein bisserl Fußball gab's noch dazu."

1976/77

In New York wurden sie Freunde: Beckenbauer spielte bei Cosmos mit dem großen Pele

Seine größte Erfahrung: Der Franz aus München-Giesing in den Straßen von Manhattan

Besuch aus der Heimat: Franz mit Mutter Antonie (l.) und Tante Paula

Saison 1976/77

Abschluss-Tabelle

1. Bor. Mönchengladbach	58:34	44-24
2. FC Schalke 04	77:52	43-25
3. Eintr. Braunschweig	56:38	43-25
4. Eintracht Frankfurt	86:57	42-26
5. 1. FC Köln	83:61	40-28
6. Hamburger SV	67:56	38-30
7. Bayern München	74:65	37-31
8. Borussia Dortmund	73:64	34-34
9. MSV Duisburg	60:51	34-34
10. Hertha BSC Berlin	55:54	34-34
11. Werder Bremen	51:59	33-35
12. Fortuna Düsseldorf	52:54	31-37
13. 1. FC Kaiserslautern	53:59	29-39
14. 1. FC Saarbrücken	43:55	29-39
15. VfL Bochum	47:62	29-39
16. Karlsruher SC	53:75	28-40
17. Tennis Borusia Berlin	47:85	22-46
18. Rot-Weiß Essen	49:103	22-46

So wurde damals gewertet:
Sieg = 2:0 Punkte,
Unentschieden = 1:1 Punkte,
Niederlage = 0:2 Punkte.

Torjäger

34 Tore
Dieter Müller
(1.FC Köln)

28 Tore
Gerd Müller
(Bayern)

26 Tore
Bernd Hölzenbein
(Frankfurt)

Die Top-Elf des Meisters

Zahlen & Fakten

Tore: 1084 gesamt, 3,52 pro Spiel
Elfmeter: 79 (59 verwandelt, entspricht 74,68%)
Zuschauer: 7.401.686 gesamt, 24.189 im Schnitt
Fußballer des Jahres: Sepp Maier
Herbstmeister: Bor. Mönchengladbach
Meistertrainer: Udo Lattek
Pokalsieger: 1. FC Köln

Trainerentlassungen

Georg Kessler (Foto, Hertha BSC Berlin) **Ivica Horvath** (Rot-Weiß Essen), **Slobodan Cendic** (1.FC Saarbrücken), **Hans-Dieter Roos** (Eintracht Frankfurt),

Spielertransfers

Norbert Nigbur (Foto) von Schalke 04 zu Hertha BSC Berlin, **Roger van Gool** von FC Brügge zum 1.FC Köln, **Arno Steffenhagen** von Amsterdam zum Hamburger SV, **Ferdinand Keller** von Hannover 96 zum Hamburger SV, **Dragoslav Stepanovic** von Roter Stern Belgrad zu Eintracht Frankfurt

So sah's Franz Beckenbauer

Mein letztes Spiel für den FC Bayern München

Der Spielplan hatte ein großes Finale vorgesehen. Gladbach musste am letzten Spieltag zu uns nach München. Der Haken war nur: Der FC Bayern spielte nicht oben mit. Wir konnten zwar im Winter den Weltpokal (2:0 und 0:0 gegen Belo Horizonte) gewinnen. Doch in der Liga spielten wir Allerweltsfußball. Umso bemerkenswerter, dass Kalle Rummenigge in dieser Saison zum Nationalstürmer aufstieg. Zurück zum Saisonfinale. Die Gladbacher kamen nach München, um die Schale auch zum 3. Mal in Serie abzuholen. Ihnen reichte ein 2:2 bei uns. Es war mein letztes Spiel für den FC Bayern.

Klaus Fischer schiebt den Ball zwischen Franz Beckenbauer (l.) und Sepp Maier über die Linie – eines der vier Tore des Schalker Torjägers beim 7:0 in München

Schalkes Trainer Friedel Rausch lacht im Olympiastadion mit Betreuer Charly Neumann (l.)

Hoch die Schale! Gladbachs große Zeit

Berti Vogts zeigt neben Trainer Lattek stolz die Schale: Auch Gladbach holt – wie vorher die Bayern – den Titel zum dritten Mal in Folge. Jetzt war nicht mehr wie zu „Fohlen"-Zeiten der Sturm die große Stärke, Gladbach hat die beste Abwehr. Der neue Torwart Wolfgang Kneib (kam aus Mainz) überzeugt als Vertreter des verletzten Kleff (Leisten-OP).

0:7! Bayern von Schalke blamiert

Schalke 04 wird mit nur einem Punkt Rückstand Vizemeister, schießt aber 19 Tore mehr als Meister Gladbach. Saison-Höhepunkt der stürmischen Schalker: Ein 7:0 vor 50 000 fassungslosen Zuschauern bei den Münchner Bayern (9. Oktober)! Alle Stars wie Maier, Beckenbauer, Müller, Hoeneß oder Rummenigge stehen auf dem Platz – aber keiner kann Schalkes Traumsturm mit Abramczik, Fischer und Erwin Kremers stoppen. Sie sorgen (bis auf das 0:4 von Dubski) für alle Tore. Die sieben Stück von München bleiben nicht einmalig: Schalke gewinnt beim KSC 7:1 (3 Tore Fischer, 2 Rüssmann, Abramczik, Bongartz).

Roger van Gool ist der erste Millionen-Mann

Kölns neuer Trainer Hennes Weisweiler holt den ersten Spieler in die Bundesliga, der mehr als eine Million Mark Ablöse kostet: Außenstürmer Roger van Gool (Foto) kommt für 1,1 Mio aus Brügge. Der Belgier schießt zehn Tore, bereitet viele Treffer für den neuen Torschützenkönig Dieter Müller (34 Tore) vor.

BILD vom 20. Mai, 1977

Sepp Maier blau: Der Führerschein!

BILD vom 21. Mai, 1977

Sepp Maier: 30 000 DM
Bild
Strafe für 4 Bier?

Sepp Maier

Das teuerste Bier seines Lebens

Nach Wolfgang Overaths Abschiedsspiel trinkt Sepp Maier mehrere Kölsch über den Durst. Die Polizei stoppt den Nationaltorwart, nachdem er im Morgengrauen in Düsseldorf über eine rote Ampel gefahren war – 1,19 Promille. Die Kölsch wurden teuer für den fröhlichen Bayern: 30 000 Mark Geldstrafe.

Von DIETER MÜLLER

Mit 19 kam ich in die Bundesliga. Und hatte in Offenbach den falschen Trainer. Gyula Lorant zu mir: „Hau ab, aus dir wird nichts..."

Zum Glück kam ich zum 1. FC Köln, wo Hennes Weisweiler für mich zu einem Ziehvater wurde.

Beim FC habe ich dann auch „gemüllert". Die Torschützen-Könige der Saison '77/'78 hießen Gerd Müller von Bayern und Dieter Müller von Köln, beide 24 Treffer.

Einen Rekord habe ich dem „Bomber der Nation" (5 Tore in einem Spiel) abgenommen. Ich machte sogar 6 in einem Spiel.

Der 17. August 1977. Es war ein Mittwochabend und es regnete leicht. Wir fegten Werder Bremen im Müngersdorfer Stadion mit 7:2 weg. Mir gelangen sechs Buden, dazu traf Flohe. Wenn du die Dinger reinmachst, zählst du sie nicht. Deshalb war ich selbst erstaunt. Aber es waren sechs: vier Kopfball-Tore und zwei Schüsse mit rechts.

Dieter Müller (49) spielte bis 1986 in der Bundesliga. Ist jetzt Präsident von Kickers Offenbach

Bis heute ist das Rekord

Ich schoss 6 Tore in einem Spiel

Mit den Kopfbällen lief das so: Jedes Mal kam die Ecke von Heinz Flohe und ich stand am kurzen Pfosten...

Mein Gegenspieler Horst-Dieter Höttges hatte mir in Bremen immer die Knochen poliert. Zu den Harten gehörte ich nie. Aber wenn ich einen Lauf hatte, war ich kaum zu halten.

Von 1976 bis '78 habe ich für Deutschland gespielt. Meine beste Bundesliga-Zeit hatte ich in Köln mit 159 Toren in 248 Spielen. Doch Gerd Müller stand und steht über uns allen.

1:0 Im Liegen verlängert Müller den Ball ins Tor (12.). Rechts Roentved und Kamp

2:0 Wuchtig köpft Müller nach Flohes Eckball vor dem Bremer Geils ins kurze Eck (24.)

3:0 Zweimal hat Kölns Dieter Müller '77 gegen Werder schon getroffen. Hier sein Kopfball zum Hattrick gegen Höttges und Torwart Burdenski. Und Müller legt noch drei Stück nach

4:1 Wieder ist Müller vor Höttges am Ball, köpft sein viertes Tor (52.). Links springt Hiller

5:1 Eckball Flohe, Kopfball Müller – wieder sehen Roentved und Kamp nur zu (73.)

7:2 Frei vor Torwart Burdenski schiebt Dieter Müller ein (86.): Sein sechstes Tor!

Saison 1977/78

Abschluss-Tabelle

1. 1. FC Köln	86:41	48-20
2. Bor. Mönchengladbach	86:44	48-20
3. Hertha BSC Berlin	59:48	40-28
4. VfB Stuttgart	58:40	39-29
5. Fortuna Düsseldorf	49:36	39-29
6. MSV Duisburg	62:59	37-31
7. Eintracht Frankfurt	59:52	36-32
8. 1. FC Kaiserslautern	64:63	36-32
9. FC Schalke 04	47:52	34-34
10. Hamburger SV	61:67	34-34
11. Borussia Dortmund	57:71	33-35
12. Bayern München	62:64	32-36
13. Eintr. Braunschweig	43:53	32-36
14. VfL Bochum	49:51	31-37
15. Werder Bremen	48:57	31-37
16. TSV München 1860	41:60	22-46
17. 1. FC Saarbrücken	39:70	22-46
18. FC St.Pauli	44:86	18-50

So wurde damals gewertet:
Sieg = 2:0 Punkte,
Unentschieden = 1:1 Punkte,
Niederlage = 0:2 Punkte.

Torjäger

24 Tore
Gerd Müller
(Bayern)

24Tore
Dieter Müller
(1.FC Köln)

21 Tore
Klaus Toppmöller
(K'lautern)

Die Top-Elf des Meisters

Zahlen & Fakten

Tore: 1014 gesamt, 3,31 pro Spiel
Elfmeter: 102 (83 verwandelt, entspricht 81,37%)
Zuschauer: 7.936.765 gesamt, 25.937 im Schnitt
Fußballer des Jahres: Sepp Maier
Herbstmeister: 1.FC Köln
Meistertrainer: Hennes Weisweiler
Pokalsieger: 1.FC Köln

Trainerentlassungen

Hans Tilkowski (Foto, Werder Bremen), **Dettmar Cramer** (Frankfurt), **Rudi Gutendorf** (HSV), **Gyula Lorant** (Frankfurt), **Dettmar Cramer** (Bayern München), **Friedel Rausch** (Schalke), **Manfred Kraft** (Saarbrücken), **Otto Rehhagel** (Borussia Dortmund)

Spielertransfers

Kevin Keegan (Foto) von Liverpool zum HSV, **Franz Beckenbauer** von Bayern München zu Cosmos New York, **Paul Breitner** von Real Madrid zu Braunschweig, **Yasuhiko Okudera** aus Japan zu Köln, **„Wim" Suurbier** von Amsterdam zu Schalke, **Reiner Geye** von Düsseldorf zu Kaiserslautern

So sah's Franz Beckenbauer

Breitner kehrt zurück und Köln holt das Double

Eine spektakuläre Saison. Es begann damit, dass Paul Breitner von Real Madrid zurückkehrte. Sein Wechsel zu Braunschweig überraschte viele. Doch mit der Eintracht konnte er eigentlich nur baden gehen... Das Saisonfinale um den Titel übertraf alle Erwartungen. Köln rettete sich am Ende gerade noch mit drei Toren vor den Gladbachern ins Ziel. Ihr 12:0 am 29. April im Düsseldorfer Rheinstadion gegen Dortmund ist bis heute der höchste Sieg der Bundesliga-Geschichte. Kölns Trainer Hennes Weisweiler, mit dem FC auch Pokalsieger, meinte später, als er von der Entlassung Rehhagels beim BVB hörte: „Die hätten die Spieler rausschmeißen sollen..."

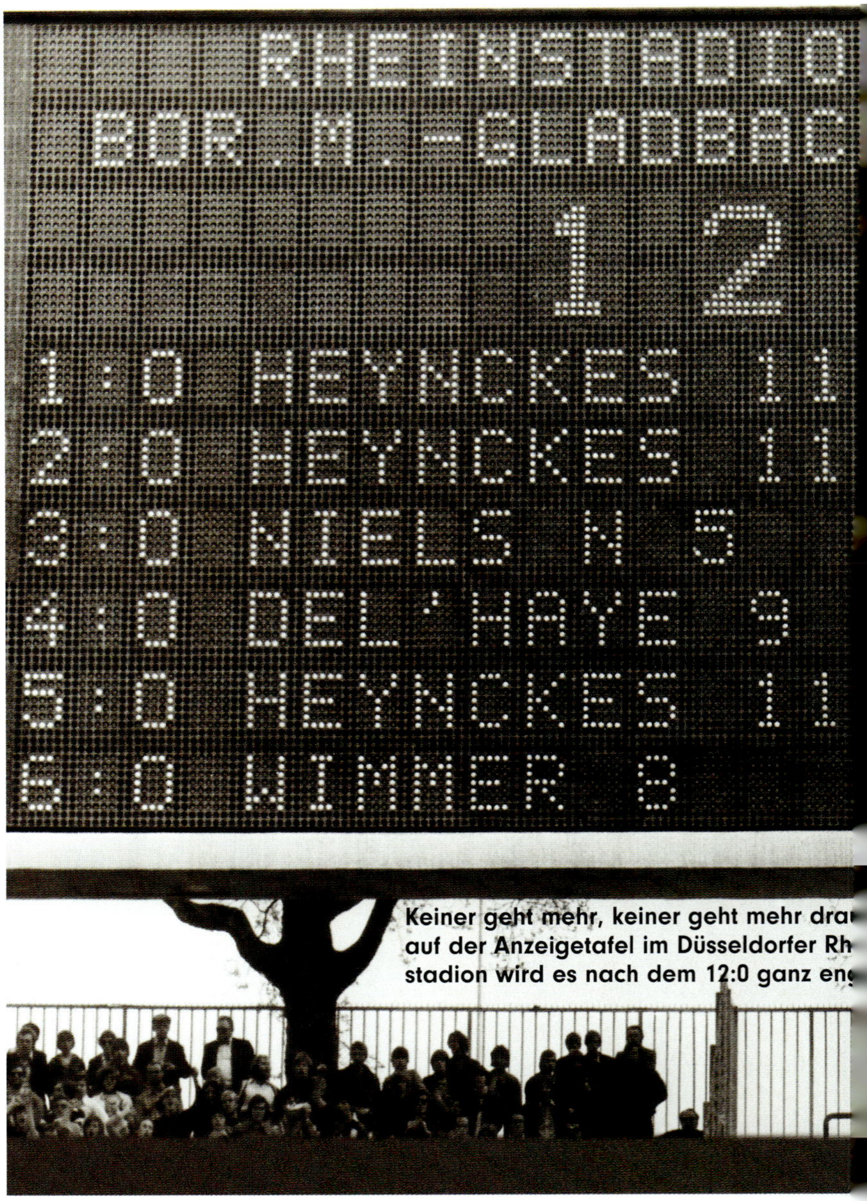

Keiner geht mehr, keiner geht mehr dra
auf der Anzeigetafel im Düsseldorfer Rh
stadion wird es nach dem 12:0 ganz en

Ein Kevin Keegan macht noch keinen Meister

Der HSV wollte mit Kevin Keegan aus Liverpool (1. Zwei-Mio.-Transfer der Liga) den Titel – wird aber nur Zehnter. Trainer Gutendorf fliegt raus, Präsident Dr. Krohn gibt nach Saisonende entnervt auf.

Schwaben-Streich! Aufsteiger VfB schafft den UEFA-Cup

Aufsteiger VfB Stuttgart erreicht mit Trainer Jürgen Sundermann sensationell den Sprung in den UEFA-Cup. Die beiden anderen Aufsteiger, St. Pauli und 1860 München, müssen gleich wieder runter.

Sie „müllern“ alles rein: Gerd, Dieter und Hansi

Alles Müller oder was? Bereits nach dem 3. Spieltag sieht es in der Torjägerliste jedenfalls so aus. Gerd (Bayern München), Dieter (1. FC Köln) und Hansi (VfB Stuttgart) „müllern“ alles rein und haben nach drei Spielen zusammen schon 17 Mal getroffen. „Die Müller-Hitparade“ titelt BILD. Am Saisonende müssen sich Gerd und Dieter die Torjägerkanone teilen. Beide trafen in 33 Spielen 24 Mal. Und Jung-Star Hansi Müller legt in seinem 1. Bundesliga-Jahr einen glänzenden Einstand hin: 14 Tore erzielt der „schöne Hansi“ in 33 Spielen.

BILD vom 19. August, 1977

Die Müller-Hitparade

Gerd Müller (7 Tore) | Dieter Müller (6 Tore) | Hansi Müller (4 Tore)

Sechs Tore in einem einzigen

Irre Tor-Flut! Gladbach demütigt Dortmund

Ein unglaubliches 12:0 gegen Dortmund. Und ein irrer letzter Spieltag. Köln und Gladbach sind punktgleich an der Spitze, der FC aber 10 Tore besser. Dennoch war FC-Trainer Weisweiler die Sache vor dem Gang zum FC St. Pauli nicht ganz geheuer. Und Köln kam auf einen Trick: Angeblich sollten 15 000 Fans mit nach Hamburg fahren. Deshalb zog St. Pauli vom Millerntor ins ungeliebte Volksparkstadion um. Dort hatte Köln (mit 7000 mitgereisten Fans) leichtes Spiel – 5:0. Zeitgleich fegt Gladbach Rehagels BVB vom Platz. Otto „Torhagel“ stürzt über die Peinlich-Pleite. Aber Gladbach fehlen drei Tore zum Titel.

Blonder Bomber: „Calle“ Del' Haye

Endlich Meister. Bernd Cullmann schoss in der Titel-Saison auch das 1000. Tor der Kölner Bundesliga-Geschichte

Rosenmontag im April: Köln feiert den Titel

Ganz Kölle stand Kopf: 300 000 Fans feierten Meistermacher Weisweiler und seine Helden. Nationalspieler Bernd Cullmann hatte sich bereits nach dem Titel-Thriller bei St. Pauli als Stimmungskanone bewährt. Mitten in der Nacht tanzte er halbnackt auf dem Hotelflur und grölte: „Rot und weiß, wie lieb ich dich.“

So feierte Köln

Cullmann nackt im Hotel

...und ein Fan sprang dreimal von der Rheinbrücke

BILD vom 2. Mai, 1978

Trainer Cramer

Bayern tauscht mit Frankfurt den Trainer

Es war der spektakulärste Trainertausch in der Bundesliga zwischen Bayern und Eintracht Frankfurt: Gleich zweimal verliert Bayern-Coach Dettmar Cramer gegen die Eintracht mit 0:4 – erst in der Bundesliga, dann im UEFA-Cup. Cramer wird gefeuert. Und geht ausgerechnet nach Frankfurt. Von dort kommt nun Gyula Lorant an die Isar. Der Ungar bringt seinen Assistenten Pal Csernai gleich mit. Doch auch Lorant, der bei der Eintracht die moderne Raumdeckung eingeführt hat, kann den Absturz im Jahr eins nach Beckenbauer nicht auffangen. Seine Stars waren einfach in die Jahre gekommen.

Trainer Lorant

HSV-Torjäger Horst Hrubesch

Chaos und 39 Verletzte bei der Meisterfeier

Horst Hrubesch (52) spielte bis 1983 für den HSV (159 Spiele/ 96 Tore). Heute ist er DFB-Trainer (U19)

Von HORST HRUBESCH

Mein erstes Jahr in Hamburg. Ich war zur Saison '78/'79 von Rot-Weiß Essen als neuer Torjäger gekommen. Und dann gleich Meister mit dem HSV. Überall Riesen-Euphorie. Leider kannte die Begeisterung dann keine Grenzen…

Letzter Spieltag, wir im Volkspark-Stadion gegen die Bayern. Das Spiel (1:2) war Nebensache. Wir wollten nur die Schale in den Händen haben, denn als Meister standen wir fest. Und die Fans wollten mit uns feiern.

Das ganze Stadion bebte, alles brüllte „Ha-Es-Vau, Ha-Es-Vau". Es war ein Kessel, der unter Dampf stand! Mit dem Schlusspfiff brach das Chaos los. Erst war ein Loch im Zaun der Westtribüne. Da quetschten sich Fans durch, viele rissen sich blutige Wunden. Dann kam von oben die Menschenwelle. Zäune knickten um. Immer mehr Leute drängten auf den

Hamburger Volkspark-Stadion, 9. Juni 1979. Nach dem letzten Saisonspiel von Meister HSV brechen alle Dämme. Hier zerlegen „Fans" ein Tor. Viele verletzen sich bei der Chaos-Feier

Platz. Es brach Panik aus. Unser Kapitän Peter Nogly brachte die Meisterschale in Sicherheit. Es ging in dem Chaos nur noch darum, irgendwie heil rauszukommen.

Das Tor vor der Westkurve lag flach. Auf dem Rasen überall verletzte Fans. Rettungswagen fuhren in den Innenraum. 39 Schwerverletzte, so erfuhr ich später, kamen in Kliniken.

Das Unglück beim HSV

Kripo im Stadion

Staatsanwalt ermittelt – Anklage?

BILD vom 12. Juni, 1979

Ein Wunder, dass es keine Toten gegeben hat. Wir Spieler waren geschockt. Aber uns Meister wollte die ganze Stadt sehen. Zum Glück liefen die anderen Feiern ohne größere Zwischenfälle ab.

Saison 1978/79

Abschluss-Tabelle

1.	Hamburger SV	78:32	49-19
2.	VfB Stuttgart	73:34	48-20
3.	1. FC Kaiserslautern	62:47	43-25
4.	Bayern München	69:46	40-28
5.	Eintracht Frankfurt	50:49	39-29
6.	1. FC Köln	55:47	38-30
7.	Fortuna Düsseldorf	70:59	37-31
8.	VfL Bochum	47:46	33-35
9.	Eintr. Braunschweig	50:55	33-35
10.	Bor. Mönchengladbach	50:53	32-36
11.	Werder Bremen	48:60	31-37
12.	Borussia Dortmund	54:70	31-37
13.	MSV Duisburg	43:56	30-38
14.	Hertha BSC Berlin	40:50	29-39
15.	FC Schalke 04	55:61	28-40
16.	Arminia Bielefeld	43:56	26-42
17.	1. FC Nürnberg	36:67	24-44
18.	SV Darmstadt 98	40:75	21-41

So wurde damals gewertet:
Sieg = 2:0 Punkte,
Unentschieden = 1:1 Punkte,
Niederlage = 0:2 Punkte.

Torjäger

22 Tore
Klaus Allofs
(Düsseldorf)

21 Tore
Klaus Fischer
(Schalke 04)

18 Tore
Rüdiger Abramczik
(Schalke 04)

Die Top-Elf des Meisters

Zahlen & Fakten

Tore: 963 gesamt, 3,15 pro Spiel
Elfmeter: 88 (70 verwandelt, entspricht 79,55%)
Zuschauer: 7.351.341 gesamt, 24.024 im Schnitt
Fußballer des Jahres: Berti Vogts
Herbstmeister: 1.FC Kaiserslautern
Meistertrainer: Branko Zebec
Pokalsieger: Fortuna Düsseldorf

Trainerentlassungen

Lothar Buchmann (Foto, Darmstadt 98), **Milovan Beljin** (Bielefeld), **Werner Kern** (1. FC Nürnberg), **Otto Knefler** (Eintracht Frankfurt), **Gyula Lorant** (Bayern München), **Ivica Horvath** (Schalke 04), **Werner Olk** (Eintracht Braunschweig), **Carl-Heinz Rühl** (Borussia Dortmund)

Spielertransfers

Uli Hoeneß (Foto) von Bayern München zu Nürnberg, **Horst Hrubesch** von Essen zum HSV, **Paul Breitner** von Braunschweig zu Bayern München, **Bruno Pezzey** von Innsbruck zu Frankfurt, **Hannes Bongartz** von Schalke zu Kaiserslautern

So sah's Franz Beckenbauer

Mit Müller verliert Bayern den Jahrhundert-Torjäger

Mit Gerd Müller verliert der FC Bayern zu Saisonende seinen Jahrhundert-Torjäger. Paul Breitner ist nun wieder in München, wo Uli Hoeneß im Frühjahr 1979 seine Manager-Karriere startet. Zum Glücksgriff für den HSV wurde Branko Zebec, der die Hamburger mit Topstar Kevin Keegan zum Titel führte. Disziplin und taktische Cleverness zeichneten „Zebec-Teams" aus. Die Basis war hartes Training. Gladbach kämpfte lange gegen den Abstieg. Berti Vogts kam nach langer Verletzungspause zurück, holte mit Gladbach zum Abschied den UEFA-Cup (1:1, 1:0 gegen Roter Stern Belgrad).

Hoch die Tassen! HSV-Lockenkopf „Jimmy" Hartwig zeigt allen seine typische Handbewegung

BILD vom 5. Juni, 1979

Der HSV stand mit den Füßen im Sekt

Spritzig: HSV-Flankenkönig Manni Kaltz (r.)

Meister! Hamburg lässt die Korken knallen

Es war nur ein schmuckloses 0:0 in Bielefeld – aber es machte den HSV einen Tag vor Saisonschluss zum Meister. Die feuchtfröhliche Party direkt nach dem Abpfiff war verdienter Lohn für eine abgeklärte Saisonleistung mit „Zebec-Fußball": Nur 32 Gegentore für Rudi Kargus. Und unübertroffene 78 Saisontreffer, die meisten (17) von Superstar Kevin Keegan, der populären „Mighty Mouse" aus Liverpool.

Stuttgart zu Hause (fast) unschlagbar

Alle staunen über Stuttgart: Der Aufsteiger vom Vorjahr schafft erneut die beste Heimbilanz der Liga. Ausgerechnet die einzige Niederlage im Neckarstadion zerstört am vorletzten Spieltag alle Titelträume – 1:4 gegen Köln. Trotzdem gewinnt Trainer Sundermanns Team um Jung-Regisseur Hansi Müller viele Sympathien.

Trainer-Chaos bei den Aufsteigern

Alle drei Aufsteiger rutschen schnell ans Tabellenende, wechseln während der Saison den Trainer: In Bielefeld kommt Otto Rehhagel für Milovan Beljin, in Nürnberg „Zapf" Gebhardt für Werner Kern und in Darmstadt Klaus Schlappner für Lothar Buchmann. Ergebnis: Alle drei Vereine steigen trotzdem wieder ab.

„Cowboy" Gerd Müller schießt in Amerika

Auf diesem Foto noch Jux – 1979 wird es Tatsache: Gerd Müller schießt ab sofort im „Wilden Westen". Er unterschreibt mit 33 Jahren bei den Fort Lauderdale Strikers in der US-Liga. Müller konnte Bayern-Trainer Csernai nicht verzeihen, ihn in Frankfurt (1:2) ausgewechselt zu haben (3. Februar 1979). In 80 Punktspielen macht Müller 40 Tore, bleibt mit seiner Familie bis 1984 in Florida. Heute arbeitet er im Trainerstab des FC Bayern.

Aus, vorbei! Berti Vogts liegt in der Hängematte, in der Hand ein Plakat von seinem Abschiedsspiel

Die letzte Grätsche von Berti Vogts

Eine Grätsche geht in Rente. Nach 419 Spielen für Gladbach und fünf Meistertiteln hört Berti Vogts auf. Der 1,67 kleine „Terrier" war mit seinen giftigen Grätschen zum Albtraum der Bundesliga-Stürmer geworden. Sein letztes Jahr beginnt schlimm: Erst ein Eigentor im letzten Länderspiel, das WM-Aus in Argentinien (2:3 gegen Österreich). Dann Schien- und Wadenbeinbruch in einem Pokalspiel im August. Berti kämpft sich zurück, wird zum Lohn UEFA-Cup-Sieger (gegen Belgrad). Und startet anschließend eine ehrgeizige Trainer-Karriere.

Bis hierhin und nicht weiter! Berti Vogts stoppt Kölns Linksaußen Hannes Löhr mit seinem gefürchteten „sliding tackling" (Grätsche)

Günter Netzer über Branko Zebec

Mein Meister-Trainer saß betrunken auf der Bank

Von GÜNTER NETZER

Als HSV-Manager holte ich Branko Zebec nach Hamburg. Wir wurden 1979 gleich Meister. Ein starker Trainer. Aber mit einer Schwäche für Hochprozentiges.

Seine Alkohol-Probleme blieben nicht verborgen. Doch ich dachte: Wenn ich mich intensiv um den Trainer kümmere, ließe sich alles unter Kontrolle halten – und keiner würde was merken. Oder er selbst würde sein Problem erkennen und etwas dagegen unternehmen.

Es kam der 18. April 1980, der Tag vor unserem Spiel in Dortmund. Branko hatte den Mannschaftsbus verpasst und kam mit dem Auto hinterher.

In Ascheberg fuhr er raus, eine Autobahn-Ausfahrt zu früh. Schlich über die Landstraße Richtung Dortmund. So langsam, dass einer aus der Schlange hinter ihm die Polizei verständigte.

Branko war betrunken!

Unser Co-Trainer Aleksandar Ristic alarmierte mich. Ich raste sofort ins Hotel. Branko schlief sich aus, hielt danach eine wirklich brillante Spieler-Sitzung. Ich fuhr zur Polizei, um alles zu regeln, die Mannschaft im Bus ins Stadion.

Und Branko?

Er hatte sich wieder Alkohol verschafft, war sturzbetrunken. Und keiner konnte ihn davon abhalten, sich zum Spiel auf die Bank zu setzen.

Branko kippte fast von der Bank. Die Brille verrutschte, sein Gesicht verriet den Zustand. Fotografen und TV-Kameras dokumentierten das Drama.

Bei Halbzeit, wir führten 2:0, ließ sich Branko endlich in den Bus verfrachten. Die Gegentore zum 2:2 waren völlig unwichtig geworden.

Nein, wir haben Branko Zebec nicht gleich entlassen. Erst im Winter, als es für alle Beteiligten gar nicht mehr ging. Am meisten tat mir weh, dass ich Branko nicht helfen konnte. Er war ein großer Trainer, aber auch ein kranker Mann.

Er erlag 1988, mit 59 Jahren einem Krebsleiden.

Günter Netzer, von '78 bis '86 HSV-Manager

Das Promille-Drama um Branko Zebec. Der HSV-Meistermacher im April ’80 beim Spiel in Dortmund auf der Bank. Zebec, Meister auch mit Bayern, war trotz seiner Alkoholprobleme einer der Toptrainer seiner Zeit

Abschluss-Tabelle

1. Bayern München	84:33	50-18
2. Hamburger SV	86:35	48-20
3. VfB Stuttgart	75:53	41-27
4. 1. FC Kaiserslautern	75:53	41-27
5. 1. FC Köln	72:55	37-31
6. Borussia Dortmund	64:56	36-32
7. Bor. Mönchengladbach	61:60	36-32
8. FC Schalke 04	40:51	33-35
9. Eintracht Frankfurt	65:61	32-36
10. VfL Bochum	41:44	32-36
11. Fortuna Düsseldorf	62:72	32-36
12. Bayer Leverkusen	45:61	32-36
13. TSV München 1860	42:53	30-38
14. MSV Duisburg	43:57	29-39
15. Bayer Uerdingen	43:61	29-39
16. Hertha BSC Berlin	41:61	29-39
17. Werder Bremen	52:93	25-43
18. Eintr. Braunschweig	32:64	20-48

So wurde damals gewertet:
Sieg = 2:0 Punkte,
Unentschieden = 1:1 Punkte,
Niederlage = 0:2 Punkte.

Torjäger

26 Tore
Karl-Heinz Rummenigge (Bayern)

21 Tore
Horst Hrubesch (HSV)

21 Tore
Dieter Müller (1.FC Köln)

Die Top-Elf des Meisters

Zahlen & Fakten

Tore: 1023 gesamt, 3,34 pro Spiel
Elfmeter: 94 (59 verwandelt, entspricht 62,77%)
Zuschauer: 7.045.940 gesamt, 23.026 im Schnitt
Fußballer des Jahres: Karl-Heinz Rummenigge
Herbstmeister: Bayern München
Meistertrainer: Pal Csernai
Pokalsieger: Fortuna Düsseldorf

Trainerentlassungen

Hennes Weisweiler (Foto, Köln), **Eckhard Krautzun** (1860 München), **Heinz Lucas** (Braunschweig), **Hans-Dieter Tippenhauer** (Düsseldorf), **Kuno Klötzer** (Hertha), **Gyula Lorant** (Schalke), **Wolfgang Weber** (Bremen), **Heinz Höher** (Duisburg), **Dietmar Schwager** (Schalke), **Lothar Buchmann** (Stuttgart)

Spielertransfers

Bum Kun Cha (Foto) von Darmstadt zu Frankfurt, **Dieter Hoeneß** von Stuttgart zu Bayern München, **Anthony Woodcock** von Nottingham zu Köln, **Heinz Flohe** von Köln zu 1860 München, **Ronald Worm** von Duisburg zu Braunschweig

So sah's Franz Beckenbauer

Pass Breitner, Tor Kalle – ein geniales Meister-Duo

Der FC Bayern wollte erstmals seit 1974 wieder Meister werden. Sepp Maier brach sich während der Vorbereitungszeit bei einem Autounfall den rechten Arm. Ein Schock. Denn Sepp war für die Mannschaft wichtig, nicht nur im Tor. Der Saisonstart mit 11:9 Punkten missglückte. Trainer Pal Csernai setzte im Titelkampf auf Paul Breitner und Kalle Rummenigge. „Breitnigge", titelte BILD. Breitners Pässe und Rummenigges Tore brachten noch den Titel. Frankfurt feierte den UEFA-Cup-Sieg (2:3 und 1:0 gegen Gladbach), Köln verabschiedete Erfolgstrainer Hennes Weisweiler, den es zu Cosmos New York zog.

Kölns genialer Spielmacher Bernd Schuster

Super-Talent Schuster wechselt nach Barcelona

Beim 1. FC Köln überragt Super-Talent Bernd Schuster als Nachfolger von Spielmacher Flohe (zu 1860 München). Hennes Weisweiler, Schusters erster Profitrainer, urteilt: „Der beste Fußballer, den ich je im Training hatte." In Köln beginnt Schuster mit dem bescheidenen Anfangsgehalt von 1400 DM monatlich. Im Herbst 1980 wechselt er für 3,6 Millionen Mark Ablöse zum FC Barcelona.

Mit 18 schon ein Star! Der junge Lothar aus Herzogenaurach

In Mönchengladbach geht ein neuer Stern auf: Lothar Matthäus wechselt als 18-Jähriger vom 1. FC Herzogenaurach an den Bökelberg und wird hier sofort Stammspieler. Am Ende seiner 1. Bundesligasaison gehört Matthäus sogar zum EM-Aufgebot 1980 in Italien. Dort feierte er gegen Holland sein Länderspieldebüt.

Matthäus mit 18 und den Wimpeln von Gladbach und Herzogenaurach

Der Elfer-Knipser in seinem Element: Nickel verlädt den Keeper und verwandelt

Elfer aus dem Stand machen Gladbachs Harald Nickel berühmt

Bei Gladbach macht sich Harald Nickel mit Elfmetern einen Namen: Der Stürmer schießt die Strafstöße aus dem Stand. Der Elfer-Knipser kommt dadurch auf 20 Saisontore. Im November 1979 erzielt Nickel auch das Tor des Jahres. Beim 3:2-Sieg in Mailand trifft er zum 2:2 von der Mittellinie aus.

Die Bundesliga in BILD

Bayern ist der bessere Meister

Bayerns Meister-Gaudi

Packt die Lederhosen ein!

BILD vom 31. Mai, 1980

Die Hände und Meisterschale zum Himmel: Karl-Heinz Rummenigge und Paul Breitner feiern den Titel

„Breitnigge“ das Bayern-Dream-Team

Viele Weltmeister haben ausgespielt. Franz Beckenbauer und Gerd Müller kicken in den USA, Uli Hoeneß ist Bayern-Manager geworden, Sepp Maier und „Katsche“ Schwarzenbeck müssen ihre Karrieren verletzungsbedingt beenden. Aber Paul Breitner, ein Jahr zuvor nach München zurückgekehrt, leitet als letzter Weltmeister die neue Bayern-Ära ein: Mit Rummenige bildet er das neue Traumduo „Breitnigge“. Der alte Wolf Breitner ist der Antreiber, der junge Rummenigge der Vollstrecker. Der Lippstädter trifft 26-mal, wird Torschützenkönig.

Die 80

Große Taten des HSV 25. Mai 1983, Athen: Der HSV ist nach seiner zweiten Meisterschaft in Folge auch ins Endspiel um den Cup der Landesmeister eingezogen. Die Hamburger besiegen Juventus Turin 1:0. Ditmar Jakobs, Horst Hrubesch und Manni Kaltz (v.l.) drehen die Ehrenrunde mit dem begehrtesten Pokal Europas

er

Beckenbauer über seine Rückkehr nach Deutschland

Von Cosmos zum HSV - Netzer hat mich überredet

Von FRANZ BECKENBAUER

Gehe ich aus New York zurück in die Bundesliga – oder nicht?

Meine Entscheidung fiel im Mai 1980. Ich lag nach einem Spiel mit Cosmos in einem Hotelbett in Los Angeles und rief HSV-Präsident Dr. Klein an: „Sagen Sie bitte Günter Netzer und Branko Zebec: Ich komme!"

Sein größter Coup: HSV-Manager Günter Netzer überredete Franz Beckenbauer zum Wechsel nach Hamburg

Zebec war zu jener Zeit noch HSV-Trainer. Und er ist es auch gewesen, der mich zum ersten Mal auf eine Rückkehr ansprach. Und zwar im Dezember 1979 bei einem Spiel der Welt-Auswahl gegen den BVB in Dortmund.

„Hast du Lust, nach Hamburg zu kommen?" Diese Frage von Branko beim Bankett erwischte mich auf dem linken Fuß. Ich war gerade dabei, bei Cosmos um zwei Jahre zu verlängern...

Doch irgendwie blieb der „HSV-Floh" in meinem Ohr. Und als auch noch HSV-Manager Günter Netzer in New York einflog und mich bekniete („Franz, du musst kommen!"), war's passiert.

Im Herbst 1980 hab ich wieder in der Bundesliga gespielt (2:3 beim VfB Stuttgart/die Red.). Ich war 35 und hatte fast 16 Monate durchgespielt. Da zwickt's hier und da, ich musste immer wieder pausieren. Ganz ehrlich, eine Offenbarung war mein Fußball in Hamburg nicht mehr.

Aber ich habe ab 1981 den genialen Ernst Happel als Trainer erlebt, 1982 noch mal eine Meisterschaft. Und ich hab' Golf gelernt. Verdanke ich alles meiner HSV-Zeit...

BILD vom 23. Oktober, 1980

Das Herz · Die Lunge · Die Muskeln

Beckenbauer (35) fit wie ein Teenager

Cosmos 2:5 in Kairo!

BILD vom 3. November, 1980

Beckenbauer

Traumpässe

Erstes Tor

mit Hrubesch

2. Liga: Kiel

3 Stunden bei BILD

Alle Fragen, alle Antworten

BILD vom 11. November, 1980

Beckenbauer: 1. Spiel – alle beneiden HSV

Kaiser Franz am Ball – auch im HSV-Trikot ein Genuss. Von November 1980 bis Mai 1982 spielte Beckenbauer 27-mal für die Hamburger, das Team wurde Vizemeister und Meister

Saison 1980/81

Abschluss-Tabelle

1. Bayern München	89:41	53-15
2. Hamburger SV	73:43	49-19
3. VfB Stuttgart	70:44	46-22
4. 1. FC Kaiserslautern	60:37	44-24
5. Eintracht Frankfurt	61:57	38-30
6. Bor. Mönchengladbach	68:64	37-31
7. Borussia Dortmund	69:59	35-33
8. 1. FC Köln	54:55	34-44
9. VfL Bochum	53:45	33-35
10. Karlsruher SC	56:63	32-36
11. Bayer Leverkusen	52:53	30-38
12. MSV Duisburg	45:58	29-39
13. Fortuna Düsseldorf	57:64	28-40
14. 1. FC Nürnberg	47:57	28-40
15. Arminia Bielefeld	46:65	26-42
16. TSV München 1860	49:67	25-43
17. FC Schalke 04	43:88	23-45
18. Bayer Uerdingen	47:79	22-46

So wurde damals gewertet:
Sieg = 2:0 Punkte,
Unentschieden = 1:1 Punkte,
Niederlage = 0:2 Punkte.

Torjäger

29 Tore
Karl-Heinz Rummenigge (München)

27 Tore
Manfred Burgsmüller (Dortmund)

19 Tore
Klaus Allofs (Düsseldorf)

Die Top-Elf des Meisters

Zahlen & Fakten

Tore: 1039 gesamt, 3,40 pro Spiel
Zuschauer: 6.895.851 gesamt, 22.535 im Schnitt
Elfmeter: 94 (76 verwandelt, entspricht 80,85%)
Fußballer des Jahres: Paul Breitner
Herbstmeister: Hamburger Sport Verein
Meistertrainer: Pal Csernai
Pokalsieger: Eintracht Frankfurt

Trainerentlassungen

Karl-Heinz Heddergott (Foto, 1. FC Köln), **Hans-Dieter Tippenhauer** (Arminia Bielefeld), **Otto Rehhagel** (Fortuna Düsseldorf), **Branko Zebec** (Hamburger SV), **Horst Heese** (1.FC Nürnberg), **Udo Lattek** (Borussia Dortmund), **Fahrudin Jusufi** (Schalke 04)

Spielertransfers

Rolf Rüßmann (Foto) von Schalke zu Dortmund, **Franz Beckenbauer** von Cosmos New York zum Hamburger SV, **Rainer Bohnhof** von Valencia zu Köln, **Calle Del'Haye** von Gladbach zu Bayern München, **René Botteron** von Zürich zu Köln

So sah's Franz Beckenbauer

Der HSV war gut, aber die Bayern im Kopf stärker

Der 25. Spieltag war entscheidend im Titelkampf. HSV gegen Bayern. Als USA-Rückkehrer stand ich mit Hamburg „meinen Bayern" gegenüber. Der HSV lag mit drei Punkte vorn, ging im Spitzenspiel durch Magath und Hrubesch 2:0 in Führung. Und war damit so gut wie Meister. Doch Rummenigge und Breitner drehten das Spiel, glichen noch zum 2:2 aus. Der Knackpunkt. Die Bayern legten zu, wir brachen in Dortmund mit 2:6 ein. Es war letztlich eine Kopfsache, dass der FC Bayern es noch packte. Übrigens: Rudi Völler darf ich auf diese Saison auch nicht ansprechen: Er stieg mit 1860 München ab.

Schalke in Not: Präsident Fenne unter Polizeischutz

Eine schlimme Saison für Schalke. Sportlich läuft's nicht, zudem ist Ebbe in der Kasse. Präsident Dr. Fenne verkauft kurzerhand die Fan-Lieblinge Wolfram Wuttke (nach Gladbach), Rüdiger Abramczik und Rolf Rüßmann (beide nach Dortmund). Wütende Anhänger bedrohen ihn und seine Familie. Der Vereinschef kann nur unter Polizeischutz bei den Spielen zuschauen. Am Ende steigt das Team von Trainer Fahrudin Jusufi mit den wenigsten Toren und 88 Gegentoren ab. „Sigi" Held wird neuer Trainer und führt Schalke 1982 zurück in die Bundesliga.

Von 1980 bis '86 Präsident auf Schalke: Dr. Hans-Joachim Fenne, Unternehmensberater aus Gladbeck

Mit „Retter" Berger kommt der erste DDR-Trainer

Ein Sachse in der Bundesliga, der erste DDR-Startrainer: Jörg Berger

Der erste bekannte Trainer aus der DDR ist in den Westen geflüchtet: Jörg Berger, bis 1979 Coach der B-Nationalmannschaft in Ost-Berlin. Der kernige Sachse findet sofort Arbeit bei Darmstadt 98, trainiert danach u.a. zweimal Eintracht Frankfurt, Schalke und den KSC. Berger erwirbt sich den Beinamen „Retter", führte zudem Frankfurt (1990) und den 1. FC Köln (1992) in den UEFA-Cup.

Als „General" scheitert Rinus Michels in Köln

Vom FC gefeuert, kam später auch in Leverkusen (88/89) nicht klar: Rinus Michels

Schon im Oktober feuert Titel-Kandidat Köln den unbeliebten Karl-Heinz Heddergott und holt einen echten Trainerstar: Rinus Michels, mit Holland Vizeweltmeister 1974 und spanischer Meister mit dem FC Barcelona. Doch der „General" wird mit dem FC nur Achter. Bald werfen ihm die Spieler „unmenschliches Training" vor. Trotz Vizemeisterschaft 1982 und Pokalsieg 1983 hat Michels wenige Wochen später genug vom „Kölschen Klüngel" und kehrt im August `83 nach Holland zurück.

BILD vom 15. Juni, 1981

Bayerns tolle Meisterfeier
Tore
Chaos und Promille

Zweimal Meister, trotzdem wackelt Walter Junghans

Die Bayern feiern die Titelverteidigung mit Vollgas (oben). Trainer Pal Csernais neue Elf hat sich eingespielt. Einer wird trotzdem zum Wackel-Kandidaten: Torwart-Talent Walter Junghans, als Nachfolger von Sepp Maier aus Hamburg (SC Victoria) gekommen. Sein erstes Jahr lief gut, im zweiten häuften sich nervöse Patzer, nach dem dritten Junghans-Jahr holt Manager Uli Hoeneß den belgischen Weltklassemann Jean-Marie Pfaff nach München – und Junghans geht nach Schalke. Heute bildet er ein erfolgreiches Trainer-Gespann mit Jupp Heynckes.

1980 im Kader von Europameister Deutschland: Bayern-Keeper Walter Junghans

„Herr Toni, hier schreie nur ich!"

Emotion pur! Nationaltorwart Toni Schumacher und Schiedsrichter Dieter Pauly (Foto) geigen sich mal so richtig die Meinung. Worum ging es hier eigentlich?
Toni: „Wir Kölner spielten in Dortmund. Pauly pfiff recht häufig gegen uns. Ich habe ihn angebrüllt: ‚Pfeif nicht so'n Sch...!'" Pauly antwortet in gleicher Lautstärke: „Wenn hier einer schreit, dann bin ich das, Herr Toni! Sie gehen sofort zurück in ihr Tor und die gelbe Karte nehmen sie gleich mit!" Am Ende sind alle wieder friedlich: Dortmund und Köln trennten sich 2:2.
Das Bild wurde zum „Sportfoto des Jahres". Kurioser Hintergrund: Fotograf Dieter Wiechmann, wie Pauly aus Mönchengladbach, war im Stadion, um Schiedsrichter-Mode zu fotografieren. Er landete einen einträglichen Volltreffer...

Dieses Foto schockte ganz Deutschland

Otto Rehhagel über die bösen Vorwürfe im Fall Lienen

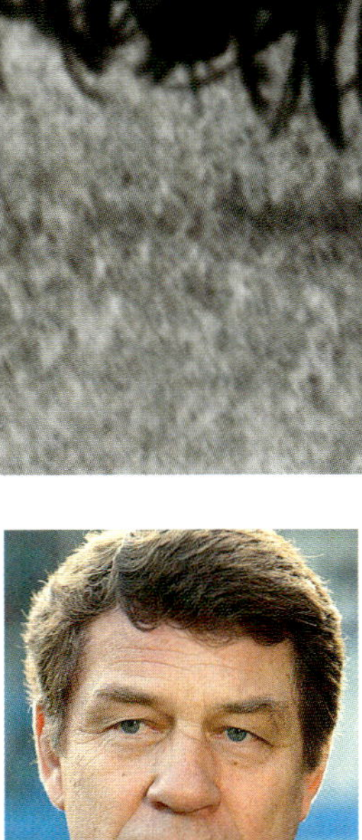

Rehhagel (64) ist heute Nationaltrainer Griechenlands

Von OTTO REHHAGEL

Es sah einfach schrecklich aus! Ich war Trainer bei Werder Bremen, mein Spieler Norbert Siegmann war gegen den schnellen Bielefelder Ewald Lienen etwas doof hingegangen. Mit dem Stollen hatte er ihm den Oberschenkel aufgeschlitzt. Der Muskel lag frei. Keiner mochte länger auf die Wunde gucken.

Ich weiß noch, wie Lienen auf mich zuhumpelte, mich am Kragen packte und mir Vorwürfe machte: Ich hätte Siegmann scharfgemacht.

Am Tag danach brach ein Monate andauernder Medienwirbel um dieses Foul los. Das Foto schockte ganz Deutschland. Ich wurde verklagt und freigesprochen.

Gipfel der Hysterie war das Rückspiel. Ich wurde auf Schritt und Tritt von zwei Bodyguards bewacht und musste zum einzigen Mal in meiner Laufbahn mit kugelsicherer Weste auf der Bank sitzen. Ein fürchterliches Gefühl.

Das Spiel blieb fair, die Aufregung legte sich. Ich versichere allen: Ich habe Siegmann nicht zum Foulspiel aufgefordert, der unglaubliche Wirbel enstand nur durch die furchtbar anzuschauende Wunde. Dabei sind z. B. Kreuzbandrisse die viel schwereren Verletzungen.

Erst mehrere Jahre später war eine Versöhnung möglich, Ewald Lienen reichte mir vor einem Spiel die Hand. Seitdem sind wir und unsere Frauen eng befreundet. Heute telefonieren wir gerne und reden über Gott und die Fußball-Welt. Die grässliche Wunde ist zum Glück vernarbt.

schockte

14.8.1981: Ewald Lienen sieht seine Wunde und schreit entsetzt auf. Der 25 cm lange Riss wurde im Krankenhaus mit 23 Stichen genäht. Der Linksaußen konnte vier Wochen später wieder spielen, ist heute Trainer bei Borussia Möchengladbach

Schon beim Hinsehen fühlt man den Schmerz mit. Lienen schreit, Siegmann spielt das Unschuldslamm und Schiedsrichter Luca zeigt ihm die gelbe Karte. Von der Trage aus droht Lienen in Richtung Rehhagel

Saison 1981/82

Abschluss-Tabelle

1. Hamburger SV	95:45	48-20
2. 1. FC Köln	72:38	45-23
3. Bayern München	77:56	43-25
4. 1. FC Kaiserslautern	70:81	42-26
5. Werder Bremen	81:52	42-26
6. Borussia Dortmund	59:40	41-27
7. Bor. Mönchengladbach	61:51	40-28
8. Eintracht Frankfurt	83:72	37-31
9. VfB Stuttgart	62:55	35-33
10. VfL Bochum	52:51	32-36
11. Eintr. Braunschweig	61:66	32-36
12. Arminia Bielefeld	46:50	30-38
13. 1. FC Nürnberg	53:72	28-40
14. Karlsruher SC	50:68	27-41
15. Fortuna Düsseldorf	48:73	25-43
16. Bayer Leverkusen	45:72	25-43
17. SV Darmstadt 98	46:82	21-47
18. MSV Duisburg	40:77	19-49

Ab dieser Saison neue Abstiegsregelung durch Einführung der eingleisigen 2. Bundesliga: Der Drittletzte der 1. Liga bestreitet zwei Relegationsspiele gegen den Dritten der 2. Liga. 1982: Offenbach – Leverkusen 0:1, 1:2.

Torjäger

27 Tore
Horst Hrubesch (HSV)

22 Tore
Manfred Burgsmüller (Dortmund)

21 Tore
Dieter Hoeneß (Bayern)

Die Top-Elf des Meisters

Zahlen & Fakten

Tore: 1081 gesamt, 3,53 pro Spiel
Elfmeter: 116 (92 verwandelt, entspricht 79,31%)
Zuschauer: 6.280.388 gesamt, 20.524 im Schnitt
Fußballer des Jahres: Karl-Heinz Förster
Herbstmeister: 1.FC Köln
Meistertrainer: Ernst Happel
Pokalsieger: Bayern München

Trainerentlassungen

Manfred Krafft (Foto, Karlsruher SC), **Heinz Elzner** (1.FC Nürnberg), **Willibert Kremer** (Bayer Leverkusen), **Friedhelm Wenzlaff** (MSV Duisburg), **Werner Olk** (Darmstadt 98)

Spielertransfers

Klaus Fischer (Foto) von Schalke 04 zu 1.FC Köln, **Frank Mill** von Rot-Weiß Essen zu Borussia Mönchengladbach, **Klaus Allofs** von Fortuna Düsseldorf zu 1.FC Köln, **Didier Six** von Racing Straßburg zu VfB Stuttgart, **Asgeir Sigurvinsson** von Standard Lüttich zu Bayern München

So sah's Franz Beckenbauer

Der „Grantler aus Wien", ein ganz genialer Trainer

Die Saison begann mit einem FC Bayern, der die Bundesliga mit fünf Siegen in Serie beherrschte. Doch am Ende war es der Hamburger SV, der Meister wurde. Der beste Einkauf des HSV, für den ich aufgrund von Verletzungen nur noch wenige Spiele bestritt, war Trainer Ernst Happel. Genial, wie der „Grantler aus Wien" die Mannschaft im Griff hatte. Unvergessen auch das 4:3 am 29. Spieltag bei den Bayern, die bereits 3:1 geführt hatten. „Kopfball-Ungeheuer" Horst Hrubesch entschied auch den Kampf um die Torjägerkrone. Der FC Bayern verpasste seine Krönung – 0:1 im Europapokal-Finale gegen Aston Villa.

In Bremen beginnt die große Ära Otto Rehhagel

Otto Rehhagel sorgt mit Aufsteiger Werder Bremen für Furore. Mit „Rentnern" wie Klaus Fichtel (38) und Erwin Kostedde (36) führt Rehhagel Werder Bremen auf Platz fünf.

Dabei kam Rehhagel eher zufällig zu Werder: Im Frühjahr 1981 hatte der bisherige Trainer Kuno Klötzer einen schweren Autounfall. Werder brauchte Ersatz, um den sofortigen Wiederaufstieg in die Bundesliga nicht zu gefährden. Otto sagte zu und führte Werder zurück ins Oberhaus. Und landet mit der „Rentner-Band" direkt auf Platz fünf.

Rehhagel holte Völler (links) und Sidka von 1860 München sowie Neubarth (rechts) von Concordia Hamburg – drei Volltreffer

Klaus Allofs: Der teuerste Transfer der Bundesliga

Der 1. FC Köln leistet sich einen Multi-Millionen-Mann: Vor Saisonbeginn zieht der Düsseldorfer Klaus Allofs rheinaufwärts. Fortuna Düsseldorf erhält die Rekord-Ablöse-Summe von 2,25 Millionen Mark. Dazu holt Kölns Manager Hannes Löhr noch Torjäger Klaus Fischer von Schalke. Die Rechnung mit den Sensations-Transfers scheint zunächst aufzugehen. Der 1. FC Köln wird Herbstmeister – aber der HSV hat am Ende dann doch die Nase vorn.

Karlheinz Förster: Für ehrliche Arbeit belohnt

„Fußballer des Jahres" – meist sind es Dribbler, Torjäger und Ideengeber, die gewählt werden. In dieser Saison aber wird mit Karlheinz Förster ein eisenharter Vorstopper mit diesem Titel ausgezeichnet. Der Stuttgarter ist mit seinen 24 Jahren ein Vorbild an Zuverlässigkeit und professioneller Einstellung. Als einziger Nationalspieler steht Förster für ehrliche Arbeit. Er ist ein Vorzeigeprofi in einer Zeit, in der die Nationalelf in Misskredit gerät.

Hoch, höher, Hrubesch. Hier überspringt das HSV-„Kopfball-Ungeheuer" Werder-Profi Okudera

Bananenflanken füttern das Kopfball-Ungeheuer

„Manni Bananenflanke, ich Kopf – Tor", so umschreibt HSV-Torjäger Horst Hrubesch kurz und knapp das Meisterschafts-Rezept des HSV. Hrubesch, das „Kopfball-Ungeheuer", wird im Sturmzentrum von Bogenlampen-Flanker Manfred Kaltz bedient. Mit 27 Treffern schießt Hrubesch seinen HSV zum Titel – und sich selber an die Spitze der Torjägerliste. Im Doppeldecker-Bus lassen sich die Happel-Schützlinge auf der Reeperbahn feiern. Die Spielerfrauen sitzen unten, die Profis winken von oben den Fans zu.

Flankengott und Offensiv-Außenverteidiger Manfred Kaltz

Hrubesch: Von Kopf (11 Tore) bis Fuß (13 Tore) auf Meister eingestellt

BILD vom 17. Mai, 1982

Hoch auf dem roten Wagen: Mit der Meisterschale an Bord jubeln die HSV-Profis den Fans auf der Reeperbahn zu

Wurde von der

Seine Frau klagt an

Lutz Eigendorf spielte für Lautern (53x) und Braunschweig (8x) in der Bundesliga, schoss 9 Tore

Von JOSEPHINE EIGENDORF

Mein Mann Lutz Eigendorf wollte als Fußballer in der Bundesliga sein Glück machen. Doch nach dem Wechsel von Kaiserslautern nach Braunschweig geschah im März 1983 dieser bis heute mysteriöse Autounfall. Lutz starb mit 26. Die genauen Umstände seines Todes sind auch 20 Jahre danach nicht restlos aufgeklärt.

Im März 1979 hatte Lutz ein Freundschaftsspiel seines BFC Dynamo Ostberlin in Kaiserslautern zur Flucht genutzt. Es war der Klub von Stasi-Chef Erich Mielke, und Lutz hatte auch für die DDR gespielt. Während

Lutz Eigendorf Stasi ermordet?

Am 5. März 1983 krachte sein Alfa Romeo in eine Ulme, Lutz Eigendorf starb mit 26

seiner einjährigen Sperre hielt er sich beim FCK fit. In dieser Zeit lernten wir uns kennen.

Lutz galt für die Stasi als „Verräter". Anfang März 1983 gab er direkt an der Berliner Mauer ein TV-Interview.

Es kam der 5. März. Lutz kam gegen Bochum nicht zum Einsatz, war frustriert. Abends um neun sagte er zu mir: „Komm doch mit auf ein Bier." Ich blieb lieber bei unserem Sohn Julian, damals fünf Wochen alt. Also fuhr er allein. Gegen Mitternacht klingelte das Telefon. Ein Arzt war dran: „Ihr Mann hatte kurz nach 23 Uhr einen schweren Autounfall. Er wird wahrscheinlich sterben."

Lutz hatte 2,3 Promille im Blut. Bei mir aber war er absolut nüchtern weggefahren, harte Sachen trank er nie. Für mich deutet bis heute alles auf Mord hin.

Mein Mann wurde in diesen Unfall hineingetrieben. Er starb an den schweren Verletzungen.

Josephine Eigendorf lebt heute im Raum Kaiserslautern

Saison 1982/83

Abschluss-Tabelle

1. Hamburger SV	79:33	52-16
2. Werder Bremen	76:38	52-16
3. VfB Stuttgart	80:47	48-20
4. Bayern München	74:33	44-24
5. 1. FC Köln	69:42	43-25
6. 1. FC Kaiserslautern	57:44	41-27
7. Borussia Dortmund	78:62	39-29
8. Arminia Bielefeld	46:71	31-37
9. Fortuna Düsseldorf	63:75	30-38
10. Eintracht Frankfurt	48:57	29-39
11. Bayer Leverkusen	43:66	29-39
12. Bor. Mönchengladbach	64:63	28-40
13. VfL Bochum	43:49	28-40
14. 1. FC Nürnberg	44:70	28-40
15. Eintr. Braunschweig	42:65	27-41
16. FC Schalke 04	48:68	22-46
17. Karlsruher SC	39:86	21-47
18. Hertha BSC Berlin	43:67	20-48

Relegation: Uerdingen – Schalke 3:1, 1:1

Torjäger

23 Tore Rudi Völler (Bremen)

21 Tore Karl Allgöwer (VFB Stuttgart)

21 Tore Atli Edvaldsson (Düsseldorf)

Die Top-Elf des Meisters

Zahlen & Fakten

Tore: 1036 gesamt, 3,39 pro Spiel
Zuschauer: 6.180.704 gesamt, 20.198 im Schnitt
Elfmeter: 86 (66 verwandelt, entspricht 76,74%)
Fußballer des Jahres: Rudi Völler
Herbstmeister: Hamburger Sport Verein
Meistertrainer: Ernst Happel
Pokalsieger: 1. FC Köln

Trainerentlassungen

Pal Csernai (Foto, Bayern München), **Helmut Senekowitsch** (Eintracht Frankfurt), **Jörg Berger** (Düsseldorf), **Siegfried Held** (Schalke 04), **Horst Franz** (Karlsruher SC), **Rudi Körner** (Kaiserslautern), **Karl-Heinz Feldkamp** (Borussia Dortmund), **Uli Maslo** (Eintracht Braunschweig)

Spielertransfers

Rudi Völler (Foto) von 1860 München zu Bremen, **Jean-Marie Pfaff** von Beveren zu Bayern München, **Norbert Nachtweih** von Frankfurt zu Bayern München, **Bernard Dietz** von Duisburg zu Schalke 04, **Thomas Allofs** von Düsseldorf zu Kaiserslautern

So sah's Franz Beckenbauer

Die goldene Saison eines grandiosen HSV

Lange Ansprachen waren nicht die Art des Ernst Happel. „Präzis" war eines seiner Lieblingsworte, „präzis auf den Punkt". Vor dem letzten Spieltag auf Schalke sagte Happel nur: „Geht´s raus und werdet Meister." Die Bremer mit Otto Rehhagel und Rudi Völler als überragendem Torschützen waren punktgleich. Sie siegten gegen Bochum 3:2, aber der HSV machte mit dem 2:1 auf Schalke alles klar. Und krönte die Saison auch noch mit dem Europapokal der Landesmeister. Das goldene Tor zum 1:0 im Finale von Athen gegen Juventus Turin erzielte Felix Magath, Regisseur mit hoher Spielintelligenz.

Der Brüller von Bremen: Einwurf-Tor gegen Pfaff

So ein Tor hat die Bundesliga noch nicht gesehen! 21. August, Saisonauftakt im Bremer Weserstadion: Werder gegen Bayern. Der Bremer Uwe Reinders wirft in der 44. Minute von der linken Seite kraftvoll ein. Über 38 Meter fliegt der Ball vors Tor. Bayerns neuer Torwart Jean-Marie Pfaff ist überrascht, von seinen Fingerspitzen rutscht der Ball ins Tor – 1:0 für Werder, das Endergebnis! Übrigens: Hätte Pfaff den Ball nicht berührt, hätte das Einwurf-Tor nicht gezählt. Denn aus Einwürfen dürfen laut Regel keine direkten Tore erzielt werden. Das Spiel heißt schließlich Fußball...

Im Anflug auf Hannover stürzte die Piper ab. Hoeneß wollte als Zuschauer zum Länderspiel gegen Portugal

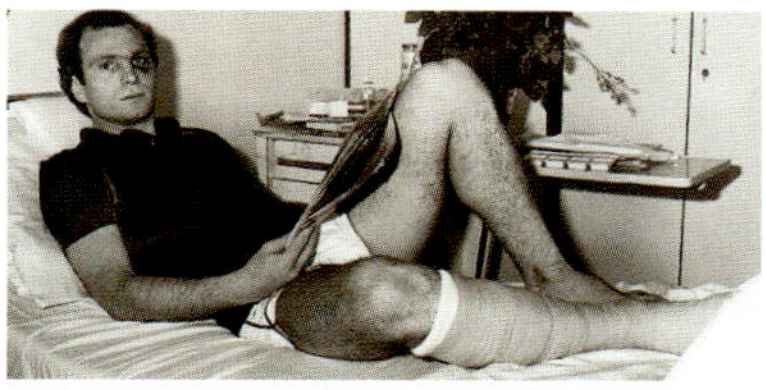

Schwer verletzt überlebt Hoeneß den Absturz. Seine drei Freunde sterben

Flugzeug-Drama: Nur Uli Hoeneß überlebt

Das Drama geschieht am 17. Februar 1982, kurz vor 20 Uhr: 15 Kilometer westlich von Hannover bohrt sich die Maschine vom Typ Piper in eine Wiese. Nur einer der vier Insassen überlebt den Absturz: Uli Hoeneß kriecht zwei Stunden blutverschmiert durch den Wald, ehe er von einem Förster entdeckt wird. „An diesem Tag ist der Sunnyboy in mir gestorben", hat der Bayern-Manager später gestanden.

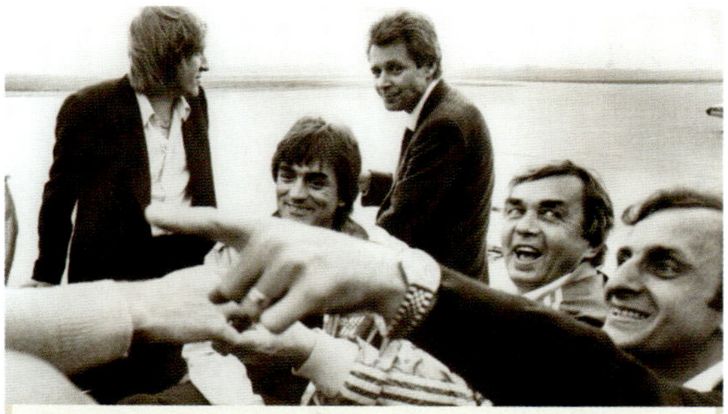

Die HSV-Meistermacher: Manager Netzer, Präsident Dr. Klein sowie die Trainer Happel und Ristic (r.) mit Teamarzt Matthies

HSV-Ehrenrunde über Bremen

Die Saison wird zum Duell der Nordlichter. Der HSV (zuvor 36 Spiele ungeschlagen!) und Werder Bremen sind am letzten Spieltag punktgleich. Die Hamburger gewinnen durch ein Tor von Wolfgang Rolff 2:1 auf Schalke und verteidigen ihren Titel denkbar knapp mit acht Toren Vorsprung. Trainer Happels Gruß an die Vizemeister: Eine Ehrenrunde über dem Bremer Weserstadion auf dem Rückflug von Schalke nach Hamburg.

Goldrausch in Hamburg: Bürgermeister Klaus von Dohnanyi freut sich mit Horst Hrubesch. Nach den Feiern fehlte an der Schale ein Turmalin (15 Karat)!

Edelstein aus der Meisterschale geklaut

BILD vom 6. Juni, 1983

Bayerns Wolfgang Grobe streckt sich vor Rudi Völler nach dem Ball – doch der fliegt nach dem Einwurf von Uwe Reinders (Kreis) ins Tor. Rechts staunt Torwart Jean-Marie Pfaff

Pfaff fällt über Grobe, der Ball ins Netz – so ein Tor gab's nie wieder

BVB schlägt sich selbst

Riesenaufregung bei Borussia Dortmund: Präsident Jürgen Vogt feuert Anfang April zunächst Trainer Karl-Heinz Feldkamp. Dann schmeißt er auch noch Manfred Burgsmüller aus der Mannschaft. So verfehlt der BVB sogar noch den sicher geglaubten UEFA-Cup-Platz.

Abstieg! S04 blamiert sich

Der Abstiegskampf ist in dieser Spielzeit früh entschieden: Neuling Hertha BSC muss gleich wieder absteigen. Auch für den KSC, der 16 von 17 Auswärtsspiele verliert, gibt es keine Rettung. Und ein überheblicher Altmeister Schalke 04 blamiert sich in der Relegation gegen Uerdingen (1:3, 1:1).

Torjäger „Kalle" Rummenigge, damals 28, in seinem letzten Bayern-Jahr (r. Jimmy Hartwig/HSV). Mit 26 Treffern wurde er in der Saison 83/84 zum 3. Mal Torschützenkönig

Rummenigge

Ich spielte, Lattek kassierte

Karl-Heinz Rummenigge (47), jetzt Vorstands-Vorsitzender der Bayern AG

Von KARL-HEINZ RUMMENIGGE

Das große Foto zeigt mich 1983 in meiner zehnten und letzten Saison als Bayern-Stürmer. Zum Abschied wurde ich zum 3. Mal Torschützenkönig. Dazu Pokalsieger in einer „Schlacht" (8:7 nach Elfmeterschießen) gegen Gladbach.

Der Anfang: Willi Reinke, ein Freund von Max Merkel, hatte mich in meiner Heimat Lippstadt entdeckt. Nun stand ich im Dezember 1973 mit schlotternden Knien im Büro des gefürchteten Bayern-Managers Robert Schwan. Wir einigten uns per Handschlag, denn mit knapp 18 durfte ich damals noch nicht unterschreiben.

Das Training beim Klub der Weltmeister war hart. Mit 74 Kilo war ich gekommen, nach einer Woche hatte ich nur noch 70. Warum ich als Jungfuchs dennoch bald zu Einsätzen kam? Trainer Udo Lattek hatte im Vertrag, dass ihm 25 000 Mark zustehen, sobald ein junger Spieler zu fünf Pflicht-Einsätzen kommt...

Lattek-Nachfolger Dettmar Cramer war der eigentliche Vater meiner Erfolge. Ein Glücksfall auch, dass Uli Hoeneß gegen alle Widerstände im Verein darauf drängte, Paul Breitner 1978 zurückzuholen. Er legte als Spielmacher mir die Torvorlagen in den Lauf. „Breitnigge", wie BILD uns taufte, steht für eine tolle Zeit.

PS: Mein Wechsel 1984 zu Inter Mailand war für beide Seiten gut. Ich konnte in Italien viel verdienen – und der FC Bayern war mit der Ablöse von 11 Millionen Mark schuldenfrei.

Saison 1983/84

Abschluss-Tabelle

1. VfB Stuttgart	79:33	48-20
2. Hamburger SV	75:36	48-20
3. Bor. Mönchengladbach	81:48	48-20
4. Bayern München	84:41	47-21
5. Werder Bremen	79:46	45-23
6. 1. FC Köln	70:57	38-30
7. Bayer Leverkusen	50:50	34-34
8. Arminia Bielefeld	40:49	33-35
9. Eintr. Braunschweig	54:69	32-36
10. Bayer Uerdingen	66:79	31-37
11. Waldhof Mannheim	45:58	31-37
12. 1. FC Kaiserslautern	68:69	30-38
13. Borussia Dortmund	54:65	30-38
14. Fortuna Düsseldorf	63:75	29-39
15. VfL Bochum	58:70	28-40
16. Eintracht Frankfurt	45:61	27-41
17. Kickers Offenbach	48:106	19-49
18. 1. FC Nürnberg	38:85	14-54

Relegation: Duisburg – Frankfurt 0:5, 1:1

Torjäger

26 Tore Karl-Heinz Rummenigge (Bayern)

20 Tore Klaus Allofs (Düsseldorf)

19 Tore Frank Mill (Gladbach)

Die Top-Elf des Meisters

Zahlen & Fakten

Tore: 1097 gesamt, 3,58 pro Spiel
Elfmeter: 113 (86 verwandelt, entspricht 76,11%)
Zuschauer: 5.918.003 gesamt, 19.340 im Schnitt
Fußballer des Jahres: Harald Schumacher
Herbstmeister: VfB Stuttgart
Meistertrainer: Helmut Benthaus
Pokalsieger: Bayern München

Trainerentlassungen

Rinus Michels (Foto, 1.FC Köln), **Branko Zebec** (Eintracht Frankfurt), **Uli Maslo** (Borussia Dortmund), **Udo Klug** (1.FC Nürnberg), **Dietrich Weise** (Kaiserslautern), **Rudi Kröner** (1.FC Nürnberg), **Lothar Buchmann** (Kickers Offenbach), **Karl-Heinz Feldkamp** (Arminia Bielefeld)

Spielertransfers

Wolfram Wuttke (Foto) von Schalke zum Hamburger SV, **Sören Lerby** von Amsterdam zu Bayern München, **Bruno Pezzey** von Frankfurt zu Bremen, **Dieter Schatzschneider** von Hannover zum Hamburger SV

So sah's Franz Beckenbauer

Zwei Förster jagen für Stuttgart die Großen

Es sollte für Ernst Happel die dritte Meisterschaft in Serie werden. Ein neuer Konkurrent kam jedoch ins Spiel. Der VfB Stuttgart, im Vorjahr bereits Tabellendritter, mischte nun ganz vorne mit. Am vorletzten Spieltag setzten sich die Stuttgarter mit ihrem Trainer Helmut Benthaus gegen die Etablierten wie HSV, Gladbach und Bayern durch. Hermann Ohlicher entschied das Rennen mit seinem Tor zum 2:1-Sieg in Bremen. Die Stuttgarter hatten mit den Förster-Brüdern eine robuste Abwehr und in Sigurvinsson ihren Lenker. Bei den Bayern verabschiedete sich „Kalle" Rummenigge (zu Inter Mailand) als DFB-Pokalsieger.

BILD vom 21. Mai, 1984

Torjäger aus dem Mittelfeld: Karl Allgöwer, wegen seiner harten Schüsse von BILD in „Knallgöwer" umgetauft

Sommer 1984: Stuttgarts Helden Allgöwer, Karlheinz Förster, Torwart Roleder (v.l.)

HSV-Patzer macht VfB zum Meister

Eine Krimi-Saison endet einmalig: Noch nie waren nach dem letzten Spiel die ersten drei Vereine punktgleich. Meister HSV verspielt den Titel-Hattrick am vorletzten Spieltag durch ein 0:2 gegen Frankfurt (2 Tore Falkenmayer), Stuttgarts Top-Abwehr mit Neuzugang Guido Buchwald (von den Kickers) kassiert weniger als ein Tor pro Spiel – meisterhaft!

BILD vom 28. Mai, 1984

Das ist Wolfgang Kleffs letzte Aktion in Düsseldorf. Er wechselt nach Bochum

Der junge Oliver Reck sah bei dieser Offenbacher Abwehr alt aus

Neuer Tor-Rekord dank Schießbude Kickers Offenbach

Tore am laufenden Band – es fallen 1097 Treffer. So viele wie nie zuvor. Maßgeblichen Anteil am Rekord hat die „Schießbude Offenbach": Die Keeper Oliver Reck und Valentin Herr kassieren 106 Treffer. Ganz bitter läuft's für Valentin Herr in den Auswärtsspielen beim HSV (0:6), bei Werder (1:8) und bei Bayern (0:9) – 23 Gegentore in drei Spielen. Da war Valentin nicht Herr der Lage...

Kleff fühlt sich „verarscht" und zeigt es auch

Nackte Tatsachen: Düsseldorfs Keeper Wolfgang „Otto" Kleff zieht nach seinem letzten Fortuna-Spiel blank. Im Spiel gegen Mannheim täuscht Kleff nach 75 Minuten eine Zerrung vor und lässt sich auswechseln. Grinsend humpelt er zur Haupttribüne, lässt die Hose runter und dreht seinen Po Richtung Präsident Recht, weil er sich vom Fortuna-Boss nach einem Vertrags-Hickhack „verarscht" fühlt.

Po-pulärer Spaßvogel: Wolfgang Kleff

Toni Teufelskerl! Volksheld im Tor

Der 1. FC Köln feuert den ungeliebten Star-Trainer Rinus Michels schon am 2. Spieltag (!) nach einer „Palast-Revolution" von Kapitän „Toni" Schumacher. Unter Neu-Trainer Löhr wird der FC Sechster. Und Volksheld „Toni" Schumacher „Fußballer des Jahres".

Club fast wie Tasmania...

Nürnberg spielt fast so schlecht wie Rekord-Absteiger Tasmania: Trotz zweier Trainerwechsel verliert der Club alle 17 Auswärtsspiele, kassiert in den letzten 10 Spielen ausschließlich Niederlagen. Die Franken holen nur 14 Punkte, sechs mehr als Tasmania '65/'66.

Matthäus:
nach viel

Von LOTHAR MATTHÄUS

Mein erstes Jahr beim FC Bayern. Es verlief, mit Udo Lattek als Trainer, gleich erfolgreich. Ich machte 33 von 34 Bundesliga-Spielen mit, schoss 16 Tore und wurde 1985 auf Anhieb Meister.

Das entschädigte für den Zoff, den mein Wechsel von Borussia Mönchengladbach vor dieser Saison auslöste...

Denn Gladbach und Bayern waren seit den 70er Jahren Erzrivalen. Ich war in Gladbach zum Nationalspieler geworden, spielte dort im 5. Jahr. Dann aber kamen die Bayern auf mich zu. Und Ende November 1983 machte ich mit Uli Hoeneß im Düsseldorfer „Interconti" alles klar.

Der BILD-Reporter in Gladbach, Klaus Bockelkamp, hatte irgendwie Wind davon bekommen. Als er mich auf einen Wechsel zu Bayern ansprach, musste ich zu einer Notlüge greifen: „Da ist nichts dran!" Denn alles war „Top secret"!

Als es offiziell wurde, war ich für die Borussen-Fans ein „Überläufer". Und dann hieß das Pokalfinale auch noch Bayern gegen Gladbach...

1:1 nach Verlängerung, also Elfmeterschießen. Ich wollte als Pokalsieger gehen, legte den Ball als Erster auf den Punkt – und verschoss. Auch wenn Augenthaler noch für Bayern vergab und Ringels für Gladbach: Alles drehte sich nur um mich. Nach Bayerns 8:7-Sieg und durch meinem Wechsel zu Bayern waren die Borussen-Fans jahrelang gegen mich. Doch meine Entscheidung für München war goldrichtig!

Matthäus (42) trainiert jetzt Partizan Belgrad

Meister-Jubel Wechsel-Zoff

15. September 1984: Matthäus, damals 23, jubelt nach seinem Tor zum 1:0 gegen Dortmund mit Trainer Udo Lattek. Lothar macht in seiner ersten Meister-Saison 16 Tore für den FC Bayern

Saison 1984/85

Abschluss-Tabelle

1. Bayern München	79:38	50-18
2. Werder Bremen	87:51	46-22
3. 1. FC Köln	69:66	40-28
4. Bor. Mönchengladbach	77:53	39-29
5. Hamburger SV	58:49	37-31
6. Waldhof Mannheim	47:50	37-31
7. Bayer Uerdingen	57:52	36-32
8. Schalke 04	63:62	34-34
9. VfL Bochum	52:54	34-34
10. VfB Stuttgart	79:59	33-35
11. 1. FC Kaiserslautern	56:60	33-35
12. Eintracht Frankfurt	62:67	32-36
13. Bayer Leverkusen	52:54	31-37
14. Borussia Dortmund	51:65	30-38
15. Fortuna Düsseldorf	53:66	29-39
16. Arminia Bielefeld	46:61	29-39
17. Karlsruher SC	47:88	22-46
18. Eintr. Braunschweig	39:79	20-48

Relegation: Saarbrücken – Bielefeld 2:0, 1:1

Torjäger

26 Tore Klaus Allofs (1.FC Köln)

25 Tore Rudi Völler (Bremen)

19 Tore Thomas Allofs (K'lautern)

19 Tore Karl Allgöwer (Stuttgart)

Die Top-Elf des Meisters

Aumann

Augenthaler

Dremmler – Eder – Willmer

Mathy – Matthäus – Lerby

Wohlfahrt – D. Hoeneß – Kögl

Zahlen & Fakten

Tore: 1074 gesamt, 3,51 pro Spiel
Elfmeter: 100 (71 verwandelt, entspricht 71,00%)
Zuschauer: 5.765.284 gesamt, 18.841 im Schnitt
Fußballer des Jahres: Hans-Peter Briegel
Herbstmeister: Bayern München
Meistertrainer: Udo Lattek
Pokalsieger: Bayer Uerdingen

Trainerentlassungen

„Timo" Konietzka (Foto, Borussia Dortmund), **Werner Olk** (Karlsruher SC), **Willibert Kremer** (Fortuna Düsseldorf), **Aleksandar Ristic** (Eintracht Braunschweig)

Spielertransfers

Karl-Heinz Rummenigge (Foto) von Bayern München zu Inter Mailand, **Lothar Matthäus** von Gladbach zu Bayern München, **Hans-Peter Briegel** von Kaiserslautern zu Hellas Verona, **Roland Wohlfarth** von Duisburg zu Bayern München, **Mark McGhee** von Aberdeen zum Hamburger SV, **Klaus Fichtel** von Werder Bremen zu Schalke 04

So sah's Franz Beckenbauer

Mein erstes Jahr als Teamchef: Ich sah einen starken Matthäus

Mit Beginn dieser Spielzeit wurden Besuche in den Stadien für mich zu Arbeitsterminen. Nach der missglückten EM 1984 hatte ich Bundestrainer Jupp Derwall als DFB-Teamchef „beerbt". Offen war, wie der FC Bayern den Weggang von „Kalle" Rummenigge (zu Inter) verkraften würde. Udo Lattek baute eine neue Mannschaft auf, die sich mit Bremen lange ein Kopf-an-Kopf-Rennen lieferte. Und Meister wurde. Lothar Matthäus (kam von Gladbach) machte als Mittelfeldspieler 16 Tore. Viel Druck ging auch von Lerby aus. Die Chance aufs Double wurde im DFB-Pokal-Finale verpasst, die Bayern stolperten über Uerdingen.

Kögls größter Tag

Meister, Nationalelf, Spieler der Saison

BILD vom 10. Juni, 1985

Einer der stärksten Bayern: Flügelflitzer Ludwig „Wiggerl" Kögl (hier gegen die Braunschweiger Lux und Geiger) dribbelt sich in die Nationalelf Jupp Derwalls

Trotz Klinsi: Meister Stuttgart stürzt ab

Bruchlandung von Titelverteidiger Stuttgart: Auch mit Neueinkauf Jürgen Klinsmann ging's bergab – nur Platz 10, vor allem wegen der Auswärtsschwäche (8 Punkte). Zu Hause schoss der VfB um Karl „Knallgöwer" Allgöwer (19 Treffer) dagegen fünf Siege mit fünf und mehr Toren heraus. Präsident Mayer-Vorfelder wechselte am Saisonende Trainer Helmut Benthaus gegen Otto Baric aus.

Gute Ideen unterm Pepita-Hut: Klaus Schlappner

Schlappi macht Mannheim stark

Sensation des Jahres sind die erst im Vorjahr aufgestiegenen Waldhöfer: Das Team von Trainer Klaus Schlappner, der auch Schlager singt, verpasst nur knapp den UEFA-Cup. „Schlappi" führt Talente wie Jürgen Kohler, Fritz Walter und Maurizio Gaudino an die Spitzenklasse heran. „Oldie" Günter Sebert hat auf dem Platz das Kommando.

Waldhofs Schlappner wird Schlager-Star

Dieser Trainer ist ein Hit

BILD vom 11. Mai, 1985

So gewinnt Mannheim auch bei den Bayern (2:1 durch Tore von Schlindwein und Heck). Eigenwilliger Rekord: Waldhof spielt achtmal in Folge unentschieden.

Das Tor zur Meisterschaft! Dieter Hoeneß (rechts) trifft am letzten Spieltag zum 1:0-Siegtreffer (49.) in Braunschweig (links Gorski, Hintermaier). Bayern hat damit Verfolger Werder abgehängt

Hoeneß macht das Meister-Tor! Bayern triumphiert im Endspurt

Foto-Finish um die Meisterschale: Bayern und Werder können beide am 34. Spieltag den Titel holen. Die Bremer aber verlieren 0:2 in Dortmund (Tore: Schüler, Egli), das sich so vor dem Abstieg rettet. Die Bayern gewinnen bei Absteiger Braunschweig 1:0. Das Team von Udo Lattek hatte sich nach dem Abgang von Karl-Heinz Rummenigge (zu Inter) mit Roland Wohlfarth (Duisburg) und Lothar Matthäus (Gladbach) erfolgreich verstärkt. Tiefschlag zum Saison-Abschluss: Das 1:2 im Pokalfinale gegen Außenseiter Uerdingen.

Udo Lattek bei seiner „leichtesten Übung" – er holte mit den Bayern auch in den folgenden zwei Spielzeiten die Schale

Michael Kutzop vergibt den Titel

Ich verschoss den berühmtesten Elfer der Liga-Geschichte

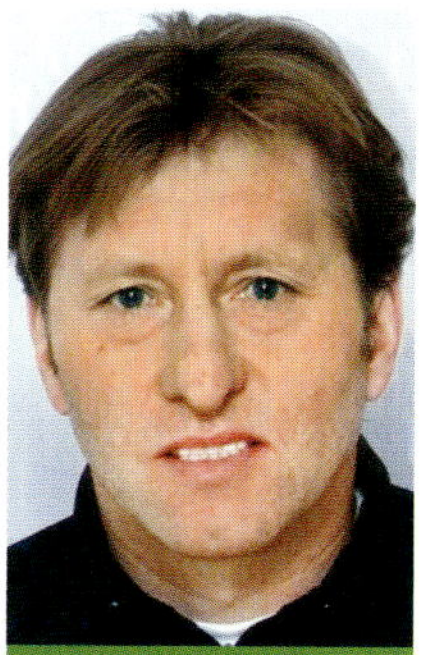

Kutzop (48) ist in Rudi Völlers Fußball-Schule auf Mallorca tätig

Von MICHAEL KUTZOP

Acht Elfmeter hatte ich in der Saison 85/86 bereits verwandelt. Dann kam dieser legendäre Fehlschuss, der „Kutzop-Elfer", der mich berühmt machte...

Der 22. April 1986, vorletzter Spieltag. Spitzenspiel Werder gegen Bayern, wir führten die Tabelle (Zwei-Punkte-Wertung) mit zwei Punkten Vorsprung an.

88 Minuten lang steht es 0:0. Dann holt mein Freund Rudi Völler gegen Lerby einen Elfer raus: Geht das Ding rein, sind wir Meister!

Ich trete an. Vier, fünf Meter Anlauf. Bayern-Torwart Pfaff ist aus meiner Sicht nach links unterwegs. Deshalb ziele ich mit rechts ins rechte Eck. Für mich fliegt der Ball wie in Zeitlupe...

...und klatscht an den rechten Pfosten. Dieses Scheißgeräusch vergesse ich nie. Vorbei! Danach war nur noch Leere. Die folgende Nacht war ein einziges Frustsaufen mit Rudi und anderen Freunden.

Am letzten Spieltag vergeigten wir 1:2 in Stuttgart. Bayern wurde durch ein 6:0 gegen Gladbach Meister.

Mit meinem versiebten Elfer hatte ich Werder um eine tolle Saison gebracht – und Rudis Meister-Traum zerstört. Doch Schuldzuweisungen gab es nie! Rudi flachst höchstens: „‚Kutzi', durch dein Ding bin ich nie Deutscher Meister geworden." Bei unserem Titel '88 mit Werder war Rudi nämlich schon bei AS Rom.

Von Schiri Volker Roth habe ich später gehört, dass er den Elfer bei einem Tor hätte wiederholen lassen. Weil ich beim Anlauf kurz abstoppte. Wie gesagt: Eben ein total vergeigtes Ding...

Der legendäre Kutzop-Elfer. Der Bremer schießt gegen Bayern (im Tor Pfaff) an den Pfosten – und Werder 1986 den Titel weg. Völler-Freund Kutzop spielte von 1984 bis '90 für Werder

Saison 1985/86

Abschluss-Tabelle

1. Bayern München	82:31	49-19
2. Werder Bremen	83:41	49-19
3. Bayer Uerdingen	63:60	45-23
4. Bor. Mönchengladbach	65:51	42-26
5. VfB Stuttgart	69:45	41-27
6. Bayer Leverkusen	63:51	40-28
7. Hamburger SV	52:35	39-29
8. Waldhof Mannheim	41:44	33-35
9. VfL Bochum	55:57	32-36
10. Schalke 04	53:58	30-38
11. 1. FC Kaiserslautern	49:54	30-38
12. 1. FC Nürnberg	51:54	29-39
13. 1. FC Köln	46:59	29-39
14. Fortuna Düsseldorf	54:78	29-39
15. Eintracht Frankfurt	35:49	28-40
16. Borussia Dortmund	49:65	28-40
17. 1. FC Saarbrücken	39:68	21-47
18. Hannover 96	43:92	18-50

Relegation: Fortuna Köln – Dortmund 2:0, 1:3, 0:8

Torjäger

22 Tore Stefan Kuntz (Bochum)

21 Tore Karl Allgöwer (Stuttgart)

20 Tore Frank Neubarth (Bremen)

Die Top-Elf des Meisters

Zahlen & Fakten

Tore: 992 gesamt, 3,24 pro Spiel
Elfmeter: 111 (92 verwandelt, entspricht 82,88%)
Zuschauer: 5.404.571 gesamt, 17.662 im Schnitt
Fußballer des Jahres: Harald Schumacher
Herbstmeister: Werder Bremen
Meistertrainer: Udo Lattek
Pokalsieger: Bayern München

Trainerentlassungen

Hannes Löhr (Foto, 1.FC Köln), **Werner Biskup** (Hannover 96), **Otto Baric** (VfB Stuttgart), **Jörg Berger** (Hannover 96), **Uwe Klimaschefski** (Saarbrücken), **Pal Csernai** (Borussia Dortmund)

Spielertransfers

Horst Hrubesch (Foto) von Standard Lüttich zu Borussia Dortmund, **Manfred Burgsmüller** von Rot-Weiß Oberhausen zu Werder Bremen, **Predrag Pasic** von Sarajevo zum VfB Stuttgart

So sah's Franz Beckenbauer

Die Bremer hätten es auch ohne Völler packen können

In den ersten acht Saison-Spielen mit Werder Bremen traf Rudi Völler acht Mal. Dann stoppten ihn Verletzungen, wobei die Attacke durch Klaus Augenthaler einigen Wirbel auslöste. Weil Rudi monatelang ausfiel. Letztlich hätten es die Bremer im Meisterkampf trotz allem packen können. Doch der verschossene „Kutzop-Elfer" am 33. Spieltag gegen Bayern (0:0) ließ sie noch einknicken. Der FC Bayern holte sich neben dem Titel auch noch souverän den DFB-Pokal. Insgesamt war es eher ein „Vize-Jahr": Meine Nationalmannschaft mit einem wieder gesunden Rudi Völler überraschend Vize-Weltmeister ´86 in Mexiko. Köln UEFA-Cup-Vize hinter Real.

Gefürchteter Spaßvogel: Uwe Klimaschefski

Uwe Klimaschefski – der verrückteste Trainer

Im April fliegt in Saarbrücken der Trainer mit den eigenwilligsten Methoden. Vor dem Schusstraining band er schon mal den Platzwart an den Pfosten. Auch legendär, wie er einen spanischen Testspieler unter der laufenden Dusche jonglieren ließ: „Mal sehen, wie du bei Regen bist." Schon als Spieler (Hertha, Lautern) war der säbelbeinige „Klima" als Raubein gefürchtet. Zuletzt half er Zweitliga-Absteiger Saarbrücken als Sportdirektor.

Auf eine erfolgreiche Saison – Udo Lattek stößt mit seinen Bayern-Spielern auf Meisterschaft und Pokalsieg an

Prost, Männer! Trainer Lattek stößt auf den nächsten Bayern-Titel an

Oans, zwoa, gsuffa! Trainer Udo Lattek stößt mit den Bayern wie im Vorjahr auf die Meisterschaft an. Sie war auch sein persönlicher Triumph. Obwohl Werder schon vier Punkte Vorsprung hatte, predigte Lattek immer wieder: „Wir schaffen's noch!" Am letzten Spieltag zeigten die Bremer Wirkung. Ein Unentschieden in Stuttgart hätte gereicht. Doch Otto Rehhagels Team verlor 1:2. Gleichzeitig fertigten die Bayern Gladbach 6:0 ab – und Lattek hatte Recht behalten...

BILD vom 28. April, 1986

28. November 1985: Bayerns kantiger Abwehrchef Klaus Augenthaler (l.) hat zugetreten, mit einem Aufschrei fliegt Rudi Völler durch die Luft. Auch wenn sich „Auge" hinterher bei Völler entschuldigt (Foto rechts) – dieser „Fehltritt" seines Kapitäns kostete Dauer-Meister FC Bayern viele Sympathien

Dieses Foul kostet Rudi fast die Karriere

Das Gipfeltreffen Bayern – Werder wird hässlich. Augenthaler tritt Völler um. Bremens Pezzey erwischt Matthäus am frisch operierten Knie. Für sein Revanche-Foul sieht Matthäus die rote Karte. Trotzdem gewinnen die Bayern 3:1. Torschützen: Dieter Hoeneß (2), Nachtweih und der Bremer Schaaf.

Das Foul von Augenthaler an Völler – viele Fans sagen noch heute, dass es Werder (neben dem Elfer von Kutzop) in dieser Saison den Titel kostete. Und fast die Karriere von Rudi: Er musste an beiden Leisten operiert werden, fiel fünf Monate (bis zum Rückspiel) aus. Auch ohne ihn blieb Werder oben dran. Vertreter Frank Neubarth machte 20 Tore. Doch mit einem Rudi auf der Höhe seines Könnens hätten die Bremer den FC Bayern abhängen können...

Er machte mir einen rein – da schlug ich zu

Von ULI STEIN

Man hat mich als Torwart verehrt und verdammt...

Beim HSV hatte ich meine erfolgreichste Zeit (2x Meister, Europapokal-Sieger). Aber haften blieb ein Vorfall, den die Presse als „Stein-Schlag" bezeichnete. Die Geschichte 1987, als mir die Hand gegen Bayerns Stürmer Jürgen Wegmann ausrutschte. Ehe ich darüber spreche, kurz zur Situation der Saison '86/'87: Wir waren DFB-Pokalsieger geworden. Den Meistertitel jedoch hatten sich die Bayern geschnappt. Dahinter der HSV klar abgeschlagen. Die Mannschaft fühlte sich ausgelaugt. Und alle waren gereizt.

Als Torwart stehst du besonders unter Druck. Zumal der HSV einen Anlass suchte, mich loszuwerden. Ich wollte immer gewinnen, nahm Gegentore persönlich.

Das Supercup-Spiel Meister '87 (Bayern) gegen Pokalsieger '87 (HSV) am 28. Juli in Frankfurt. Wie immer bei diesem Duell Kampf und Hektik. 1:1 nach 87 Minuten. Da schiebt Wegmann einen Abpraller aus fünf Metern an mir vorbei. Macht das Ding zum 2:1 für Bayern. Ich weiß nicht mehr, ob er mir wehgetan hat, als er auf mich fiel. Wir saßen nebeneinander und guckten uns in die Augen. Meine Hand ballte sich zur Faust. Schnellte im Reflex hoch in sein Gesicht.

Ein Blackout. Schiedsrichter Pauly zeigte mir Rot.

Mir ist in 21 Jahren Fußball nur einmal die Hand ausgerutscht. Wenn ich sehe, was sich Kahn, Lehmann, Rost oder andere heute erlauben, war ich harmlos. Aber ich bekam 10 Wochen Sperre!

Nach der Entlassung beim HSV folgte meine Zeit bei Eintracht Frankfurt.

BILD vom 30. Juli, 1987

Faustschlag
HSV wirft Stein raus

10 Jahre Arbeits

Uli Stein, heute 48, war ein Top-Torhüter (HSV, Frankfurt, Bielefeld). Unvergessen aber auch seine Skandale. 1987 der Faustschlag ins Gesicht von Bayern-Stürmer Wegmann (gr. Foto). 1986 der Rauswurf bei der WM in Mexiko, weil Stein Teamchef Beckenbauer als „Suppenkasper" beleidigt hatte...

Saison 1986/87

Abschluss-Tabelle

1. Bayern München	67:31	53-15
2. Hamburger SV	69:37	47-21
3. Bor. Mönchengladbach	74:44	43-25
4. Borussia Dortmund	70:50	40-28
5. Werder Bremen	65:54	40-28
6. Bayer Leverkusen	56:38	39-29
7. 1. FC Kaiserslautern	64:51	37-31
8. Bayer Uerdingen	51:49	35-33
9. 1. FC Nürnberg	62:62	35-33
10. 1. FC Köln	50:53	35-33
11. VfL Bochum	52:44	32-36
12. VfB Stuttgart	55:49	32-36
13. Schalke 04	50:58	32-36
14. Waldhof Mannheim	52:71	28-40
15. Eintracht Frankfurt	42:53	25-43
16. FC Homburg	33:79	21-47
17. Fortuna Düsseldorf	42:91	20-48
18. Blau-Weiß 90 Berlin	36:76	18-50

Relegation: Homburg – St. Pauli 3:1, 1:2

Torjäger

24 Tore Uwe Rahn (Gladbach)

23 Tore Fritz Walter (Mannheim)

22 Tore Rudi Völler (Bremen)

Die Top-Elf des Meisters

Pfaff

Augenthaler

Nachtweih – Eder – Pflügler

M. Rummenigge – Matthäus – Brehme

Wohlfarth – D. Hoeneß – Lunde

Zahlen & Fakten

Tore: 990 gesamt, 3,24 pro Spiel
Elfmeter: 110 (86 verwandelt, entspricht 78,18%)
Zuschauer: 5.938.961 gesamt, 19.408 im Schnitt
Fußballer des Jahres: Uwe Rahn
Herbstmeister: Hamburger Sport Verein
Meistertrainer: Udo Lattek
Pokalsieger: Hamburger SV

Trainerentlassungen

Egon Coordes (Foto, VfB Stuttgart), **Fritz Fuchs** (FC Homburg), **Georg Kessler** (1.FC Köln), **Dieter Brei** (Fortuna Düsseldorf), **Udo Klug** (FC Homburg), **Dietrich Weise** (Eintracht Frankfurt)

Spielertransfers

Andreas Brehme (Foto) von Kaiserslautern zu Bayern München, **Eike Immel** von Borussia Dortmund zum VfB Stuttgart, **Morten Olsen** von RSC Anderlecht zu Köln, **Thomas Allofs** von Kaiserslautern zu Köln, **Frank Mill** von Gladbach zu Borussia Dortmund

So sah's Franz Beckenbauer

Diesen Pfostenschuss von Mill vergess' ich nie

Der Saisonstart lieferte eine der kuriosesten Szenen der Bundesliga-Geschichte. Bayern gegen Dortmund. BVB-Stürmer Frankie Mill hat Bayern-Torwart Pfaff ausgespielt, läuft allein aufs leere Tor zu – und schiebt den Ball an den Pfosten. Frankie konnte schon nach dem Spiel (2:2) darüber schmunzeln, 17 Saisontore belegten dann ja auch seine Klasse. Die Bayern wurden unter Udo Lattek zum 3. Mal in Folge Meister. Das große Ziel aber war der Europapokal. Im Finale von Wien ging's gegen den FC Porto. Der kleine Kögl traf per Kopf(!) zum 1:0. Es folgten das Madjer-Tor mit der Hacke und das 1:2. Aus der Traum.

Routinierte Sieger: Brehme, Matthäus, Rummenigge, Hoeneß, Winklhofer und Trainer Lattek (v.l) feiern

Jodeldi und jodeldda: Keeper Jean-Marie Pfaff jubelt in bayerischer Tracht über den Titel

FC Unantastbar
Hut ab vor den unschlagbaren Bayern-Stars

Zu souverän, zu cool, zu clever sind die Münchner in dieser Saison für den Rest der Liga. Schon am 28. März wird das Titelrennen entschieden. Gegen Verfolger HSV gewinnen die Bayern mit 2:1 durch einen Treffer von Michael Rummenigge kurz vor dem Abpfiff. Die Münchner bleiben in dieser Saison auswärts ungeschlagen und werden am Saisonende mit sechs Punkten Vorsprung Meister. Es ist Bayerns 10. Meisterschaft. Damit überholen sie Altmeister Nürnberg (9 Titel), und sind von nun an alleiniger Rekordmeister der Liga.

Tor leer – aber der Pfosten ist im Weg

Über diesen Schuss am 1. Spieltag lacht die ganze Liga – nur Frank Mill und Dortmund nicht. Mutterseelenallein läuft BVB-Stürmer Mill auf Bayern-Keeper Pfaff zu, tanzt ihn aus (Foto 1), steht vor dem leeren Tor (Foto 2) – und trifft den Pfosten (Foto 3).

Uwe Rahn gelingt der endgültige Durchbruch

Für Gladbach am Ball: Uwe Rahn

Von wegen das verflixte 7. Jahr: In seiner siebten Saison bei Borussia Mönchengladbach gelingt Uwe Rahn der große Durchbruch: Rahn wird als 25-Jähriger Torschützenkönig (24 Treffer) und „Fußballer des Jahres". Den Ausschlag für dieses Rahn-Double gab der Endspurt: Bis zum 25. Spieltag liegt Gladbach auf Platz 12. Dann folgen 10 Siege in Folge (36:8 Tore) und der Sprung auf Platz drei. Dank Rahn: Er schießt 14 Tore in den letzten 10 Spielen.

Tonis „Anpfiff" schreckt die Liga auf

Am 2. März 1987 schreckt Harald „Toni" Schumacher die Bundesliga auf. Der Kölner Torwart und Nationalmannschafts-Kapitän bringt sein Buch auf dem Markt. Der Titel: „Anpfiff". Der Untertitel: „Enthüllungen über den deutschen Fußball". Die Konsequenzen: Schumacher wird in der Nationalelf und beim 1. FC Köln ausgebootet. Die Gründe: Schumacher beschreibt in seinem Buch nicht nur einen Selbstversuch mit Dopingmitteln, sondern prangert die ganze Liga an: „Doping ist ganz normal." Daraufhin führt der DFB die Dopingkontrollen ein.

So kennen wir ihn: „Toni" Schumacher hechtet in Kung-Fu-Manier dem Schuss des Schalkers Klaus Täuber entgegen

Ist es die Pullover-Power? Poulsen (Mitte) köpft Köln gegen Gladbach in Führung. Endstand 4:1. Rechts springt Steiner vor Criens. Links: Drehsen

Lattek und sein Talisman

Die ganze Liga zittert vor meinem blauen Pullover

Von UDO LATTEK

Es gibt eine Bundesliga-Klamotte, die zeigt, was im Fußball alles möglich ist.

Der „Star" in der Saison '87/'88 war plötzlich ein Pullover. Mein blauer Pullover...

Ich war Sportdirektor beim 1. FC Köln. Wir spielten beim KSC 1:1. Ich trug trotz der Sommerhitze einen blauen Strickpulli von unserem Ausrüster Puma. Nach dem Abpfiff fragte mich BILD-Reporter Karl-Erich Jäger: „Udo, ist das jetzt dein neuer Glücksbringer?" Meine Antwort: „Na, klar. Und den ziehe ich erst wieder aus, wenn der FC mal ein Spiel verliert."

Damit war der Ball, sprich der Pulli, im Spiel. Die Presse stieg auf die Geschichte groß ein. Und wir gewannen Spiel um Spiel...

Unser Trainer war Christoph Daum, wir hatten eine tolle Mannschaft. Aber alles drehte sich um den blauen Pullover. Zu Hause musste ich das gute Stück in einen Tresor einschließen – aus Angst vor Dieben.

In der Bundesliga ging das Gerücht um, dass ich den Pullover nie gewaschen hätte. Quatsch. Den anderen stank nur, dass der FC mit der Masche Erfolg hatte.

15 Spiele lang. Bis der Pullover nach einem 1:2 in Bremen seinen Zauber verloren hatte.

Beim Kölner Sportpressefest 1987 wurde das alte Teil (Neupreis 80 Mark) zu Gunsten der Kinderkrebshilfe versteigert. Für sensationelle 36000 Mark ging mein Pulli an „4711". Das Unternehmen besitzt ihn heute noch.

Monatelang bringt dieser Pullover Udo Lattek und dem 1. FC Köln Glück. Als der Zauber Anfang 1988 vorbei ist, steigt Lattek beim FC aus

Saison 1987/88

Abschluss-Tabelle

1.	Werder Bremen	61:22	52-16
2.	Bayern München	83:45	48-20
3.	1. FC Köln	57:28	48-20
4.	VfB Stuttgart	69:49	40-28
5.	1. FC Nürnberg	44:40	37-31
6.	Hamburger SV	63:68	37-31
7.	Bor. Mönchengladbach	55:53	33-35
8.	Bayer Leverkusen	53:60	32-36
9.	Eintracht Frankfurt	51:50	31-37
10.	Hannover 96	59:60	31-37
11.	Bayer Uerdingen	59:61	31-37
12.	VfL Bochum	47:51	30-38
13.	Borussia Dortmund	51:54	29-39
14.	1. FC Kaiserslautern	53:62	29-39
15.	Karlsruher SC	37:55	29-39
16.	Waldhof Mannheim	35:50	28-40
17.	FC Homburg	37:70	24-44
18.	Schalke 04	48:84	23-45

Relegation: Darmstadt – Mannheim 3:2, 1:2, 0:0, 4:5 n.V.

Torjäger

19 Tore
Jürgen Klinsmann
(Stuttgart)

18 Tore
Karl-Heinz Riedle
(Bremen)

17 Tore
Siggi Reich
(Hannover)

17 Tore
Lothar Matthäus
(Bayern)

Die Top-Elf des Meisters

Reck

Schaaf · Bratseth · Sauer · Otten

Hermann · Borowka · Votava

Neubarth · Riedle · Ordenewitz

Zahlen & Fakten

Tore: 962 gesamt, 3,14 pro Spiel
Elfmeter: 83 (67 verwandelt, entspricht 80,72%)
Zuschauer: 5.705.523 gesamt, 18.646 im Schnitt
Fußballer des Jahres: Jürgen Klinsmann
Herbstmeister: Werder Bremen
Meistertrainer: Otto Rehhagel
Pokalsieger: Eintracht Frankfurt

Trainerentlassungen

Rolf Schafstall (Foto, Schalke 04), **Uwe Klimaschefski** (FC Homburg), **Josip Skoblar** (Hamburger SV), **Hannes Bongartz** (Kaiserslautern), **Horst Köppel** (Uerdingen), **Gerd Schwickert** (FC Homburg), **Rolf Schafstall** (Uerdingen)

Spielertransfers

Jürgen Kohler (Foto) von Mannheim zum 1. FC Köln, **Rudi Völler** von Bremen zum AS Rom, **Harald Schumacher** von Köln zu Schalke 04, **Pierre Littbarski** von RC Paris zu Köln, **Lajos Detari** von Budapest zu Frankfurt, **Maurizio Gaudino** von Mannheim zu Stuttgart

So sah's Franz Beckenbauer

Kalle Riedle wird bei Werder zum neuen Völler

Für Werder Bremen war es die Saison nach Rudi Völler, der zum AS Rom gewechselt war. Umso überraschender, dass man nun zum steilen Höhenflug ansetzte und die Bayern unter Jupp Heynckes auf Platz zwei verwies. Trainer Otto Rehhagel hatte in „Kalle" Riedle (kam von Absteiger Blau-Weiß 90 Berlin) seinen „neuen Völler" gefunden. Riedle war es auch, der mit seinem Tor zum 1:0 in Frankfurt am 31. Spieltag den Titel perfekt machte. Die schönsten Tore in dem Jahr machte allerdings Jürgen Klinsmann (Stuttgart). International: Leverkusen sicherte sich gegen Espanol Barcelona den UEFA-Cup im Elfmeterschießen.

Rehhagel und Burgsmüller: Der Coach setzte Manni 115 Mal für Werder ein (34 Tore)

Alter schützt vor Toren nicht Manni (35) macht Otto zum Meister

Erst schüttelten sie in Bremen den Kopf: „Wat will er denn mit dem?" Werder-Trainer Otto Rehhagel hatte 1985 einen Zweitliga-Spieler von stolzen 35 Jahren in die Bundesliga geholt: Manfred Burgsmüller (Oberhausen). Doch der „Stürmer vom Abstellgleis" wurde – neben der Super-Abwehr (nur 22 Gegentore!) – einer der wichtigsten Spieler beim Bremer Titelgewinn 1987/'88. Mannis Motto: „Alter schützt vor Toren nicht." In 114 Spielen für Werder trifft Burgsmüller 34 Mal! Typisch für „Schlitzohr" Manni, wie er gegen Lautern Torwart Ehrmann den Ball beim Abschlag aus der Hand spitzelt und ihn ins leere Tor schiebt. Nicht nur im Fall Burgsmüller bewies Rehhagel ein Herz für Senioren: Auch Klaus Fichtel und Klaus Allofs machten mit Mitte 30 noch große Spiele im Werder-Trikot.

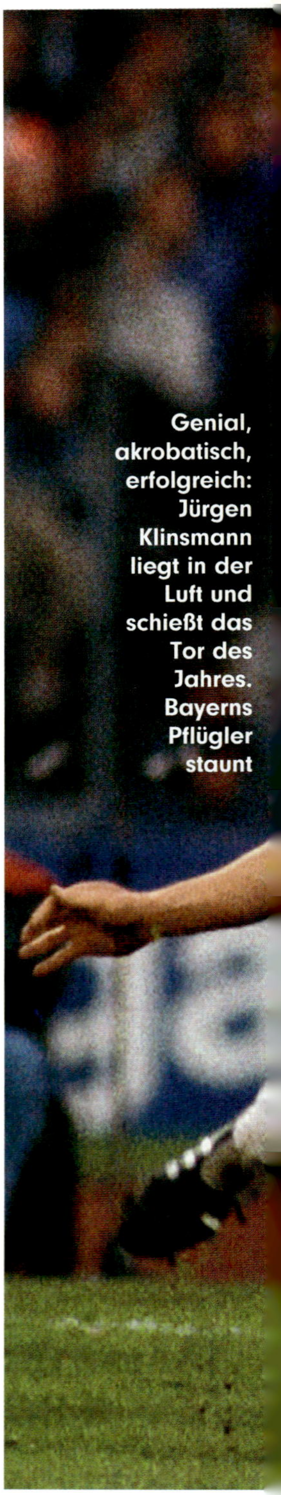

Genial, akrobatisch, erfolgreich: Jürgen Klinsmann liegt in der Luft und schießt das Tor des Jahres. Bayerns Pflügler staunt

Mann-o-Mann, super, dieser Klinsmann!

Kleine Brötchen backt Jürgen Klinsmann nicht. Der Bäcker-Sohn aus Stuttgart räumt in dieser Saison einfach alles ab: „Klinsi" wird Torschützenkönig, er wird „Fußballer des Jahres", erzielt das „Tor des Jahres", gibt sein Debüt in der Nationalmannschaft und holt Olympia-Bronze. Klinsmann-Supermann! Niemand war in dieser Saison so erfolgreich wie er. Und niemand jubelt nach Toren so schön wie er: Die Arme sind ausgebreitet, die blonden Haare wehen, die Füße tragen ihn in die Fankurve. Am 27. November 1987 schießt Klinsi ein ganz besonderes Super-Tor. Mit einem akrobatischen Fallrückzieher gelingt ihm beim 3:0-Sieg das 1:0. Ausgerechnet gegen den FC Bayern, wo schöne Tore doppelt zählen. Der Jubel ist groß. Und der junge Klinsmann, gerade 23 Jahre, freut sich am Ende auch über die Torjägerkanone. Die 19 Treffer, die zur Trophäe reichen, bedeuten aber Minusrekord. Am 12. Dezember 1987 debütiert „Klinsi" gegen Brasilien in der Nationalmannschaft. Was für eine Saison.

Klinsmann, der neue Fußballheld

Sein Tor des Jahres

Bester Bomber, schon 11 Treffer

Seine Fairneß rettet Nachtweih

Klinsmann Supermann

Deutschlands gefährlichster Bäcker diese Woche zu gut für Franz

BILD vom 16. November, 1987

Grippe-Welle! Die erste Virus-Absage

Ein Virus legt den Spielbetrieb lahm: Die Partie VfB Stuttgart gegen Eintracht Frankfurt am 27. Februar 1988 muss ausfallen. Eintracht-Trainer Feldkamp hat nur sechs Spieler beim Training. 15 Profis (u.a. Stein, Körbel, Binz, Detari) haben Magen-Darmgrippe. Sie erholen sich schnell, die Partie wird 16 Tage später nachgeholt – der VfB gewinnt nach einem Schütterle-Treffer 1:0.

„Der Wald stirbt, aber Tanne lebt"

Ältester Bundesliga-Spieler aller Zeiten: Klaus Fichtel

Das Ende tat weh. Kaus Fichtel verabschiedet sich mit einem 1:4 gegen Werder aus der Bundesliga. Schalke steigt ab. Doch keiner kann dem Abwehrrecken seinen Rekord nehmen: Er ist seit diesem 21. Mai 1988 ältester Bundesliga-Spieler aller Zeiten. Mit 43 Jahren, 6 Monaten und 2 Tagen. Der immer schlanke „Tanne" Fichtel spielte 23-mal für Deutschland, 540-mal in der Bundesliga. Und die Fans sangen: „Der Wald stirbt, aber Tanne lebt."

Daum gegen Trainer-Krieg

Christoph Daum: Ein Meistertrainer, der auch im Psychokrieg jeden Trick kennt

Von CHRISTOPH DAUM

Im Frühjahr 1989 gratulierten alle schon dem souveränen Tabellenführer FC Bayern vorzeitig zur Meisterschaft. Sportdirektor Udo Lattek und ich als Trainer des 1. FC Köln aber wollten dagegenhalten und die Bayern jagen. Sonst ist es wie beim Segeln, hat man keinen Wind fällt die Regatta aus.

Also machte ich Wind. Nach meinem Spruch, „jeder Wetterbericht ist aussagekräftiger als ein Vier-Augen-Gespräch mit Jupp Heynckes", entstand eine lange Schlammschlacht der Worte. Eine Art Trainer-Krieg. Der gewünschte Effekt trat ein. Die Bayern wurden nervös, wir holten in 17 ungeschlagenen Spielen 5 Punkte Rückstand auf. Im Mai, kurz vor dem „Endspiel" Köln

Showdown im „Sportstudio": Lattek, Daum, Moderator Heller, Heynckes, Hoeneß (v.l.)

Heyncкes live im TV

– Bayern, trafen wir uns im „Sportstudio". Daum und Lattek gegen Heynckes und Uli Hoeneß. Alles live im TV. Es kam es zu einem emotionalen Schlagabtausch. Hoeneß sagte zu mir: „Du hast keinen Heiligenschein." Ich konterte: „Um dein Maß an Selbstüberschätzung zu erreichen, muss ich 100 Jahre alt werden."

Was keiner weiß: Ich war so geladen, weil ich überrascht worden war. Mit ZDF-Moderator Bernd Heller war lediglich ein Gespräch Daum/Hoeneß vereinbart, in dem Lattek vermitteln sollte. Von einem Auftritt von Jupp Heynckes war vorher nie die Rede!

Ich habe mich später bei Jupp für die Dinge, die ich ausgelöst hatte, entschuldigt. Doch noch mehr störte mich, dass wir gegen Bayern 1:3 verloren – der Titel war weg.

Saison 1988/89

Abschluss-Tabelle

1. Bayern München	67:26	50-18
2. 1. FC Köln	58:30	45-23
3. Werder Bremen	55:32	44-24
4. Hamburger SV	60:36	43-25
5. VfB Stuttgart	58:49	39-29
6. Bor. Mönchengladbach	44:43	38-30
7. Borussia Dortmund	56:40	37-31
8. Bayer Leverkusen	45:44	34-34
9. 1. FC Kaiserslautern	47:44	33-35
10. FC St. Pauli	41:42	32-36
11. Karlsruher SC	48:51	32-36
12. Waldhof Mannheim	43:52	31-37
13. Bayer Uerdingen	50:60	31-37
14. 1. FC Nürnberg	36:54	26-42
15. VfL Bochum	37:57	26-42
16. Eintracht Frankfurt	30:53	26-42
17. Stuttgarter Kickers	41:68	26:42
18. Hannover 96	36:71	19-49

Relegation: Frankfurt – Saarbrücken 2:0, 1:2

Torjäger

17 Tore Thomas Allofs (1.FC Köln)

17 Tore Roland Wohlfarth (Bayern)

15 Tore Uwe Bein (HSV)

Die Top-Elf des Meisters

Zahlen & Fakten

Tore: 852 gesamt, 2,78 pro Spiel
Elfmeter: 72 (50 verwandelt, entspricht 71,43%)
Zuschauer: 5.495.457 gesamt, 17.959 im Schnitt
Fußballer des Jahres: Thomas Häßler
Herbstmeister: Bayern München
Meistertrainer: Jupp Heynckes
Pokalsieger: Borussia Dortmund

Trainerentlassungen

Karl-Heinz Feldkamp (Foto, Frankfurt), **Reinhard Saftig** (Dortmund), **Jürgen Wähling** (Hannover), **Felix Latzke** (Mannheim), **Pal Csernai** (Frankfurt), **Hans Siemensmeyer** (Hannover), **Rinus Michels** (Leverkusen), **„Jupp" Tenhagen** (Bochum)

Spielertransfers

Lothar Matthäus (Foto) und **Andreas Brehme** von Bayern München zu Inter Mailand, **Michael Rummenigge** von Bayern München zu Dortmund, **Stefan Reuter** von Nürnberg zu Bayern München, **Manfred Kastl** vom HSV zu Leverkusen

So sah's Franz Beckenbauer

Thon, Reuter und Häßler: neue Namen, neue Stars

Christoph Daum zog beim 1. FC Köln alle Register, aber im Titelkampf gegen Jupp Heynckes und den FC Bayern doch den kürzeren. Diese Meisterschaft war insofern bemerkenswert, weil Heynckes mit Lothar Matthäus und Andy Brehme (beide zu Inter Mailand) zwei Stützpfeiler verloren hatte. Doch es spielten sich neue Namen in den Vordergrund: Thon, Reuter und Aumann im Tor. Oder Roland Wohlfarth als Torjäger. Bei den Kölnern wurde „Icke" Häßler endgültig zum Star. Sein Spiel begeisterte. Highlights auch die UEFA-Cup-Finals Stuttgart gegen Neapel (1:2/3:3) mit Diego Maradona, dessen Klasse entschied.

Herrliche Flugnummer: Jürgen Wegmann trifft zum 1:0 gegen Nürnberg

„Kobra"

Sie nannten ihn „Kobra". Weil Stürmer Jürgen Wegmann aus Essen von sich selbst sagte: „Ich bin gefährlicher als eine Giftschlange." Die „Kobra" hatte besondere Tore im Blut... 26. November 1988, die Bayern im Süd-Derby gegen Nürnberg. Wegmann: „Olaf Thon legt mir den Ball vor und ich versenke ihn rückwärts in der Luft liegend. Köpke konnte den Ball gar nicht sehen, so schnell zappelte der im Netz." Der akrobatische Treffer (einziges Tor des Spiels) wurde zum „Tor des Jahres gewählt".

BILD vom 16. Juni, 1989

Auge raucht so stark, der kriegt ein Einzelzimmer

Wo er ist, da raucht's! Kapitän Augenthaler räumt gnadenlos ab

In Bayerns Meister-Elf ist er der letzte Star aus großen Zeiten: Klaus Augenthaler, der Kapitän und Ausputzer. Der Titelgewinn im Endspurt gegen die starken Kölner ist Augenthalers sechster von schließlich sieben Meistertiteln – mehr holt keiner. Voller Respekt drückt sogar der strenge Trainer Jupp Heynckes ein Auge zu und lässt seinen Kapitän weiterhin Zigaretten rauchen. Erfolg: Bayern wird auch im folgenden Jahr wieder mit den wenigsten Gegentoren Meister – und „Auge" krönt seine Karriere mit dem WM-Gewinn in Italien.

Der Zigarettenqualm hat Auges Sinn für den Fußball nie vernebelt: Nach seiner aktiven Laufbahn beginnt er als Bayern-Co-Trainer, trainiert dann Graz, Nürnberg und Leverkusen

Wegmann macht das Tor des Jahres

Ball im Netz, die „Kobra" lacht. Nürnbergs Stefan Kuhn und Torwart Andreas Köpke (r.) staunen

BILD vom 16. Juni, 1989

Bundesliga-Wahnsinn! Wechselgespräche zwischen Leverkusen und dem VfB brachten es an den Tag
Waas verdient 1,2 Millionen im Jahr

Herbert Waas Aufregung über sein „Wahnsinns-Gehalt"

„Bundesliga-Wahnsinn!" nennt es BILD im Juni 1989: „Waas verdient 1,2 Millionen im Jahr." Gemeint ist der heute fast vergessene Stürmer Herbert Waas. Der war 1982 von 1860 München zu Leverkusen gewechselt, verhandelt jetzt mit Stuttgart. Und dabei kommt heraus, dass der Nationalspieler bei Bayer 1,2 Millionen Mark im Jahr verdient. Damals eine Summe, die die Fans an den Stammtischen aufregte. Rund zehn Jahre später kassieren die Nationalspieler mehr als das Fünffache. Aufregen würde sich heute höchstens ein Bundesliga-Profi, dem ein Verein „nur" 600 000 Euro Jahresgehalt anbietet...

Waas machte für Leverkusen, Hamburg und Dresden 247 Bundesliga-Spiele

Manager Reiner Calmund

Ich holte den ersten DDR-Star in den Westen

Von REINER CALMUND

Kaum war die Mauer gefallen, bin ich mit Bayer-Chefspion Norbert Ziegler rüber in den Osten Berlins.

Andreas Thom vom BFC Dynamo war der perfekte Kicker drüben. Seine drei Tore gegen Bremen im Europa-Pokal waren beste Reklame. Danach kannte ihn jeder Deutsche, bei Rehhagel stand er auf der Einkaufsliste.

Ich habe in Berlin Kontakt zu Thoms Mitspieler und Freund Frank Rohde (später beim HSV) geknüpft und die Adresse von Thom aufgetrieben. Gar nicht so einfach, es war ein Hochhaus ohne Namensschild.

Thom war bei der WM-Quali in Wien. Da hatten wir unseren A-Jugend-Betreuer Wolfgang Karnath mit einem Fotoleibchen in den Innenraum geschleust. Er saß nachher sogar auf der DDR-Bank und flog mit Thom in der „Interflug" zurück nach Berlin. Am nächsten Morgen klingelte ich mit Spielsachen für die Tochter bei Thom.

Es folgten Endlos-Verhandlungen mit Funktionären von Verein und Verband. Dann hatten wir Thom (ab der Rückrunde 89/90) für drei Millionen Mark – und dazu noch Ulf Kirsten und Matthias Sammer unter Vertrag!

Unsere Verpflichtungen schlugen auch politische Wellen. Aus dem Lager von Bundeskanzler Kohl kam die Bitte, dass wir als Konzern nicht gleich alle drei Topstars abgreifen sollten. Wir haben zunächst auf Kirsten verzichtet und Sammer nach Stuttgart abgegeben. Im Nachhinein fast schon etwas zu nett von uns...

Matthias Sammer aus Dresden kam in Stuttgart groß raus. Sein früherer Teamkollege Ulf Kirsten folgte im Sommer 1990 jedoch den Spuren von Andy Thom nach Leverkusen. Die deutsche Fussball-Vereinigung lief bestens.

Die Vorstellung des ersten „Stars von drüben": Bayer Leverkusens Trainer Jürgen Gelsdorf (rechts) freut sich über den Neuzugang Andreas Thom

Das Wettrennen um DDR-Stars

Leverkusen schon mit Geldkoffer bei Thom

Von WALTER M. STRATEN

BILD vom 30. November, 1989

Thom-Kraftwerk Leverkusen setzt alles unter Hochspannung

Von HARTMUTH REIMANN

BILD vom 19. Februar, 1990

Andreas Thom:
37 Tore in 161 Bundesliga-Spielen
für Leverkusen ('89 – '95)

Saison 1989/90

Abschluss-Tabelle

1.	Bayern München	64:28	49-19
2.	1. FC Köln	54:44	43-25
3.	Eintracht Frankfurt	61:40	41-27
4.	Borussia Dortmund	51:35	41-27
5.	Bayer Leverkusen	40:32	39-29
6.	VfB Stuttgart	53:47	36-32
7.	Werder Bremen	49:41	34-34
8.	1. FC Nürnberg	42:46	33-35
9.	Fortuna Düsseldorf	41:41	32-36
10.	Karlsruher SC	32:39	32-36
11.	Hamburger SV	39:46	31-37
12.	1. FC Kaiserslautern	42:55	31-37
13.	FC St. Pauli	31:46	31-37
14.	Bayer Uerdingen	41:48	30-38
15.	Bor. Mönchengladbach	37:45	30-38
16.	VfL Bochum	44:53	29-39
17.	Waldhof Mannheim	36:53	26-42
18.	FC Homburg/Saar	33:51	24-44

Relegation: Bochum – Saarbrücken 1:1, 1:0

Torjäger

18 Tore
Jörn Andersen
(Frankfurt)

15 Tore
Stefan Kuntz
(K'lautern)

13 Tore
Roland Wohlfarth
(Bayern)

13 Tore
Fritz Walter
(Stuttgart)

Die Top-Elf des Meisters

Zahlen & Fakten

Tore: 790 gesamt, 2,58 pro Spiel
Elfmeter: 70 (52 verwandelt, entspricht 74,29%)
Zuschauer: 6.257.355 gesamt, 20.449 im Schnitt
Fußballer des Jahres: Lothar Matthäus
Herbstmeister: Bayern München
Meistertrainer: Jupp Heynckes
Pokalsieger: 1.FC Kaiserslautern

Trainerentlassungen

Arie Haan (Foto, VfB Stuttgart), **Wolf Werner** (Gladbach), **Willi Reimann** (Hamburger SV), **Gerd Roggensack** (Kaiserslautern), **Hermann Gerland** (1.FC Nürnberg),**Josef Stabel** (FC Homburg), **Christoph Daum** (1.FC Köln)

Spielertransfers

Andreas Thom (Foto) von Dynamo Berlin zu Bayer Leverkusen, **Jürgen Kohler** von Köln zu Bayern München, **Stefan Kuntz** von Uerdingen zu Kaiserslautern, **Allan McInally** von Aston Villa zu Bayern München, **Michael Frontzeck** von Gladbach zu Stuttgart

So sah's Franz Beckenbauer

Der WM-Titel krönt ein großes deutsches Jahr

Deutschland wuchs wieder zusammen, 1989 war das Jahr der Maueröffnung. Und zu dieser Euphorie über die Wiedervereinigung konnten wir dann auch ein wenig beitragen, als wir bei der WM `90 mit dem 1:0 gegen Argentinien Fußball-Weltmeister wurden. Mehrere meiner Weltmeister spielten damals für Klubs im Gastgeberland Italien. Doch die Bundesliga war international auch gut dabei. In den Europapokal-Wettbewerben erreichten Bayern, Köln und Bremen das Halbfinale. National dominierte der FC Bayern erneut. Und im Meisterjubel versprach Trainer Jupp Heynckes den Bayern-Fans fürs folgende Jahr den Europapokal-Sieg.

Urplötzlich: Köln feuert Christoph Daum

Mitten in die Zeit der Fußball-WM platzt am 28. Juni diese Nachricht herein: Der 1. FC Köln trennt sich von Erfolgstrainer Christoph Daum. Der Vorstand entließ seinen Coach mit der dürren Begründung: „Aufgrund vielfältiger Dinge ist das Vertrauen nicht mehr vorhanden." Daum wurde vorgeworfen, an dem Häßler-Transfer nach Turin mitverdient zu haben. Im November 1990 verpflichtet Stuttgart Daum. Sein Einstand: ein 3:2-Sieg über Köln.

Trainer Christoph Daum vehalf in Köln dem jungen Thomas Häßler (r.) zum Durchbruch

Münchner Meisterrausch: Auf dem Marienplatz feiern die Bayern ihren 12. Meistertitel

Die Konkurrenz schenkt Bayern den nächsten Titel

Die Bayern marschieren ungefährdet zum Titel – weil die Konkurrenz kräftig patzt. Köln, Frankfurt, Dortmund und Leverkusen spielen Angsthasen-Fußball, am 32. Spieltag ist die Meisterschaft perfekt. Kleiner Lichtblick für Verfolger Eintracht Frankfurt: Mit Stürmer Jörn Andersen wird erstmals ein Ausländer Torschützenkönig.

BILD vom 30. April, 1990

Feiglinge!
So bleibt Bayern ewig Meister

Schämt Euch, Ihr Feiglinge!
Lahme Verfolger, Bayern bekommt den Titel zum Null-Tarif

Bewusstlos liegt Ditmar Jakobs (493 Bundesliga-Spiele, 45 Tore) im Tornetz. In seinem Rücken steckt ein Karabinerhaken

Das schlimme Ende einer großen Karriere

20. September 1989, der 10. Spieltag. Im Hamburger Volksparkstadion steigt das Nordderby zwischen dem HSV und Werder Bremen. Kurz nach der Pause rutscht HSV-Verteidiger Ditmar Jakobs bei einer Rettungsaktion ins eigene Tor, ein Karabinerhaken der Netzbefestigung bohrt sich in seinen Rücken.
Die schwere Verletzung, die er erleidet, zeichnet Jakobs für sein Leben. Der 4:0-Erfolg des HSV interessierte am Ende niemanden...

Länger als eine halbe Stunde brauchen die HSV-Betreuer, um Jakobs zu befreien

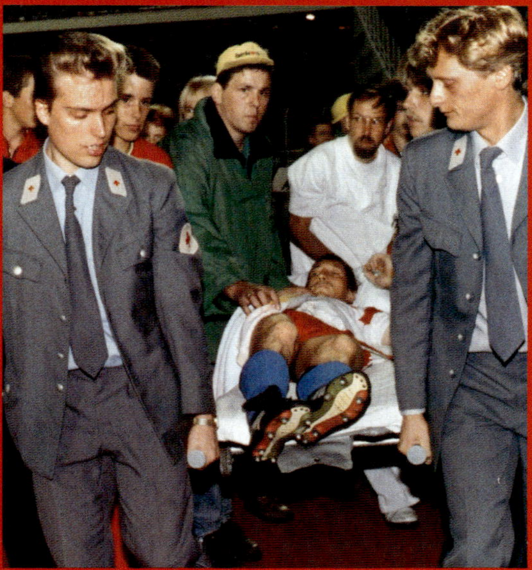

Direkt vom Spielfeld wird Jakobs in ein Hamburger Krankenhaus gebracht

Die 90

Matthäus, der Titelsammler Lothar Matthäus wird zu einem der erfolgreichsten Sportler. Nach dem WM-Titel 1990 holt er den UEFA-Cup erst mit Inter Mailand, dann mit FC Bayern. Es folgen drei deutsche Meistertitel mit den Bayern. Am Ende des Jahrzehnts wird er mit 150 Länderspielen zum Welt-Rekordnationalspieler

er…

Effe: Ein Spruch und ich war der Buhmann

Von STEFAN EFFENBERG

Mein 1. Jahr bei Bayern – ich werde es nie vergessen.

Nicht nur wegen meiner blonden Haar-Matte auf dem Kopf. Heute lache ich darüber, damals war das halt „in".

Ich galt ja damals als großes deutsches Talent. Vier Millionen Mark hatte Gladbach für mich bekommen. Ich kam also zu den Bayern und war mir todsicher: Hier wirst du Meister. Und was war? Ich wurde Zweiter und zum Buhmann der Nation.

Ich habe schon damals immer gesagt, was ich denke. Ein Spruch war: ***„Die anderen sind zu blöd, um Meister zu werden."***

Danach wurde ich überall ausgepfiffen. Die Pfiffe dröhnen heute noch in meinen Ohren. Sogar bei Länderspielen waren die eigenen Fans gegen mich.

Und auch in der Mannschaft gab es Ärger. Nach dem 0:1 in Bremen machte Olaf Thon den Brian Laudrup und mich an: „Mit euch können wir keinen Erfolg haben." Das hat mich hart getroffen. Augenthaler verbreitete sogar, dass ich mich mit unserem Trainer Jupp Heynckes prügeln wollte. Alles Schwachsinn!

Ich habe da begriffen, dass Fußball doch eine Einzelsportart ist. Und diese Erfahrung hat mich stark gemacht. Ich wusste, schlimmer kann es nie werden, und bin 1992 nach Florenz gegangen – später habe ich Olaf Thon ja bewiesen, dass man mit mir durchaus Erfolg haben kann...

Der laute „Effe" bekommt Ärger mit Schiedsrichter Alfons Berg (Konz)

Zwei Mittelfeld-Chefs, die keinen Ball verloren geben: Stefan Effenberg (FC Bayern) gegen Matthias Sammer (VfB Stuttgart)

Saison 1990/91

Abschluss-Tabelle

1. 1. FC Kaiserslautern	72:45	48-20
2. Bayern München	74:41	45-23
3. Werder Bremen	46:29	42-26
4. Eintracht Frankfurt	63:40	40-28
5. Hamburger SV	60:38	40-28
6. VfB Stuttgart	57:44	38-30
7. 1. FC Köln	50:43	37-31
8. Bayer Leverkusen	47:46	35-33
9. Bor. Mönchengladbach	49:54	35-33
10. Borussia Dortmund	46:57	34-34
11. SG Wattenscheid 09	42:51	33-35
12. Fortuna Düsseldorf	40:49	32-36
13. Karlsruher SC	46:52	31-37
14. VfL Bochum	50:52	29-39
15. 1. FC Nürnberg	40:54	29-39
16. FC St. Pauli	33:53	27-41
17. Bayer Uerdingen	34:54	23-45
18. Hertha BSC Berlin	37:84	14-54

Relegation: St. Pauli – Stuttg. Kickers 1:1, 1:1, 2:3

Torjäger

21 Tore Roland Wohlfarth (Bayern)

20 Tore Jan Furtok (HSV)

16 Tore Andreas Möller (Frankfurt)

Die Top-Elf des Meisters

Ehrmann

Kadlec

Haber – Dooley – Kranz

Scherr – Schupp – Hotic – Hoffmann

Labbadia – Kuntz

Zahlen & Fakten

Tore: 886 gesamt, 2,90 pro Spiel
Elfmeter: 83 (62 verwandelt, entspricht 74,70%)
Zuschauer: 6.339.201 gesamt, 20.716 im Schnitt
Fußballer des Jahres: Stefan Kuntz
Herbstmeister: Werder Bremen
Meistertrainer: Karl-Heinz Feldkamp
Pokalsieger: Werder Bremen

Trainerentlassungen

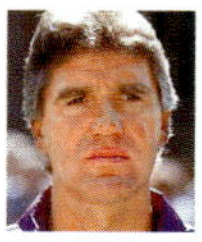

Jörg Berger (Foto, Frankfurt) **Werner Fuchs** (Berlin), **Willi Entenmann** (Stuttgart), **Horst Wohlers** (Uerdingen), **Aleksandar Ristic** (Düsseldorf), **Helmut Schulte** (St.Pauli), **Pal Csernai** (Berlin), **Reinhard Saftig** (Bochum), **Peter Neururer** (Berlin), **Jürgen Gelsdorf** (Leverkusen), **„Timo Konietzka“** (Uerdingen)

Spielertransfers

Thomas Häßler (Foto) von Köln zu Juventus Turin, **Stefan Effenberg** von Gladbach zum FC Bayern, **Brian Laudrup** von Uerdingen zum FC Bayern, **Karlheinz Riedle** von Bremen zu Lazio Rom, **Ulf Kirsten** von Dynamo Dresden zu Leverkusen

So sah's Franz Beckenbauer

WM-Titel und frischer Wind aus dem Osten

Die Weltmeisterschaft, die wir in Italien holten, tat der Bundesliga gut. Wir waren international wieder hoch angesehen. Hinzu kam ein frischer Wind aus dem Osten. Viele gute Spieler aus der ehemaligen DDR wechselten in die Bundesliga. Dort galt der FC Bayern wieder als Titelfavorit (mit Brian Laudrup und Stefan Effenberg) – aber nach starken Spielen folgten Ausrutscher. Plötzlich setzte sich Lautern an die Spitze. Und Trainer Feldkamp nutzte die Begeisterung, führte den FCK mit einem 6:2 in Köln zum verdienten Titel. Ein Meister, der mit viel Herz und großem Kampf zum Erfolg kam.

Die Eintracht-Legende: Charly Körbel beim Jubeln mit dem DFB-Pokal und beim Feiern mit den Fans

Der „treue Charly“ geht mit einem Super-Rekord

Am letzten Spieltag verabschiedet Eintracht Frankfurt ein Denkmal: Karl-Heinz Körbel hört auf. Der zuverlässige Kapitän und Vorstopper hat seit 1972 in 602 Bundesligaspielen das Eintracht-Trikot getragen – ein Rekord für die Ewigkeit. Der „treue Charly“ holte vier Mal den DFB-Pokal und 1980 den UEFA-Cup. Nach einigen Trainerstationen ist Körbel heute Talentscout für seine Eintracht.

Die Mauer ist gefallen! DDR-Stars kommen

Nach Andreas Thom wechseln im Jahr nach dem Fall der Mauer drei weitere Topstars des DDR-Fußballs in die Bundesliga: Matthias Sammer (Dresden) kommt zum VfB Stuttgart, Thomas Doll (Dynamo Berlin) zum HSV und Ulf Kirsten (Dresden) geht zu seinem Freund Andy Thom nach Leverkusen. Sie werden bald auch im Westen zu Nationalspielern. Heute arbeiten alle drei als Trainer.

Matthias Sammer kommt für drei Millionen Mark Ablöse aus Dresden nach Stuttgart, holt 1992 schon die Meisterschaft

Mit Kalli und Kuntz „sägt“ Lautern die Bayern ab

Nach zwei weiteren Meisterschaften für die Bayern überrascht jetzt endlich mal ein neues Gesicht die Bundesliga. Stefan Kuntz schießt überraschend den 1. FC Kaiserslautern zum Titel und wird „Fußballer des Jahres“. Das Markenzeichen des Torjägers: Nach seinen Treffern macht er mit dem rechten Arm die „Säge“. Trainer „Kalli“

BILD vom 17. Juni, 1991

Feldkamp baut den Betzenberg zur Festung aus: Der neue Meister verliert nur eins von 17 Heimspielen – „Kallissimo“!

Stefan Kuntz führt die „Säge“ in die Bundesliga ein. Erst im Vorjahr hatte er Lautern mit 15 Treffern vor dem Abstieg bewahrt. Jetzt hält Kuntz mit Trainer Feldkamp die Meisterschale in den Händen

Hertha will alles – und steigt ab!

Der neue Hauptstadt-Klub Hertha BSC will mit dem neuen Gespann aus Trainer Werner Fuchs und Manager Horst Wolter oben angreifen. Ihr Star-Einkauf Uwe Rahn (Foto, Gladbach) trifft im ersten Spiel gegen St. Pauli. Doch Hertha verliert noch 1:2. Von da an geht's bergab: Rahn entpuppt sich als Flop, Hertha schafft nur einen (!) Heimsieg und steigt trotz der neuen Trainer Csernai (nur 99 Tage) und Neururer kläglich ab.

Wohlfarth: Frust trotz Torjäger-Kanone

Zum zweiten Mal nach 1988/89 sichert sich Roland Wohlfarth die Torjäger-Kanone. Doch gegen die Italien-Legionäre Völler, Klinsmann und Riedle hat der Bayern-Angreifer in der Nationalelf keine Chance. Bis zum Karriere-Ende stehen magere zwei Einsätze auf seinem Länderspielkonto.

Stepi: Titel futsch, aber „Lebbe geht

Von DRAGOSLAV STEPANOVIC

16. Mai 1992. Dieses Datum werde ich nie vergessen. An diesem Tag wollte ich mit Eintracht Frankfurt Deutscher Meister werden.

Was sollte uns schon passieren? Wir waren 13 Spiele ungeschlagen. Rostock, unser Gegner am letzten Spieltag, hatte fünfmal in Folge verloren.

Selbstbewusst fuhren wir an die Ostsee. Die Meisterfeier im Frankfurter „Sheraton"-Hotel war organisiert, Postkarten mit Mannschaft und Schale schon gedruckt.

Doch es kam ganz anders.

Schon am Morgen spürte ich, dass diese wunderbare Mannschaft mit Künstlern wie Bein, Möller, Yeboah und Stein verkrampfte. Sie war nicht auf den Titel vorbereitet.

Rostock geht nach 63 Minuten durch Dowe in Führung, Kruse gleicht postwendend aus. Schiedsrichter Alfons Berg gibt nach Foul an Weber einen sonnenklaren Elfer für uns nicht. Kurz darauf geht Stuttgart in Leverkusen durch Buchwald in Füh-

Frankfurts Trainer Stepanovic geknickt (r.): Stuttgart holt den Titel im Herzschlag-Finale durch Buchwalds Tor gegen Leverkusens Torwart Vollborn (Foto oben). Links Nehl, rechts mit der Rückennummer 4 Dubajic

weiter!“

rung. Jetzt ist für uns der Titel futsch. Rostocks 2:1 durch Böger spielt keine Rolle mehr.

Nach dem Schlusspfiff ein Tränenmeer. Viele haben mich hinterher gefragt, warum ich so ruhig bleiben konnte. Für diese tolle Mannschaft – die beste, die ich je trainieren durfte – tat es mir unendlich Leid. Aber ich habe mich nicht betrunken, ich schlief ruhig. Ich hielt mich nur an mein Lebens-Motto: „Lebbe geht weiter!“

Saison 1991/92

Abschluss-Tabelle

1. VfB Stuttgart	62:32	52-24
2. Borussia Dortmund	66:47	52-24
3. Eintracht Frankfurt	76:41	50-26
4. 1.FC Köln	58:41	44-32
5. 1.FC Kaiserslautern	58:42	44-32
6. Bayer Leverkusen	53:39	43-33
7. 1.FC Nürnberg	54:51	43-33
8. Karlsruher SC	48:50	41-35
9. Werder Bremen	44:45	38-38
10. Bayern München	59:61	36-40
11. FC Schalke 04	45:45	34-42
12. Hamburger SV	32:43	34-42
13. Bor. Mönchengladbach	37:49	34-42
14. Dynamo Dresden	34:50	34-42
15. VfL Bochum	38:55	33-43
16. SG Wattenscheid 09	50:60	32-44
17. Stuttgarter Kickers	53:64	31-45
18. FC Hansa Rostock	43:55	31-45
19. MSV Duisburg	43:55	30-46
20. Fortuna Düsseldorf	41:69	24-52

Wegen Eingliederung der Ost-Vereine Dresden und Rostock spielt die Liga einmalig mit 20 Vereinen, vier steigen ab.

Torjäger

22 Tore Fritz Walter (Stuttgart)

20 Tore Stephane Chapuisat (Dortmund)

17 Tore Roland Wohlfarth (Bayern)

Die Top-Elf des Meisters

Zahlen & Fakten

Tore: 994 gesamt, 2,62 pro Spiel
Elfmeter: 80 (60 verwandelt, entspricht 75,00%)
Zuschauer: 8.600.801 gesamt, 22.634 im Schnitt
Fußballer des Jahres: Thomas Häßler
Herbstmeister: Eintracht Frankfurt
Meistertrainer: Christoph Daum
Pokalsieger: Hannover 96

Trainerentlassungen

Jupp Heynckes (Foto, Bayern München), **Josef Hickersberger** (Düsseldorf), **Erich Rutemöller** (Köln), **Gerd vom Bruch** (Gladbach), **Rolf Schafstall** (Düsseldorf), **Uwe Reinders** (Rostock), **Gerd-Volker Schock** (HSV), **Sören Lerby** (Bayern München), **Jürgen Gede** (Düsseldorf), **Aleksandar Ristic** (Schalke), **Willibert Kremer** (Duisburg)

Spielertransfers

Stephane Chapuisat (Foto) von Uerdingen zu Dortmund, **Jürgen Kohler** vom FC Bayern zu Juventus Turin, **Thomas Berthold** von AS Rom zum FC Bayern, **Oliver Kreuzer** von Karlsruhe zum FC Bayern, **Bent Christensen** von Bröndby zu Schalke

So sah's Franz Beckenbauer

Meine Bayern im Tief, Dreikampf an der Spitze

Die Bundesliga wurde im Zuge der Wiedervereinigung auf 20 Klubs aufgestockt. Wie Hansa Rostock gewann auch Dynamo Dresden beim FC Bayern, der im Tief steckte. Der Trainerwechsel Lerby für Heynckes änderte nichts daran. Mit Erich Ribbeck kam sogar noch ein dritter Trainer in dieser turbulenten Saison mit Platz 10.
Der Dreikampf an der Spitze dauerte bis zum letzten Spieltag an. Frankfurt stürzte durch ein 1:2 in Rostock als Titelfavorit. Dortmund führte in Duisburg 1:0, vier Minuten fehlten zum Titel. Da machte Buchwald das 2:1 in Leverkusen, das Meistertor für Daums VfB. Die Bremer feierten das 2:0 gegen Monaco um den Cup der Pokalsieger.

Jaaaaaaaaa! Christoph Daum schreit nach dem Schlusspfiff in Leverkusen seine Freude heraus

Sören Lerby bleibt als Bayern-Trainer erfolglos

Danish Dynamite zündet nicht Lerby nach 15 Spielen gefeuert

„Wir singen Bayern, Bayern, 2. Liga, oh ist das schön, euch nie mehr zu sehen…“ – so etwas hatten sich die Bayern-Fans noch nie anhören müssen. Doch in dieser Saison war es so weit: der FC Bayern bricht nach Kohlers und Reuters Wechsel zu Juventus Turin und Augenthalers Karriere-Ende zusammen. Nach einem 1:4-Heimdebakel gegen die Stuttgarter Kickers im Oktober 1991 wird Trainer Heynckes gefeuert. Auch sein dänischer Nachfolger Sören Lerby muss im März gehen – nach nur 15 Spielen. Unter Ribbeck sichern sich die Bayern dann zumindest den Klassenerhalt.

Sachsen-Power: Dresdners Ralf Hauptmann spielt trotz Platzwunde weiter

Tolle Kämpfer: Dynamo Dresden bleibt drin

Es sieht nicht immer schön aus. Aber Dynamo Dresden, wie auch Hansa Rostock in die Bundesliga eingegliedert, kämpft aufopferungsvoll um den Klassenerhalt. Das Team von Trainer Helmut Schulte (vorher FC St. Pauli) schießt weniger Tore als alle Absteiger – aber nur drei Mannschaften schaffen mehr Heimsiege. Das reicht zum Happy End in dieser historischen Saison, nie wieder gibt es 20 Vereine in der Bundesliga.

Mit dem Verbands-Turban setzt Hauptmann das Spiel fort

Christoph I. – Krönung, Jubel, Tränen

„Endlich habe ich es allen gezeigt“

Ich habe mit Sammer geheult – es war wunderschön

BILD vom 18. und 19. Mai, 1992

Der Schwabenstreich: Daum holt mit Stuttgart den Titel

Was für ein Herzschlag-Finale: Bis vier Minuten vor Schluss ist der BVB Meister, führt nach einem Chapuisat-Tor 1:0 in Duisburg. Spitzenreiter Frankfurt wird in Rostock beim Stand von 1:1 ein eindeutiger Elfmeter verweigert. Und beim Spiel Leverkusen gegen Stuttgart steht es 1:1 – bis drei Minuten vor Abpfiff. Dann trifft Guido Buchwald nach Kögl-Ecke zum 2:1. Tor, Sieg und Meisterschaft für den VfB. Und Daum hat seinen 1. Titel.

Für die Schale gaben sie alles – auch ihr letztes Hemd: Fritz Walter und Maurizio Gaudino in Feierlaune

Fritz Walter „Wo isch mei' Kanohn?“

Es ist die Saison des kleinen Fritz Walter (1,72 Meter): Er wird mit Stuttgart Meister, ist mit 22 Toren bester Schütze der Liga und er stellt eine Frage, die später Kultstatus bekommen soll. „Wo isch mei Kanohn?“, forscht Walter kurz vor seiner Ehrung als Torschützenkönig voller Ungeduld nach der Trophäe.

Stürmer Banach verunglückt auf der A1 tödlich

Die Nachricht vom tragischen Unfalltod des 24-jährigen Maurice Banach erschüttert den 1. FC Köln und die ganze Liga. Am 17. November 1991 fährt der begabte Stürmer auf der A1 bei Remscheid gegen einen Brückenpfeiler und verstirbt noch am Unfallort. Banach war auf dem Weg zum Sonntagstraining.

Mit diesem Super-Hammer wurde ich zum Torminator

Lothar Matthäus, der Torminator. So entschlossen, wie er hier guckt, traf er im November '92 auch in Leverkusen: Volleyknaller nach Ecke von Scholl!

Von LOTHAR MATTHÄUS

Es gibt Tore, die kannst du nicht trainieren. Mir gelang so eines für Bayern in Leverkusen. Es war der 21. November 1992. Ecke Scholl, ich nagel das Ding aus 20 Metern volley in den Giebel. Es war das 2:1 bei unserem 4:2-Sieg – und das „Tor des Jahres". 1000-mal kannst du so etwas probieren, aber es gelingt dir vielleicht einmal...

BILD ernannte mich zum „Torminator". Für mich war dieses erste Tor für Bayern seit meiner Rückkehr von Inter Mailand sehr wichtig. Denn es hatte schon Kritik gegeben, weil ich nach einer Kreuzband-Operation im April Anlaufprobleme hatte.

Franz Beckenbauer hat an mich geglaubt! Er holte mich auch von Mailand nach München zurück. Das Problem war die Ablöse. Nach Inters Vorstellung im 10-Millionen-Bereich. Ich rettete mich in eine Notlüge. Obwohl ich mit einem Privattrainer schon länger an meiner Fitness arbeitete, ließ ich Inter-Boss Pellegrini wissen: „Mein operiertes Knie macht noch Probleme..."

Im August 1992 die Verhandlungs-Runde in Pellegrinis Villa. Die Bayern-Chefs Beckenbauer, Rummenigge, Scherer drückten die Ablöse auf „nur" vier Millionen. Allerdings wollte Pellegrini eine Bankbürgschaft über acht Millionen als Absicherung gegen einen Rück-Verkauf nach Italien. Es war jedoch schon 22.30 Uhr, kein Bankdirektor verfügbar.

So standen Franz, Kalle und ich für die Bürgschaft gerade. Das Argument, „Glauben Sie, dass 300 Länderspiele lügen können?", überzeugte. Ab September 1992 spielte ich wieder für Bayern.

BILD vom 23. November, 1992

meister, ebenso im Hintergrund Trainer Ribbeck, Kreuzer, Wouters und Labbadia.

ECKBALL: Scholl

Jaaaa, Lothar!

Das war mehr als ein Tor

- Gut für die Seele
- Gut für Bayern
- Gut für Berti

Von OTTO GREITNER Leverkusen – **Es lag alles in** … Minute den Ball aus 25 Metern volley mit dem rechten Spann … **sicher! Jaaaa, Lothar – dieser Volltreffer, dieser Ur-Knall, er** … es die Befreiung von einer großen Last. Mir sind viele Steine … ● Dieses Tor war nach Zieges 1:1 der Startschuß zum trium- … Ding volley. Oft drosch er den Ball in die Wolken – diesmal … gen Muskel-Problemen eindrucksvoll zurückgemeldet.

Saison 1992/93

Abschluss-Tabelle

1. Werder Bremen	63:30	48-20
2. Bayern München	74:45	47-21
3. Eintracht Frankfurt	56:39	42-26
4. Borussia Dortmund	61:43	41-27
5. Bayer Leverkusen	64:45	40-28
6. Karlsruher SC	60:54	39-29
7. VfB Stuttgart	56:50	36-32
8. 1. FC Kaiserslautern	50:40	35-33
9. Bor. Mönchengladbach	59:59	35-33
10. FC Schalke 04	42:43	34-34
11. Hamburger SV	42:44	31-31
12. 1. FC Köln	41:51	28-40
13. 1. FC Nürnberg	30:47	28-40
14. SG Wattenscheid 09	46:67	28-40
15. Dynamo Dresden	32:49	27-41
16. VfL Bochum	45:52	26-42
17. Bayer Uerdingen	35:64	24-44
18. 1. FC Saarbrücken	37:71	23-45

Es gibt wieder drei Absteiger ohne Relegation.

Torjäger

20 Tore
Anthony Yeboah
(Frankfurt)

20 Tore
Ulf Kirsten
(Leverkusen)

17 Tore
Wynton Rufer
(Bremen)

Die Top-Elf des Meisters

Reck

Bratseth

Wolter Beiersdorfer Borowka Legat

Eilts Votava Herzog

Hobsch Rufer

Zahlen & Fakten

Tore: 898 gesamt, 2,93 pro Spiel
Zuschauer: 7.396.875 gesamt, 25.173 im Schnitt
Elfmeter: 78 (62 verwandelt, entspricht 79,49%)
Fußballer des Jahres: Andreas Köpke
Herbstmeister: Bayern München
Meistertrainer: Otto Rehhagel
Pokalsieger: Bayer Leverkusen

Trainerentlassungen

Dragoslav Stepanovic (Foto, Frankfurt), **Egon Coordes** (HSV), **Holger Osieck** (Bochum), **Jürgen Gelsdorf** (Gladbach), **Udo Lattek** (Schalke), **Jörg Berger** (Köln), **Klaus Sammer** (Dresden), **Wolfgang Jerat** (Köln), **Reinhard Saftig** (Leverkusen), **Rainer Zobel** (Kaiserslautern), **Peter Neururer** (Saarbrücken)

Spielertransfers

Matthias Sammer (Foto) von Inter Mailand zu Dortmund, **Lothar Matthäus** von Inter Mailand zu Bayern, **Thomas Helmer** von Dortmund zu Bayern, **Mehmet Scholl** von Karlsruhe zu Bayern, **Jorginho** von Leverkusen zu Bayern

So sah's Franz Beckenbauer

Werder fängt die Bayern am letzten Spieltag ab

Lothars Rückkehr von Inter Mailand brachte trotz seiner langen Verletzungspause einen Schub. Der FC Bayern lag zeitweise mit fünf Punkten Vorsprung an der Spitze. Doch dann gewann Verfolger Werder das Top-Duell mit 4:1. Die Bremer holten auf, setzen sich am letzten Spieltag mit einem 3:0 in Stuttgart an die Spitze. Bayern verspielte die Chance auf den Titel durch ein 3:3 auf Schalke. Den attraktivsten Fußball spielte Frankfurt unter Dragoslav Stepanovic. Ein bunter Vogel, dieser „Stepi", ein Freund großer Auftritte. Ottmar Hitzfeld lässt lieber Siege sprechen. Mit ihm erreichte Dortmund die UEFA-Cup-Finals. Dort aber war Juve zu stark (1:3/0:3).

Fußball zum Verlieben

Über Jahre spielt Eintracht Frankfurt den schönsten Fußball. Trainer Dragoslav Stepanovic lässt seine Ballkünstler Uwe Bein, „Jay-Jay" Okocha und „Tony" Yeboah fröhlich drauflos kombinieren. Hinten kann „Stepi" sich auf Könner wie Uli Stein und Manni Binz verlassen. Aber: Frankfurt schafft dreimal nur Platz 3. Im März 1993 muss Stepanovic gehen, weil er mit Leverkusen geflirtet hat. Also geht „Stepi" vorzeitig zu Bayer – und holt dort gleich den DFB-Pokal.

Frankfurt-Coach Heese: Im Spiel bei Bayer Uerdingen fehlt ihm der Durchblick

Wechselfehler! Trainer Heese setzt zu viele Ausländer ein

Ab dieser Saison dürfen drei Ausländer pro Team auf dem Platz stehen. Frankfurts Trainer Horst Heese, gerade für den entlassenen Stepanovic zur Eintracht gekommen, übertreibt es: In Uerdingen hat er Okocha, Yeboah und Zchadadse auf dem Platz. Und wechselt mit Penksa noch einen vierten Ausländer ein. Frankfurts 5:2-Sieg wird vom DFB zur Strafe in ein 2:0 für Uerdingen umgewandelt. Wechselfehler passieren später auch großen Trainern wie Rehhagel, Daum und Trapattoni.

Alle haben sich lieb: Die Bremer Borowka, Bockenfeld, Reck, Legat und Rost nach dem entscheidenden 3:0 beim VfB

Ein herrlicher Seitfallzieher von Frankfurts Ghanaer Anthony Yeboah gegen Wattenscheid (links Moser). Yeboah wird zweimal in Folge Torschützenkönig

König Otto Rehhagel mit Spürnase zum Titel

Zwei Entdeckungen von Trainer Otto Rehhagel haben großen Anteil am Titel für Werder: Der norwegische Libero Rune Bratseth (nur 30 Gegentore) und der eiskalte Elfmeter-Spezialist Wynton Rufer aus Neuseeland, der 17 Tore für die Bremer schießt.

BILD vom 7. Juni, 1993

Wie Schalkes „Sonnenkönig" mit Lattek auf die Nase fällt

Klaus Fischer hat Schalke in sechs Wochen vor dem Abstieg gerettet. Doch der eitle Präsident Günther Eichberg („Sonnenkönig") will einen größeren Namen auf der Bank. Und holt Udo Lattek mit viel Geld vom Altenteil. Per „Bierdeckel-Vertrag" garantiert Eichberg ihm 100000 Mark „Startgeld", 8000 Mark pro Punkt, eine Hotel-Suite und ein Auto. Schon sechs Monate später ist der Traum vorbei. Schalke spielt schlecht, Lattek muss gehen, der junge Helmut Schulte wird sein Nachfolger.

Mein „Phantom-Tor" machte Bayern zum Meister

Von THOMAS HELMER

Der Trainerwechsel Franz Beckenbauer für Erich Ribbeck im Dezember 1993 war schon spektakulär gewesen. Aber dann folgte, in dieser Meister-Saison des FC Bayern, der Wirbel um das so genannte Phantom-Tor.

Münchner Olympiastadion, 23. April 1994. Wir gegen Nürnberg. Nach 25 Minuten Ecke für uns durch Witeczek, Kreuzer verlängert. Ich stehe kurz vor der Torlinie. Habe die Kugel plötzlich zwischen den Füßen. Muss ziemlich dusselig ausgesehen haben, wie ich dann irgendwie mit der Hacke drangehe. Der Ball ist weg, ich sehe, wie der Andy Köpke im Tor mich so komisch angrinst. Da kommen auch schon meine Team-Kollegen angestürmt und fallen mir um den Hals.

BILD vom 25. April, 1994

Skandal-Spiel

Franz, gib das Tor zurück!

Die 24. Minute im Münchner Olympiastadion: Bayern-Helmer stochert den Ball am Nürnberger Kasten vorbei. Beckenbauer dreht sich schon verärgert weg. Schiedsrichter Osmers aber ent-

Fußball-Skandal des Jahres! Millionen Fans fordern: „Dieses Spiel muß wiederholt werden! **Franz, gib das Tor wieder her!"** Wahrscheinlicher Termin für das neue Spiel: Der 4. Mai. Der

1:0, Schiri Osmers hat auf Tor erkannt. Sein von ihm befragter Assistent Jablonski zeigte an: Tor! Die Nürnberger protestierten, es war ein großes Durcheinander...

In der Kabine sah ich in der Halbzeit die TV-Einspielung: Das Ding war nicht drin, sondern haarscharf am Pfosten vorbei am Außennetz gelandet. Muss für die Schiris wie ein reguläres Tor ausgesehen haben.

Schwabl vergab den Elfer zum möglichen Ausgleich, 2:1 am Ende für uns. Der Club legte zu Recht Protest ein. Die Folgen des „Phantom-Tors": Das Wiederholungsspiel gewannen wir 5:0, das letzte Polster zum Titel. Nürnberg musste absteigen.

Entscheidend für den Club war, dass Schwabl den Elfer verschoss. Bei einem 2:2 im ersten Spiel gegen uns hätte es keinen Protest gegeben...

BILD vom 25. April, 1994

Dieses Spiel muß wiederholt werden

Franz, willst du mit einem Skandal-Tor Meister werden?

„Ich hab' mich schon wütend umgedreht und plötzlich haben die Roten gejubelt." Franz Beckenbauer.

Was sagt die Bundesliga? Frankfurts Vize Hölzenbein: „Ich habe kein Tor gesehen, das Spiel müßte wiederholt werden!" Dortmunds Trainer Ottmar Hitzfeld: ...

hängen Meisterschaft und Abstieg ab, sowas darf nicht passieren. Ein Wiederholungsspiel wäre die korrekte Lösung!"

Was sagt Franz: „Ja, es war kein Tor. ...

Was sah Sport-Kamerad Jablonski?

Sanitäts-Feldwebel Jörg Jablonski sah ein Phantom-Tor.

Es ist 15.54 Uhr ... Olympiastadion. ...

BILD vom 26. April, 1994

Das Skandal-Tor

BILD-TED: 81 % für neues Spiel

Linienrichter mit Nerven am Ende

Brehme zu Matthäus: Du Bratwurst!

Freiburg kündigt Gegen-Protest an

Heute Urteil

Das „Phantom-Tor" von 1994 macht Schlagzeilen. Bayerns Helmer stochert den Ball vor Nürnbergs Torwart Köpke am Pfosten vorbei. Rechts Kurz und Valencia

Saison 1993/94

Abschluss-Tabelle

1. Bayern München	68:37	44-24
2. 1. FC Kaiserslautern	64:36	43-25
3. Bayer Leverkusen	60:47	39-29
4. Borussia Dortmund	49:45	39-29
5. Eintracht Frankfurt	57:41	38-30
6. Karlsruher SC	46:43	38-30
7. VfB Stuttgart	51:43	37-31
8. Werder Bremen	51:44	36-32
9. MSV Duisburg	41:52	36-32
10. Bor. Mönchengladbach	65:59	35-33
11. 1. FC Köln	49:51	34-34
12. Hamburger SV	48:52	34-34
13. Dynamo Dresden	33:44	30-34
14. FC Schalke 04	38:50	29-39
15. SC Freiburg	54:57	28-40
16. 1. FC Nürnberg	41:55	28-40
17. SG Wattenscheid 09	48:70	23-45
18. VfB Leipzig	32:69	17-51

Torjäger

18 Tore Stefan Kuntz (K'lautern)

18 Tore Anthony Yeboah (Frankfurt)

17 Tore Stephane Chapuisat (Dortmund)

17 Tore Toni Polster (1.FC Köln)

17 Tore Paulo Sergio (Leverkusen)

Die Top-Elf des Meisters

Zahlen & Fakten

Tore: 895 gesamt, 2,92 pro Spiel
Zuschauer: 7.986.681 gesamt, 26.100 im Schnitt
Elfmeter: 75 (63 verwandelt, entspricht 84,00%)
Fußballer des Jahres: Jürgen Klinsmann
Herbstmeister: Eintracht Frankfurt
Meistertrainer: Franz Beckenbauer
Pokalsieger: Werder Bremen

Trainerentlassungen

Erich Ribbeck (Foto, Bayern München), **Helmut Schulte** (Schalke), **Willi Entenmann** (Nürnberg), **Christoph Daum** (Stuttgart), **Dieter Renner** (Nürnberg), **Bernd Stange** (Leipzig), **Hannes Bongartz** (Wattenscheid), **Klaus Toppmöller** (Frankfurt), **Jürgen Sundermann** (Leipzig)

Spielertransfers

Bernd Schuster (Foto) von Atletico Madrid zu Leverkusen, **Pierre Littbarski** von Köln zu JEF United (Japan), **Andreas Brehme** von Real Saragossa zu Kaiserslautern, **Marcel Witeczek** von Kaiserslautern zum FC Bayern, **Carlos Dunga** von Pescara Calcio zu Stuttgart, **Paulo Sergio** von São Paulo zu Leverkusen

So sah's Franz Beckenbauer

Bayern zwingt mich von der Tribüne auf die Bank

Nach der Weltmeisterschaft ´90 hatte ich mir geschworen, mich nie wieder auf die Trainerbank zu setzen. Doch mein FC Bayern ließ nicht zu, dass ich oben auf der Tribüne bleiben konnte. Erich Ribbeck hatte mit seiner Viererkette Probleme, im UEFA-Cup und im DFB-Pokal kam das Aus. Das führte zu Gesprächen – und danach war ich doch wieder auf der Bank. Mein Start nach der Winterpause: Bei klirrender Kälte in München 1:3 gegen Stuttgart. Dass wir am Ende Meister wurden, mit einem zusätzlichen Spiel gegen Nürnberg und dem 2:0 gegen Schalke, war schon sehr erfreulich.

Aufgezeichnet: Der legendäre „Riesen-Slalom" von Okocha gegen Karlsruhe

Jay Jay tanzt mit Kahn den Oko-Cha-Cha

So ein Endlos-Tor hat die Bundesliga noch nicht gesehen! Frankfurts Nigerianer Jay Jay Okocha umkurvt am 31. August 1993 „halb Karlsruhe": Der damalige KSC-Torwart Oliver Kahn und die Abwehrspieler Keim, Reich und Bilic sind nacheinander nur Slalomstangen beim wunderbaren Solo des schwarzen Dribbelkönigs. Er schließt es mit dem Tor zum 3:1-Endstand für Klaus Toppmöllers Team ab. Und tanzt triumphierend mit kreisender Hüfte seinen „Oko-Cha-Cha". Das Super-Solo wird das „Tor des Jahres".

Mit seinem eigenwilligen Tor-Tanz (oben) und im coolen Streetsoccer-Look rechts) wird Blackmusic-Kenner Okocha zum Fan-Liebling

Bernd Schuster feiert sein „Tor des Jahres“: Er traf von der Mittellinie gegen Frankfurts Nationaltorwart Andy Köpke, Leverkusen gewann 4:0

Lautern im Nacken – Bayern Meister am letzten Spieltag

Genießer: Meister-Trainer Franz Beckenbauer

Der spielerisch brillante Herbstmeister Frankfurt bricht nach Yeboahs Verletzung ein. Jetzt jagt Kaiserslautern mit Torschützenkönig Stefan Kuntz den Spitzenreiter FC Bayern. Auf dem Betzenberg schlägt der FCK das Team von Trainer Beckenbauer mit vier Toren in den letzten 30 Minuten 4:0! Bayern muss im letzten Spiel Schalke schlagen – Tore von Lothar Matthäus und Jorginho machen die Bayern nach vier Jahren „Durststrecke“ wieder zum Meister.

Torwart Raimond Aumann: „We are the Champions“

Nach 12 Jahren: Der „blonde Engel“ kehrt zurück

Leverkusens Manager Reiner Calmund gelingt ein riskanter Coup: Er holt den ebenso großartigen wie umstrittenen Spielmacher Bernd Schuster (34) nach 12 erfolgreichen Jahren in Spanien zurück in die Bundesliga. Der „blonde Engel“ macht große Spiele für Bayer, wird Mannschaftskapitän. Bei der Wahl zum „Tor des Jahres 1994“ landen Schuster-Treffer auf den Plätzen eins, zwei und drei! Ein Jahr später kracht's mit dem neuen Trainer Erich Ribbeck, der Schuster zum Libero machen will und ihn schließlich aus dem Kader wirft. Der wehrt sich mit einer Klage, löst schließlich 1996 seinen Vertrag auf – gegen rund drei Millionen Mark Abfindung. Nach einem Jahr in Mexiko beginnt Schuster eine Karriere als Trainer.

Mutiger Schachzug: Mit Bernd Schuster landete Bayer-Manager Calmund einen Volltreffer

Hitzfeld: Die erste Meisterschaft war meine Doktorarbeit

Von OTTMAR HITZFELD

Als Trainer habe ich bisher sechs Deutsche Meisterschaften erringen können. Aber der erste Titel in einer der stärksten Ligen der Welt behält für mich eine besondere Bedeutung.

Als ich 1991 aus der Schweiz zu Dortmund kam, hatte ich schon ein paar Erfolge aufzuweisen, aber das zählte nicht mehr.

Die neue Herausforderung BVB: Wir wurden auf Anhieb Vizemeister, standen ein Jahr später im UEFA-Cup-Finale gegen Juventus. Doch wenn ich nicht in den Ruf geraten wollte, nur Zweiter zu werden, musste der Meister-Titel her!

In der Saison '94/'95 war es endlich soweit. Mit Ausnahme-Spielern wie Matthias Sammer. Oder Chapuisat. Oder Julio Cesar. Oder Andy Möller.

Diese Meisterschaft war sozusagen meine „Doktorarbeit" in der Bundesliga. Matthias habe ich vom Mittelfeld-spieler zum modernen Libero vor der Abwehr umfunktioniert. Er war der starke Leader dieses Teams.

Dennoch wurde die Rückrunde für uns schwierig. Ich war gesundheitlich angeschlagen. Wie auch das Team. Riedle hatte sich verletzt, auch Chapuisat.

Unvergessen ist mir unsere 1:3-Niederlage in Bremen. Wir wurden gejagt, es ging nur auf die Knochen. Ich habe dann zurückgeschlagen, die Treterei angeprangert. Aber erst ein paar Tage später, was die Bremer noch mehr verunsicherte. Aber darauf hatte ich auch abgezielt.

Der letzte Spieltag: Werder verliert bei Bayern 1:3. Wir ziehen durch das 2:0 gegen den HSV noch vorbei, sind endlich Meister.

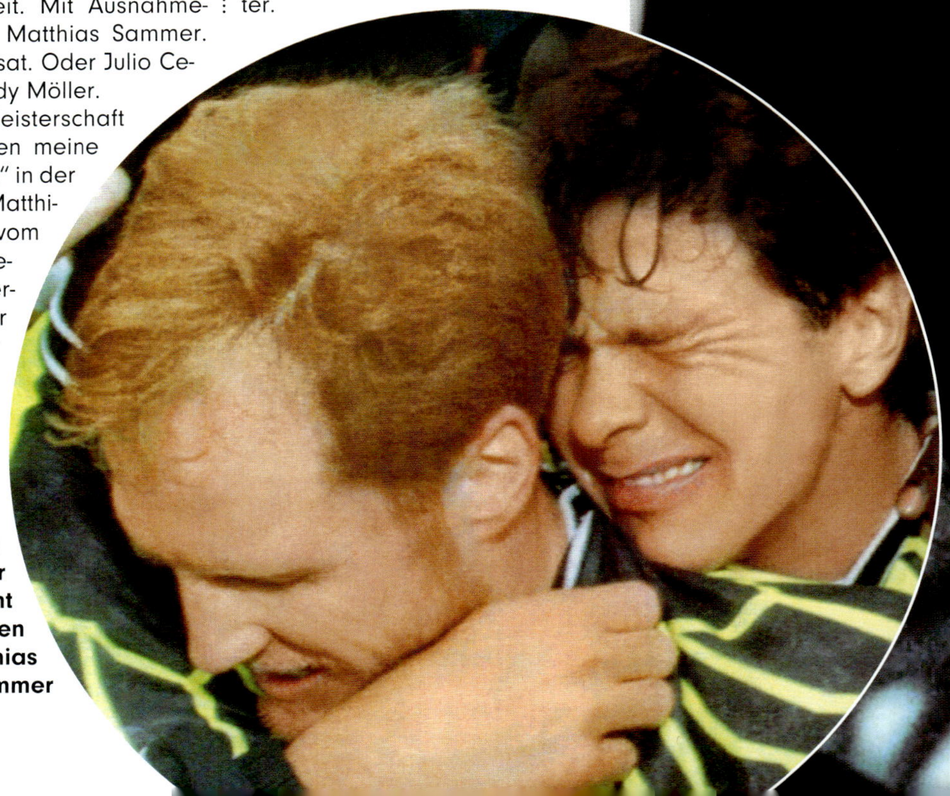

Schlusspfiff und Meister! Andy Möller umarmt unter Tränen Matthias Sammer

Geschafft!
Ottmar Hitzfeld als Trainer in Dortmund erstmals Deutscher Meister. Der Titel '95 brach den Bann: '96 Meister, dann 1999, 2000, 2001 und 2003 Meister mit Bayern. Als Krönung noch 2x Champions-League-Sieger ('97 und 2001)

Saison 1994/95

Abschluss-Tabelle

1. Borussia Dortmund	67:33	49-19
2. Werder Bremen	70:39	48-20
3. SC Freiburg	66:44	46-22
4. 1. FC Kaiserslautern	58:41	46-22
5. Bor. Mönchengladbach	66:41	43-25
6. Bayern München	55:41	43-25
7. Bayer Leverkusen	62:51	36-32
8. Karlsruher SC	51:47	36-32
9. Eintracht Frankfurt	41:49	33-35
10. 1. FC Köln	54:54	32-36
11. FC Schalke 04	48:54	31-37
12. VfB Stuttgart	52:66	30-38
13. Hamburger SV	43:50	29-39
14. TSV München 1860	41:57	27-41
15. Bayer Uerdingen	37:52	25-43
16. VfL Bochum	43:67	22-46
17. MSV Duisburg	31:64	20-48
18. Dynamo Dresden	33:68	16-52

Torjäger

20 Tore Heiko Herrlich (Gladbach)

20 Tore Mario Basler (Bremen)

17 Tore Toni Polster (1.FC Köln)

Die Top-Elf des Meisters

Zahlen & Fakten

Tore: 918 gesamt, 3,0 pro Spiel
Elfmeter: 85 (70 verwandelt, entspricht 82,35%)
Zuschauer: 8.476.885 gesamt, 27.702 im Schnitt
Fußballer des Jahres: Matthias Sammer
Herbstmeister: Borussia Dortmund
Meistertrainer: Ottmar Hitzfeld
Pokalsieger: Borussia Mönchengladbach

Trainerentlassungen

Ewald Lienen (Foto, Duisburg), **Jürgen Gelsdorf** (Bochum), **Siegfried Held** (Dynamo Dresden), **Horst Hrubesch** (Dynamo Dresden), **Jupp Heynckes** (Frankfurt), **Dragoslav Stepanovic** (Leverkusen), **Jürgen Röber** (Stuttgart)

Spielertransfers

Oliver Kahn (Foto) von Karlsruhe zum FC Bayern, **Jean-Pierre Papin** vom AC Mailand zum FC Bayern, **Stefan Effenberg** vom AC Florenz zu Gladbach, **Andreas Möller** und **Julio Cesar** von Juventus Turin zu Dortmund, **Rudi Völler** von Marseille zu Leverkusen, **Thomas Häßler** vom AS Rom zu Karlsruhe

So sah's Franz Beckenbauer

Trotz Trapattoni! Hitzfeld wird in Dortmund zum Meistermacher

Wenn ein Giovanni Trapattoni als Trainer beim FC Bayern antritt, ergibt sich daraus die Zielsetzung von ganz allein. Trap hatte mit Milan, Juventus und Inter alle großen Titel gewonnen. Beim 0:1 in Dortmund zeigte sich jedoch der Widersacher. Die Borussen hatten mit Andy Möller und Julio Cesar von Juventus an Qualität gewonnen. Matthias Sammer wurde zum Kopf der Mannschaft. Und Ottmar Hitzfeld zum Meistermacher. Bayern „half" am Ende durch ein 3:1 gegen Bremen mit Rehhagel, dessen Wechsel nach München schon feststand. Der BVB nutzte die Gunst der Stunde mit einem 2:0 gegen den HSV.

Entscheidet diese Schwalbe den Titel?

Es berichten KARL-HEINZ BREMEN und DIETER STROSACK

Möllers Flug zum Schummel-Elfer

Das Tor des Jahres ging unter...

Max Merkel schreibt in BILD

So dreist war noch keiner

Größter Fußball-Betrug

Bundesliga tobt:

Sperrt Möller sofort!

Sonnabend, 15. April 1995

Bild

BILD vom 15. April, 1995

Mit Möllers „Schwalbe" fliegt Dortmund zum Titel

Die Empörung war riesig: Andy Möller lässt sich gegen den KSC im Strafraum fallen, Schiedsrichter Habermann pfeift Elfmeter. Zorc verwandelt zum 1:1 (76.), Dortmund gewinnt durch Sammer (86.) noch 2:1 und holt wenig später den Titel. Möller wird für zwei Spiele gesperrt, muss 10 000 Mark Geldstrafe bezahlen. KSC-Abwehrspieler Dirk Schuster: „Als Schwalbe würde ich es mir verbitten, mit Möller verglichen zu werden." Unbestritten: Möller spielt erneut eine tolle Saison, schießt am entscheidenden letzten Spieltag mit dem 1:0 gegen den HSV das Tor zur Meisterschaft auf.

Meisterjubel: Die Dortmunder Chapuisat, Kohler und Cesar (v.l.)

Immer drauf! Mario Basler (links) schießt aus allen Lagen, hier beim 6:1 gegen Uerdingen vorbei an Gerd Kühn

Super-Mario wird der Tor-König

Er schießt aus jedem Winkel, aus jeder Entfernung und verwandelt mit Vorliebe Eckbälle direkt – Mario Basler trifft (fast) wie er will. Mit 20 Toren (wie Gladbachs Herrlich) wird „Super-Mario" Torschützenkönig und ist einer der stärksten Bremer im spannenden Meister-Kampf. Trainer Rehhagel gewährt dem Exzentriker erstaunliche Freiheiten: In den letzten Wochen der Saison darf der erschöpfte Basler zum Training kommen, wann er möchte. Das wurde nach seinem Wechsel zum FC Bayern anders...

Rehhagel: Titel weg am letzten Spieltag

Brisante Situation am 34. Spieltag: Otto Rehhagels Wechsel zu Bayern steht fest. Er braucht mit Werder einen Sieg in München zur Meisterschaft. Doch die Bayern siegen 3:1, gleichzeitig wird Dortmund durch ein 2:0 in Hamburg Meister. Neben Rehhagels Abschied aus Bremen nach 14 Jahren (rechts) macht ein zweiter Trainer Schlagzeilen: Volker Finke wird mit Aufsteiger Freiburg Dritter, schlägt dabei Trapattonis Bayern 5:1!

Machtlos: Rehhagel verliert in München den Titel. Für die Bayern treffen Zickler (2) und Ziege, für Werder Basler per Foulelfmeter

Nach 14 Jahren Bremen Abschied im Weserstadion

König Otto

Die letzte Audienz

BILD vom 10. Juni, 1995

Völler und Brehme: Unser Tränen-Duell

Von RUDI VÖLLER und ANDREAS BREHME

Wir wurden 1990 zusammen Weltmeister, sind Freunde. Und dann stehen wir uns 1996 in einer Situation gegenüber, wie sie im Fußball brutaler nicht sein könnte. Das „Abstiegs-Endspiel" am 18. Mai. Leverkusen gegen Lautern, einer musste ins Gras beißen!

Rudi, weißt du noch, wir haben vorher extra nicht telefoniert. Wir gaben uns vorm Anpfiff nur schweigend die Hand. Es gab auch nichts zu sagen: Mit einem Sieg, Rudi, hätten wir dich und Bayer rausgehauen...

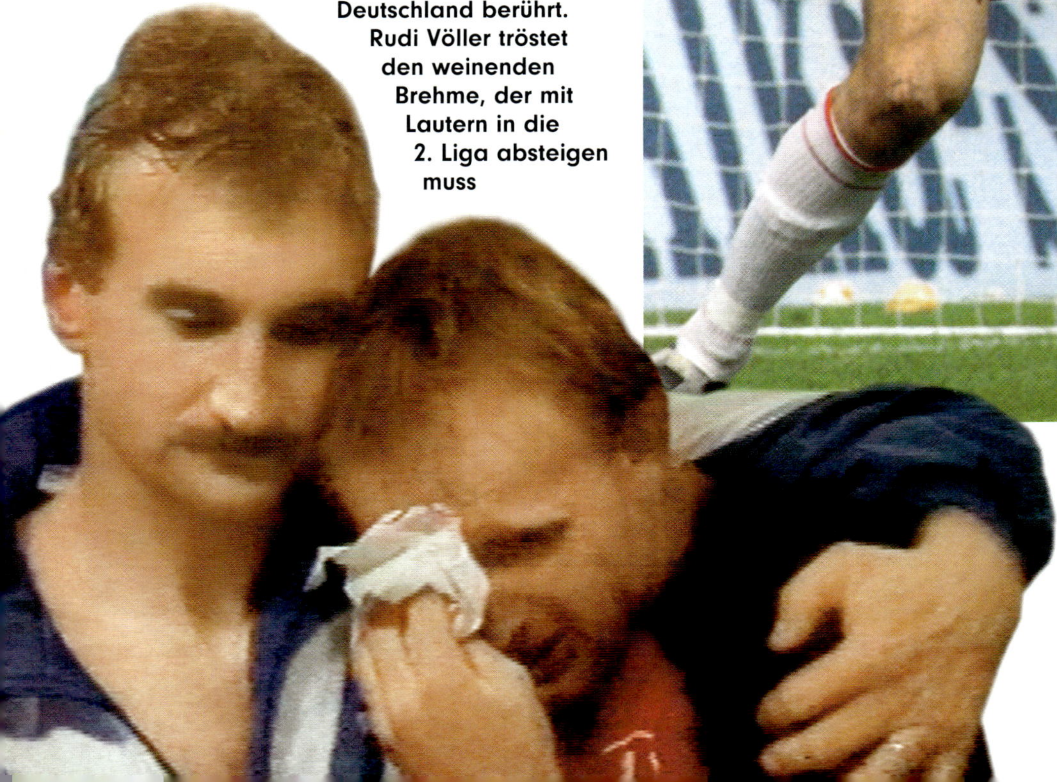

Die Szene, die ganz Deutschland berührt. Rudi Völler tröstet den weinenden Brehme, der mit Lautern in die 2. Liga absteigen muss

★★★

Andy, ihr habt uns mit nur zwei Punkten Rückstand im Nacken gesessen. Für mich war es auch der Wahnsinn.

Der Schuss zum Bayer-Glück. Als Leverkusens Münch gegen Torwart Reinke zum 1:1 trifft, steht fest: Leverkusen bleibt drin, Lautern steigt ab

Hinzu kam: Ich organisierte schon mein Abschiedsspiel, das drei Tage später anstand. Abschied mit Abstieg – das durfte nicht sein…

★★★

Rudi, wir waren klar besser. Unser 1:0 durch Kuka, danach weitere Chancen. Doch acht Minuten vor Schluss machte Münch das 1:1. Das Aus für uns. Ich dachte an die Fans, den FCK. Diese Traurigkeit kannst du nicht beschreiben. Und dann stand ich mit dir vor den TV-Kameras und mir kamen die Tränen…

★★★

Andy, ich konnte das gut verstehen. Du warst fertig mit der Welt. Zum Glück blieb ich vom Abstieg zum Karriereende verschont. Der FCK tröstete sich ein wenig mit dem Pokalsieg. Und dann seid ihr ja richtig entschädigt worden: Nur zwei Jahre nach dem Abstieg hieß der Meister Lautern.

Saison 1995/96

Abschluss-Tabelle

1. Borussia Dortmund	76:38	68
2. Bayern München	66:46	62
3. FC Schalke 04	45:36	56
4. Bor. Mönchengladbach	52:51	53
5. Hamburger SV	52:47	50
6. FC Hansa Rostock	47:43	49
7. Karlsruher SC	53:47	48
8. TSV München 1860	52:46	45
9. Werder Bremen	39:42	44
10. VfB Stuttgart	59:62	43
11. SC Freiburg	30:41	42
12. 1. FC Köln	33:35	40
14. Fortuna Düsseldorf	40:47	40
14. Bayer Leverkusen	37:38	38
15. FC St. Pauli	43:51	38
16. 1. FC Kaiserslautern	31:37	36
17. Eintracht Frankfurt	43:68	32
18. KFC Uerdingen 05	33:56	26

Torjäger

17 Tore Fredi Bobic (Stuttgart)

16 Tore Jürgen Klinsmann (Bayern)

16 Tore Giovane Elber (Stuttgart)

16 Tore Sean Dundee (KSC)

Die Top-Elf des Meisters

Zahlen & Fakten

Tore: 831 gesamt, 2,72 pro Spiel
Elfmeter: 83 (61 verwandelt, entspricht 73,49%)
Zuschauer: 8.906.792 gesamt, 29.107 im Schnitt
Fußballer des Jahres: Matthias Sammer
Herbstmeister: Borussia Dortmund
Meistertrainer: Ottmar Hitzfeld
Pokalsieger: 1. FC Kaiserslautern

Trainerentlassungen

Friedel Rausch (Foto, Kaiserslautern), **Morten Olsen** (Köln), **Benno Möhlmann** (HSV), **Aad de Mos** (Bremen), **Peter Neururer** (Köln), **Karl-Heinz Körbel** (Frankfurt), **Otto Rehhagel** (Bayern München), **Erich Ribbeck** (Leverkusen), **Friedhelm Funkel** (Uerdingen)

Spielertransfers

Heiko Herrlich (Foto) von Gladbach zu Dortmund, **Jürgen Klinsmann** von Tottenham Hotspur zum FC Bayern, **Jürgen Kohler** von Juventus Turin zu Dortmund, **Andreas Herzog** von Bremen zum FC Bayern, **Ciriaco Sforza** von Kaiserslautern zum FC Bayern

So sah's Franz Beckenbauer

Sammer sammelt zwei Titel, Bayern holt den UEFA-Cup

Alle sprachen vom „Dreamteam". Der FC Bayern hatte u.a. Jürgen Klinsmann verpflichtet und mit Otto Rehhagel einen Trainer, der nach den Jahren in Bremen nun auch in München Meister werden wollte. Im UEFA-Cup waren die Resultate soweit da. Dennoch herrschte nie Ruhe. Es passte nicht zwischen Spielern und Trainer. Nach dem 0:1 gegen Rostock erfolgte die Trennung. Als Präsident gab ich ein letztes Mal den Aushilfs-Trainer. Die Finalspiele im UEFA-Cup gegen Bordeaux wurden gewonnen (2:0/3:1). Meister wurde erneut Dortmund. Matthias Sammer prägte auch die gewonnene EM '96.

Kraftvoll klärt Dortmunds Julio Cesar (links) vor den Münchner Löwen Trares und Winkler

Sein letztes Spiel: Otto Rehhagel am 27.4. 1996 beim 0:1 gegen Rostock (Torschütze Akpoborie)

„König Otto" in München gestürzt

Ausgerechnet Rostock! Nach der 0:1-Pleite zu Hause gegen den Aufsteiger gab Bayern-Boss Beckenbauer doch dem Murren in der Mannschaft nach und servierte Otto Rehhagel vier Spieltage vor Schluss ab. Der Erfolgstrainer, in Bremen zu „König Otto" geworden, schaffte in München nur 294 Tage und war tief getroffen: „Dass sie mich zu diesem Zeitpunkt haben fallenlassen, war gefühllos."

BILD vom 29. April, 1996

Abserviert

Otto: Ich fühle mich so leer

Der größte Knall der Bundesliga: Otto Rehhagel gefeuert, Franz Beckenbauer wieder Bayern-Trainer (für 20 Tage) – und in der neuen Saison kommt Giovanni Trapattoni zurück.

Otto Rehhagel spricht in BILD: „Ich fühle mich so leer. Aber ich habe mir nichts vorzuwerfen. Wenn jetzt jemand von taktischen und sportlichen Mängeln spricht, dann kann ich nur müde lächeln." Was Beckenbauer sagt, wie die Spieler reagierten, das Protokoll eines Rauswurfs – SPORT.

Rehhagel spricht in BILD

Als Franz anrief, wußte ich, daß es vorbei ist

Dortmunds Abwehr-Riese: Der Mann, den die Frauen lieben

Über Monate wechseln sich Dortmund und Bayern an der Spitze ab. Am Ende holt die Borussia überlegen erneut den Titel – auch weil sie die bessere Abwehr hat. Neben Libero Sammer überragt der bullige Manndecker Julio Cesar („der schwarze Bär"), der dem offensiven Sammer den Rücken freihält. Der beliebte Brasilianer fällt auch abseits des Spielfeldes auf. Er überzieht jeden Urlaub und wird mit seinen Geldstrafen zum besten „Sponsor" der Mannschaftskasse. Trainer Hitzfeld über den Mann mit den vielen Freundinnen: „Julio hat für jedes Körperteil ein eigenes Duftwasser."

Da lacht der Genießer: Paulo Cesar hat für die Meisterfeier im eigenen Restaurant „Maracana" einige sexy Tänzerinnen aus Brasilien ingeladen

Ausgiebige Körperpflege schätzte Cesar besonders

Wie der Kaiser zu seinem blauen Auge kam

Ist der Kaiser gestürzt? Hat er sich geprügelt? Alle fragten sich, warum Franz Beckenbauer Anfang Mai plötzlich so angeschlagen aussah. Die Antwort: Es war ein Arbeitsunfall. Franz spielte beim „5 gegen 2" auf dem Trainingsplatz mit. Und bekam den Ball nach Pressschlag mit Thomas Helmer voll auf die Brille. Es war neben der verpassten Meisterschaft das zweite blaue Auge für den Kaiser in dieser Saison...

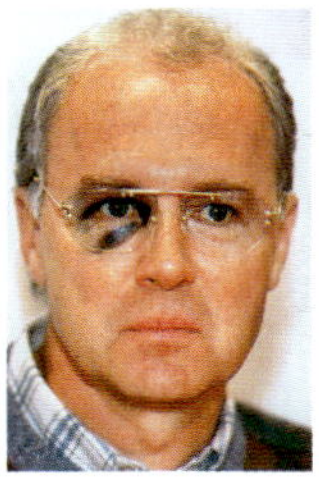

Ristic schafft ein Wunder in Düsseldorf

Alle staunen über die Aufsteiger: Trainer Frank Pagelsdorf schafft mit Rostock fast den UEFA-Cup, auch St. Pauli unter Uli Maslo bleibt locker drin. Düsseldorf arbeitet sich vom letzten Platz nach der Hinrunde (nur 13 Punkte) wieder hoch: Das Team von Trainer Aleksandar Ristic (Foto) verliert nur noch zwei Spiele! Dafür erwischt es überraschend Gründungsmitglied Eintracht Frankfurt.

Jürgen Klinsmann

Beim Tonnen-Tritt habe ich mich verletzt

Von JÜRGEN KLINSMANN

Meine Tor-Quote in den zwei Bundesliga-Jahren beim FC Bayern (31 Treffer in 65 Spielen, d. Red.) stellte beide Seiten zufrieden. Doch hier soll es um einen anderen „Treffer" gehen...

So sehr ich mich nach dem „Tonnen-Tritt" geschämt habe, im Nachhinein hat diese Szene aus der Saison '96/'97 doch noch etwas Gutes gehabt. Ich habe später bei meinem Abschiedsspiel meine Karriere durch einen symbolischen Tritt gegen eine Werbetonne beendet. Die Firma, deren Name da auf der Tonne stand, zahlte dafür einen Beitrag an mein Kinderhilfswerk Agapedia.

Zum Spiel gegen Freiburg am 10. Mai 1997 ist zu sagen: Dass es zu diesem Ausraster kam, war die Konsequenz eines verbalen Streites mit Giovanni Trapattoni auf Italienisch mitten im Spielverlauf. Unser Spiel lief nicht, es stand 0:0. Wir haben uns sozusagen gefetzt – und dann hat Trapattoni spontan meine Nummer 18 ziehen lassen. Es kam zur Auswechslung – mit dem anschließenden Tonnen-Tritt.

Nach dem Spiel, es endete übrigens torlos, bin ich dann gleich in die Kabine zu Trapattoni gegangen und habe mich entschuldigt. Er sagte: „Schon vergessen."

Was keiner wusste: Ich habe mir bei dem Tritt gewaltig den Knöchel aufgeschürft an der Tonne. Doch davon ließ ich mir, vor Scham über den Ausbruch, nichts anmerken...

Heute lebt Jürgen Klinsmann (38) in Kalifornien

Im „Tonnen-Spiel" gelingt Klinsmann gar nichts, er vergibt frei vor Freiburgs Keeper Jörg Schmadtke. Danach wird „Klinsi" gegen Lakies ausgewechselt (80.)

Klinsmann tritt
im Mai '97 ein
Loch in eine
Werbe-Tonne.

BILD vom 12. Mai, 1997

Der
Amok-Tritt
BILD enthüllt, was wirklich zwischen dem Star und Trainer Trapattoni ablief

Von OTTO GREITNER und JOACHIM DROLL
Das Preßspan-Holz splitterte, der
Klinsmann verweigert noch mal. Da reicht's Trapattoni endgültig – er holt
war ein Riesenfehler, eine Dummheit. So was gehört sich nicht. Ich habe mich

Saison 1996/97

Abschluss-Tabelle

1.	Bayern München	68:34	71
2.	Bayer Leverkusen	69:41	69
3.	Borussia Dortmund	63:41	63
4.	VfB Stuttgart	78:40	61
5.	VfL Bochum	54:51	53
6.	Karlsruher SC	55:44	49
7.	TSV München 1860	56:56	49
8.	Werder Bremen	53:52	48
9.	MSV Duisburg	44:49	45
10.	1. FC Köln	62:62	44
11.	Bor. Mönchengladbach	46:48	43
12.	FC Schalke 04	35:40	43
13.	Hamburger SV	46:60	41
14.	Arminia Bielefeld	46:54	40
15.	FC Hansa Rostock	35:46	40
16.	Fortuna Düsseldorf	26:57	33
17.	SC Freiburg	43:67	29
18.	FC St. Pauli	32:69	27

Torjäger

22 Tore
Ulf Kirsten (Leverkusen)

21 Tore
Toni Polster (1.FC Köln)

19 Tore
Fredi Bobic (Stuttgart)

Die Top-Elf des Meisters

Zahlen & Fakten

Tore: 911 gesamt, 2,98 pro Spiel
Elfmeter: 84 (63 verwandelt, entspricht 75,00%)
Zuschauer: 8.776.265 gesamt, 28.681 im Schnitt
Fußballer des Jahres: Jürgen Kohler
Herbstmeister: Bayern München
Meistertrainer: Giovanni Trapattoni
Pokalsieger: VfB Stuttgart

Trainerentlassungen

Felix Magath (Foto, HSV), **Rolf Fringer** (Stuttgart), **Jörg Berger** (Schalke), **Aleksandar Ristic** (Düsseldorf), **Bernd Krauss** (Gladbach), **Ulrich Maslo** (St. Pauli)

Spielertransfers

Mario Basler (Foto) von Bremen zu Bayern München, **Paulo Sousa** von Juventus Turin zu Dortmund, **Jens Nowotny** von Karlsruhe zu Leverkusen, **Marc Wilmots** von Standard Lüttich zu Schalke 04, **Andreas Herzog** von Bayern München zu Bremen, **Bernd Schuster** von Leverkusen zu UNAM Mexico

So sah's Franz Beckenbauer

Schalke als Eurofighter! Das Fußball-Herz schlug im Revier

Etwas hatte Giovanni Trapattoni in München noch zu erledigen. Bei seiner Rückkehr holte er es nach. Der „Maestro", wie ihn die deutsche Presse nannte, wurde mit dem FC Bayern Meister. Zum gefährlichsten Verfolger wurde Bayer Leverkusen, erst am vorletzten Spieltag durch ein 0:4 in Köln entscheidend zurückgeworfen. Für das herausragende Ereignis der Saison sorgte Dortmund. Ottmar Hitzfeld führte den BVB zum Triumph in der Champions League. Mit einem 3:1 im Finale von München gegen Juventus Turin. Die Schalker verewigten sich im UEFA-Cup als „Eurofighter". Das Fußball-Herz schlug im Revier.

Aufstand auf Schalke: Spieler rasieren Berger

Chaos-Klub Schalke. Kurz nach Saisonstart rebellieren die Spieler gegen Trainer und Publikumsliebling Jörg Berger. Vorwurf: Mangelndes Fachwissen. Manager Rudi Assauer installiert Huub Stevens (kommt aus Kerkrade) als neuen Coach. Der knurrige Holländer regiert mit eiserner Hand: Handy-Verbot im Bus, Einheitskleidung für die Spieler. Maßnahmen, die sich auszahlen: 1997 holt Schalke gegen Inter Mailand den UEFA-Cup!

Bei den Fans beliebt, bei den Spielern unten durch: Jörg Berger geht...

...und macht Platz für den Disziplin-Fanatiker Huub Stevens

Mario Basler – der „Marlboro-Mann" spielt sich hoch zum „Super-Mario"

Die 14. Meisterschaft der Bayern – sie ist auch die Erfolgsgeschichte von Mittelfeld-Zauberer Mario Basler.
Der Dauertänzer zwischen Genie und Wahnsinn: In seinem ersten Jahr in München wird aus Zigaretten-Fan „Marlboro-Mario" endgültig „Super-Mario"! Der Ex-Bremer setzt sich gegen alle Stars durch, übernimmt im Bayern-Spiel die Regie. Trainer-Legende Udo Lattek erteilt den Ritterschlag: „Ein Großer. Gäb's ihn nicht, müsste man ihn erfinden." Sogar Bundestrainer Berti Vogts steht plötzlich auf „Super-Mario". Im Endspurt der WM-Quali befördert er Basler zum Mittelfeld-Chef – und löst damit das Ticket für das Frankreich-Turnier.

Super-Mario jubelt mit Meisterschale

Super-Mario ist Chef im Mittelfeld

BILD vom 7. Juni, 1997

Elber, Balakov, Bobic – das magische Dreieck

Der Ball ist rund – doch in der Saison 1996/97 sorgt ein Dreieck in der Bundesliga für Furore! Der VfB Stuttgart stürmt mit herrlichem Hurra-Fußball in den UEFA-Cup und gewinnt den DFB-Pokal (2:0 gegen Cottbus). Möglich macht's das „magische Dreieck": Krassimir Balakov (13 Tore) als genialer Pass-Geber hinter den Spitzen, vorne Giovane Elber (17) und Fredi Bobic (19) als eiskalte Vollstrecker. Insgesamt lassen es die Stuttgarter in diesem Jahr 78-mal im gegnerischen Kasten krachen – Saisonrekord! Von wegen geizige Schwaben... Doch der Erfolg lockt auch die Konkurrenz: Am Saisonende wechselt Elber für 12,5 Millionen Mark zum Meister Bayern München. Das Dreieck ist zerbrochen...

Erfolgs-Trio: Giovane Elber, Krassimir Balakov und Fredi Bobic (von links)

„Uns Uwe": Gegenwind als HSV-Präsident

Uwe Seeler und „sein" HSV – eine innige Liebesbeziehung bekommt erste Risse. Seit November '95 ist „Uns Uwe" Präsident, soll das schlingernde HSV-Schiff wieder auf Kurs trimmen. Doch in der Saison '96/'97 droht der Untergang: Abstiegskampf, Intrigen im Vorstand und dubiose Steuergeschäfte kratzen am Ruf des Ur-Hamburgers. Mit der Verpflichtung von Trainer Frank Pagelsdorf gelingt schließlich die sportliche Rettung. Trotzdem schmeißt Uwe Seeler, gekränkt durch „unwahre Behauptungen und Ehrverletzungen", ein Jahr später die Brocken hin.

Als Spieler ein Held, als Präsident weniger erfolgreich: Uwe Seeler (239 Bundesliga-Spiele für den HSV, 137 Tore)

Otto: Meister vor Bayern – es war mir eine Freude

Von OTTO REHHAGEL

Unsere Meisterschaft '97/'98 mit dem FCK kommentierte Günter Netzer so: „Die größte Leistung, die je im Fußball vollbracht wurde." Ich will Günter mal nicht widersprechen...

Als Aufsteiger gleich Meister zu werden, das ist in der Bundesliga-Geschichte einmalig. Doch dem Erfolg gingen zwei Jahre harte Arbeit voraus.

Im Sommer 1996 bat mich „Atze" Friedrich: „Bitte, Otto, hilf' uns". Keinen anderen Klub hätte ich in der 2. Liga übernommen, doch ich habe ja selbst mal am Betze gespielt. Da entschied das Fußball-Herz...

Wunderbar war dann, wie wir uns in der Bundesliga zurückmeldeten. Schjönberg köpfte zum Auftakt bei den Bayern unser 1:0-Siegtor. Hristov traf bei unserem 2:0 in der Rückrunde gegen die Bayern. Und da war auch noch mein langer Tor-Marschall. Olaf schoss 21 Tore – meisterlich, wie die ganze Mannschaft.

Jetzt erlaube ich mir eine kleine menschliche Schwäche und sage: Ich empfand damals eine kleine Freude, dass wir vor den Bayern den Titel holten. Der Klub, der mich zwei Jahre zuvor entlassen hatte. Obwohl wir in der Meisterschaft Zweiter waren und das UEFA-Cup-Finale erreicht hatten.

Die Bayern hatten seinerzeit auch behauptet, ich würde antiquiertes Training machen. Trotzdem wurde Lautern Meister. So schlecht kann mein Training also nicht gewesen sein...

Hand in Hand zu den Fans: Rehhagel und seine Schützlinge feiern sich und das Publikum

Otto Rehhagel:
Zwei Bundesliga-Titel
mit Werder, aber
die Meisterschaft mit
Lautern war die
absolute Krönung

Saison 1997/98

Abschluss-Tabelle

1. 1.FC Kaiserslautern	63:39	68
2. Bayern München	69:37	66
3. Bayer Leverkusen	66:39	55
4. VfB Stuttgart	55:49	52
5. FC Schalke 04	38:32	52
6. FC Hansa Rostock	54:46	51
7. Werder Bremen	43:47	50
8. MSV Duisburg	43:44	44
9. Hamburger SV	38:46	44
10. Borussia Dortmund	57:55	43
11. Hertha BSC Berlin	41:53	43
12. VfL Bochum	41:49	41
13. TSV München 1860	43:54	41
14. VfL Wolfsburg	38:54	39
15. Mönchengladbach	54:59	38
16. Karlsruher SC	48:60	38
17. 1.FC Köln	49:64	36
18. Arminia Bielefeld	43:56	32

Torjäger

22 Tore
Ulf Kirsten
(Leverkusen)

21 Tore
Olaf Marschall
(K'lautern)

14 Tore
Michael Preetz
(Berlin)

14 Tore
Stephane Chapuisat
(Dortmund)

Die Top-Elf des Meisters

Zahlen & Fakten

Tore: 883 gesamt, 2,89 pro Spiel
Elfmeter: 57 (40 verwandelt, entspricht 70,1%)
Zuschauer: 9.520.385 gesamt, 31.112 im Schnitt
Fußballer des Jahres: Oliver Bierhoff
Herbstmeister: 1.FC Kaiserslautern
Meistertrainer: Otto Rehhagel
Pokalsieger: Bayern München

Trainerentlassungen

Nevio Scala (Foto, Dortmund), **„Dixie" Dörner** (Bremen), **Peter Neururer** (Köln), **Hannes Bongartz** (Gladbach), **Willi Reimann** (Wolfsburg), **Winfried Schäfer** (Karlsruher SC), **Norbert Meier** (Gladbach), **Joachim Löw** (Stuttgart), **Giovanni Trapattoni** (FC Bayern)

Spielertransfers

Giovane Elber (Foto) von Stuttgart zum FC Bayern, **Jürgen Klinsmann** vom FC Bayern zu Genua, **Bixente Lizarazu** von Athletic Bilbao zum FC Bayern, **Christian Ziege** vom FC Bayern zu AC Milan, **Zé Elias** von Leverkusen zu Inter Mailand, **Paulo Sergio** von Leverkusen zum AS Rom

So sah's Franz Beckenbauer

Rehhagel schafft die Sensation: Als Aufsteiger zur Meisterschaft

Ein Ergebnis vom 1. Spieltag setzte gleich ein Zeichen. Der 1. FC Kaiserslautern siegte als Aufsteiger beim FC Bayern mit 1:0. Otto Rehhagel feierte diesen Sieg in München wie einen Endspiel-Erfolg. Die Begeisterung beim FCK, ja in der gesamten Pfalz, hielt die Saison über an. Als erster Bundesliga-Aufsteiger überhaupt sicherte sich Lautern den Titel aufgrund einer sehr geschlossenen Leistung. Zum FC Bayern: Giovanni Trapattoni hatte bei seiner legendären „Flascheleer-Rede" im März mehr Temperament gezeigt als seine Mannschaft. Immerhin gab´s für Trap einen versöhnlichen Abschied mit DFB-Pokal.

Lehmann erzielt als erster Torhüter ein Feld-Tor

Ein Torwart schreibt Bundesliga-Geschichte. Beim Stand von 1:2 im Derby in Dortmund sprintet Schalke-Torwart Jens Lehmann in der Nachspielzeit in den gegnerischen Strafraum. Olaf Thon schlägt einen (unberechtigten) Eckball, Lehmann löst sich von Zorc und köpft den Ball ins Tor: „Ich wusste hundertprozentig, dass ich ihn reinmache. Ich hatte so eine Wucht drauf." Es war Treffer 33334 der Bundesliga-Historie – und das erste Feldtor eines Keepers überhaupt. Lehmann: „Ich wusste gar nicht, wie wunderschön es ist, ein Tor zu schießen. Mit einem Schlag bist du alle Sorgen los."

Jens Supermann: Erst trägt sich Lehmann in die Torjägerliste ein, dann trägt er Thon

Sein Name wurde Kult: Thomas Strunz

„Was erlauben Struuunz? Spieler schwach wie Flasche leer"

Diese Pressekonferenz macht ihn zur Legende in Deutschland. Wutentbrannt liest Giovanni Trapattoni seinen Spielern drei Tage nach der 0:1-Pleite bei Schalke 04 die Leviten.

Die Trap-Rede in Auszügen:

„Es gibt im Moment in diese Mannschaft, oh, einige Spieler vergessen ihnen Profi was sie sind. Ich lese nicht sehr viele Zeitungen, aber ich habe gehört viele Situationen!
Ist klar diese Wörter, ist möglich verstehen, was ich hab' gesagt? Danke. Offensiv, offensiv ist wie machen in Platz.
Ein Trainer ist nicht ein Idiot! Ein Trainer sehen was passieren in Platz. In diese Spiel es waren zwei, drei oder vier Spieler, die waren schwach wie eine Flasche leer!
Diese Spieler beklagen mehr als spielen! Wissen Sie, warum die Italien-Mannschaften kaufen nicht diese Spieler? Weil wir haben gesehen viele Male solche Spiel. Haben gesagt, sind nicht Spieler für die italienische Meisters. Strunz ist zwei Jahre hier, hat gespielt zehn Spiele, ist immer verletzt. Was erlauben Strunz? Ich bin müde jetzt Vater diese Spieler, eh, verteidige immer diese Spieler! Ich habe immer die Schulde über diese Spieler. Einer ist Mario, einer, ein anderer ist Mehmet! Strunz hat nur gespielt 25 Prozent diese Spiel!...
Ich habe fertig!"

BILD vom 11. März, 1998

„Ich bin doch kein Idiot!"
Trap tobte, schrie und weinte

Eigentlich ein Gentleman mit besten Manieren – dennoch impulsiv: Trainer Giovanni Trapattoni bei seiner legendären Wutrede

Altmeister Köln muss in die Zweite Liga

Ausgerechnet im 50. Jubiläumsjahr erwischt es den Altmeister. Der 1. FC Köln, 1964 erster Titelträger der Bundesliga (damals mit Stars wie Overath, Schäfer oder Benthaus), muss erstmals in die Zweitklassigkeit. Auch ein Trainerwechsel (Lorenz-Günther Köstner kommt für Peter Neururer) kann den Sturz des Bundesliga-Dinos nicht verhindern.

Der Tiger verlässt den Bökelberg

Nach vier Jahren Bökelberg verabschiedet sich Stefan Effenberg zum FC Bayern. Haarscharf schrammt der Tiger - (die Frisur war Einlösung einer Wette bei „Wetten dass...?") - in seiner letzten Saison mit Gladbach am Abstieg vorbei.

Nach seiner Pechsträhne schießt der „Tor-Marschall" Lautern zum Titel

Meister-Trainer Otto Rehhagel nennt ihn liebevoll „meinen Tor-Marschall". Der Nationalspieler erfüllt seinen Job perfekt: Seine 21 Treffer sind der Garant für den Sensations-Titel des Aufsteigers. Dabei hatten ihn viele schon abgeschrieben. Marschall, 1994 für 1,2 Millionen Mark von Dynamo Dresden verpflichtet, war drei Jahre fast ständig verletzt, verlor zudem unter Rehhagel sein Kapitänsamt. Doch am Ende zeigt der „Tor-Marschall" es all seinen Kritikern.

Meisterliche Torquote: Lauterns Torjäger Olaf Marschall

So wurde ich zum „Kung-Fu-Kahn“

April ’99: Die wilde Kahn-Attacke im Dortmunder Westfalenstadion. BVB-Torjäger Chapuisat entgeht gerade noch „Kung-Fu-Kahn“

Von OLIVER KAHN

FC Bayern gegen Borussia Dortmund, da geht’s besonders zur Sache. Da legt jeder noch eine Schippe drauf.

Am 3. April 1999 spielten wir in Dortmund 2:2. Und danach gab es Schlagzeilen von *„Vul-Kahn“* über *„Beißer Kahn“* bis *„Kung-Fu-Kahn“*...

Das Foto von mir aus diesem Spiel ist natürlich spektakulär. Wie ich, ein Bein waagerecht in der Luft, Dortmunds Chapuisat entgegenfliege. Verletzt habe ich ihn aber nicht. Und

Zugabe: Oliver Kahn startet gegen Doppel-Torschütze Heiko Herrlich eine „Knabber"-Attacke

ich habe auch Heiko Herrlich nicht „gebissen". Ich bin schon an sein Ohr ran, aber es war eher ein „Schmatzer".

So lief es ab und nicht anders. Und für diese Dinge gibt es eine Vorgeschichte.

Ich hatte nach 736 Minuten in Dortmund wieder ein Gegentor gefangen, das hat mich schon mal ziemlich geärgert. Und meine Situation damals in der Nationalmannschaft war auch nicht eben rosig, es gab Kritik an mir.

Irgendwann entlädt sich die Anspannung. Der BVB ging durch zwei Tore von Herrlich 2:0 in Führung. Bei einem Torhüter reicht da oft nur ein Funke, weil der permanente Druck so extrem ist – und der Deckel fliegt vom Kessel. „Zico" Zickler und Carsten Jancker trafen für uns noch zum 2:2. Exakt das Hinrunden-Ergebnis.

Obwohl wir mit 15 Punkten Vorsprung Meister wurden, war '98/'99 für mich die brutalste Saison. Das lag an den Final-Niederlagen gegen ManU in der Champions League (1:2) und gegen Werder im Pokal (5:6 n. E.). Da war ich auch geladen...

Saison 1998/99

Abschluss-Tabelle

1. Bayern München	76:28	78
2. Bayern Leverkusen	61:30	63
3. Hertha BSC Berlin	59:32	62
4. Borussia Dortmund	48:34	57
5. 1. FC Kaiserslautern	51:47	57
6. VfL Wolfsburg	54:49	55
7. Hamburger SV	47:46	50
8. MSV Duisburg	48:45	49
9. TSV München 1860	49:56	41
10. FC Schalke 04	41:54	41
11. VfB Stuttgart	41:48	39
12. SC Freiburg	36:44	39
13. Werder Bremen	41:47	38
14. FC Hansa Rostock	49:58	38
15. Eintracht Frankfurt	44:54	37
16. 1. FC Nürnberg	40:50	37
17. VfL Bochum	40:65	29
18. Bor. Mönchengladbach	41:79	21

Torjäger

23 Tore
Michael Preetz
(Hertha BSC)

19 Tore
Ulf Kirsten
(Bayer Leverkusen)

14 Tore
Anthony Yeboah
(HSV)

14 Tore
Oliver Neuville
(Rostock)

Die Top-Elf des Meisters

Zahlen & Fakten

Tore: 866 gesamt, 2,83 pro Spiel
Elfmeter: 89 (63 verwandelt, entspricht 70,79%)
Zuschauer: 9.455.582 gesamt, 30.901 im Schnitt
Fußballer des Jahres: Lothar Matthäus
Herbstmeister: Bayern München
Meistertrainer: Ottmer Hitzfeld
Pokalsieger: Werder Bremen

Trainerentlassungen

Ewald Lienen (Foto, Rostock), **Wolfgang Sidka** (Bremen), **Friedel Rausch** (Gladbach), **Willi Reimann** (Nürnberg), **Winfried Schäfer** (Stuttgart), **Horst Ehrmantraut** (Frankfurt), **Wolfgang Rolff** (Stuttgart), **Reinhold Fanz** (Frankfurt), **Rainer Adrion** (Stuttgart), **Felix Magath** (Bremen)

Spielertransfers

Zé Roberto (Foto) von Flamengo Rio de Janeiro zu Leverkusen, **Jörg Heinrich** von Dortmund zu Florenz, **Stefan Effenberg** von Gladbach zum FC Bayern, **Jens Lehmann** von Schalke zum AC Mailand, von Mailand zu Dortmund

So sah's Franz Beckenbauer

Mit Hitzfeld beginnt eine völlig neue Bayern-Ära

Mit der Verpflichtung von Ottmar Hitzfeld, der in Dortmund bereits große Erfolge hatte, begann eine neue Bayern-Ära. In seinem ersten Trainerjahr sorgte Ottmar gleich für Ruhe im Team. Zudem war mit Stefan Effenberg von Gladbach mehr Linie ins Spiel gekommen. Sogar das Triple schien möglich. Die Meisterschaft wurde mit 15 Punkten Vorsprung eingefahren. In der Champions League fehlten 120 Sekunden: Nach dem 1:0 durch Basler passierte, was nicht mehr passieren durfte: Sheringham, Solskjaer, 2:1 für ManU. Die Enttäuschung von Barcelona war im DFB-Pokalfinale gegen Werder (6:5 n. E.) noch spürbar.

Rot für Lehmann nach „Haar-Test"

Ja, spielen sie jetzt alle verrückt? Nach Oliver Kahns Kung-Fu-Tritt dreht auch Jens Lehmann, die Nummer 2 der Nationalelf, durch: Als der Rostocker Timo Lange in der 90. Minute beim Spielstand von 2:0 den Ball trotz Abseitspfiff ins Tor schießt, schwingt sich Torwart-Tarzan Lehmann zum Racheengel auf, rupft dem Hansa-Kapitän an den Haaren. Schiedsrichter Dr. Fleischer zeigt ihm Rot für den fragwürdigen Haar-Test. In den nächsten drei Spielen hütet „Teddy" de Beer das BVB-Tor.

Um diese Szene geht's: Torhüter Jens Lehmann (rechts) rupft Rostocks Timo Lange an den Haaren

Nach Beißer Kahn jetzt Rupfer Lehmann

Vorsicht, freilaufende Torhüter

BILD vom 12. April, 1999

Stuttgart spielt Trainer-Quartett

Beim VfB Stuttgart rotiert das Trainer-Karussell: Nach den glücklosen Schäfer, Rolff und Adrion kommt am 30. Spieltag mit Ralf Rangnick aus Ulm der vierte Coach in einer Saison. Doch auch der „Fußball-Professor" ist mit seinem Latein bald am Ende: In fünf Spielen setzt es drei Pleiten. Trotzdem packen die Schwaben mit Mühe und Not den Klassenerhalt.

Thomas Häßler in tragender Rolle beim BVB...

Der Absturz von Weltmeister Häßler

Vom Weltmeister zum Wasserträger: Thomas Häßler fasst bei Borussia Dortmund nie richtig Fuß. Jung-Trainer Skibbe nennt seinen Star einen „talentierten Spieler". Häßler macht nur 18 Spiele, schießt magere 2 Tore. Symptomatisch für diese verkorkste Saison: Häßler trägt für erschöpfte Kollegen einen Kasten Wasser. Nach der Saison wechselt Häßler frustriert zu 1860 München.

Neue Liebe: Lothar Matthäus und Maren Müller-Wohlfahrt. Die bildhübsche Studentin ist 16 Jahre jünger

Oldie but Goldie: Elegant umkurvt Matthäus die Bremer Trares (l.) und Frings

Altmeister Lothar Matthäus: Fußball wie ein junger Gott

Phänomen Lothar Matthäus. Mit 38 Jahren räumt der Bayern-Star noch einmal richtig ab. Matthäus gewinnt seine 6. Deutsche Meisterschaft, wird zum „Fußballer des Jahres“ gewählt, erhält mit dem Silbernen Lorbeerblatt Deutschlands höchste Sportauszeichnung. Auch privat läuft's turbulent: Scheidung von Lolita Moreno nach fünf Jahren Ehe. Mit seiner neuen Freundin Maren Müller-Wohlfahrt (Tochter vom Bayern-Doc) wagt Matthäus im kommenden Frühjahr den Sprung nach Amerika.

Ich stemme alles! Ausgelassen feiert Lothar Matthäus seine sechste Deutsche Meisterschaft

Eintracht-Held Jan-Aage Fjörtoft. Beim Abschied aus Frankfurt erhält er den Schuh, mit dem er den entscheidenden Treffer erzielte, als Gold-Souvenir.

Das irre Abstiegs-Finale! Frankfurt feiert Fjörtoft

Das Sekunden-Drama am letzten Spieltag: Zweimal ist die Frankfurter Eintracht am 29. Mai 1999 schon abgestiegen, auch Hansa Rostock steht kurz in der 2. Liga. Drei Minuten vor Schluss erzielt der Eintracht-Norweger Jan-Aage Fjörtoft dann das 5:1 gegen Lautern – und schickt Nürnberg damit (1:2 gegen Freiburg) in die Zweitklassigkeit!
Die Franken müssen runter, weil sie in der Endabrechnung vier Tore weniger erzielt haben als Frankfurt…

Daum auf der Flucht wie Dr. Kimble

Wenn der Vater mit dem Sohne einfach nur traurig ist: Daum und sein Sohn Marcel weinen nach dem 0:2 in Unterhaching

Von VIM VOMLAND

Der Traum von der Meisterschaft mit Leverkusen erfüllte sich für Christoph Daum nicht. Ein simpler Punkt in Unterhaching vor den Toren Münchens hätte zum Saisonfinale '99/2000 genügt.

Doch es kam anders. Das Daum-Team verlor mit dem 0:2 den sicher geglaubten Titel. Und manche sagen, an jenem 20. Mai 2000 begann der Absturz des Christoph Daum, in dessen Armen sein Sohn Marcel (damals 14) die verpasste Meisterschaft beweinte.

Daum bekannte, er habe später auch heulen müssen. Im Sommer 2000 schien aber auch die Sonne. Daum wurde im Sommer 2000 auserkoren, zum Bundestrainer aufzusteigen...

Doch dann die ersten Kokain-Gerüchte. Daum wollte diesen mit einer Haarprobe entgegentreten. Und trat, da deren Ergebnis positiv war, eine Lawine los. Der „Trainer des Jahres" stürzte ins Nichts. Am 20. Oktober En-

Die Kokain-Affäre Daum – beherrschendes Thema 2000. Hier kündigt er den Haar-Test an

BILD vom 23. Oktober, 2000

DAUM auf der FLUCHT

Er buchte ein One-Way-Ticket nach Amerika

BILD vom 25. Oktober, 2000

Der Daum-Skandal: Jetzt brechen alle Dämme

● Thränhardt: Daum schickte Schläger in mein Haus

Ich sollte ihm nicht in die Quere kommen

● Hoeneß: Hartwig ist charakterlos

de in Leverkusen. Am 21. Oktober saß Daum im Flieger nach Miami. Christoph Daum auf der Flucht, wie „Dr. Kimble" in der TV-Serie.

Ich, der BILD-Reporter, bekam den Auftrag, ihn zu finden. Florida ist groß. Miami, Naples, Orlando – kein Zeichen von Daum. Bis zum 30. Oktober, 11.18 Uhr Ortszeit. Auf meinem Handy meldet sich eine Stimme: „Maria, what's up?", Maria, was gibt es?

Daum! Er kennt meinen Taufnamen Maria. Sagt, es gehe ihm gut. Ein Treffen aber lehnt er ab: „Mich finden? Könnt ihr vergessen!"

Am 4. November meldet sich Kontaktmann Mark Dillon. Er will mich in Orlando zu Daum führen: „Wenn dir einer folgt, ist alles aus. Und kein Fotograf!" Wir fahren kreuz und quer durch die Stadt. Dillon führt mich durch Hinterhöfe, Kontore. In einem Hinterzimmer sitzt Daum. Und verrät BILD: „Ich komme bald zurück."

Der 30-Tage-Marathon-Prozess wurde für ihn zum Freispruch für eine zweite Trainer-Karriere.

Abschluss-Tabelle

1. Bayern München	73:28	73
2. Bayer Leverkusen	74:36	73
3. Hamburger SV	63:39	59
4. TSV München 1860	55:48	53
5. 1. FC Kaiserslautern	54:59	50
6. Hertha BSC Berlin	39:46	50
7. VfL Wolfsburg	51:58	49
8. VfB Stuttgart	44:47	48
9. Werder Bremen	65:52	47
10. SpVgg Unterhaching	40:42	44
11. Borussia Dortmund	41:38	40
12. SC Freiburg	45:50	40
13. Eintracht Frankfurt	42:44	39
14. FC Schalke 04	42:44	39
15. FC Hansa Rostock	44:60	38
16. SSV Ulm 1846	36:62	35
17. Arminia Bielefeld	40:61	30
18. MSV Duisburg	37:71	22

Eintracht Frankfurt wurden am Saisonende 2 Punkte abgezogen.

Torjäger

19 Tore Martin Max (1860 Mün.)

17 Tore Ulf Kirsten (Bayer Leverkusen)

14 Tore Giovane Elber (Bayern)

14 Tore Ebbe Sand (Schalke 04)

Die Top-Elf des Meisters

Zahlen & Fakten

Tore: 885 gesamt, 2,89 pro Spiel
Elfmeter: 99 (69 verwandelt, entspricht 69,7%)
Zuschauer: 8.849.661 gesamt, 28.920 im Schnitt
Fußballer des Jahres: Oliver Kahn
Herbstmeister: Bayern München
Meistertrainer: Ottmar Hitzfeld
Pokalsieger: Bayern München

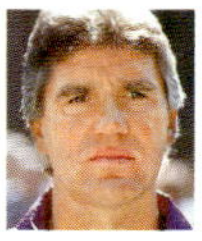

Trainerentlassungen

Jörg Berger (Foto, Eintracht Frankfurt), **Michael Skibbe** (Borussia Dortmund), **Friedhelm Funkel** (MSV Duisburg), **Bernd Krauss** (Borussia Dortmund)

Spielertransfers

Paulo Sergio (Foto) von AS Rom zu Bayern München, **Christian Wörns** von Paris zu Dortmund, **Victor Ikpeba** von Monaco zu Dortmund, **Fredi Bobic** von Stuttgart zu Dortmund, **Ebbe Sand** von Bröndby IF zu Schalke, **Santa Cruz** von Asuncion zu Bayern München, **Oliver Neuville** von Rostock zu Leverkusen

So sah's Franz Beckenbauer

Daum und Leverkusen scheitern an den Nerven

Es war sozusagen ein „Elfmeter" zum Titelgewinn, vor dem Bayer Leverkusen am letzten Spieltag stand. Ein Punkt in Unterhaching hätte genügt. Aber das 0:2 der Mannschaft von Christoph Daum verhalf dem FC Bayern durch ein 3:1 gegen Werder doch noch zum Titel. Am Ende hatten die Nerven entschieden. Und Ottmar Hitzfeld konnte sich, wie schon 1995 mit Dortmund, in der Schlussrunde an die Spitze setzen. Zudem gelang gegen Bremen auch der Sieg im DFB-Pokal. International machten, vor allem bei der EM 2000, andere die Musik. Rudi Völler übernahm deshalb die Nationalelf. Eine gute Lösung, wie sich zeigen sollte.

Golfball an die Schläfe! Kahn völlig außer sich

Skandal im Freiburger Dreisamstadion: In der 90. Minute wird Oliver Kahn von einem Golfball an der Schläfe getroffen. Der Bayern-Keeper bricht zusammen, die Stirn blutet stark, tränkt sein Trikot rot. Drei Minuten muss er behandelt werden, wird geklammert. Kahn stellt sich die letzte Minute aber wieder ins Tor. Aufgebracht zeigt er den Zuschauern den Vogel. Die Freiburger Fans waren wütend, weil Bayern kurz zuvor einen umstrittenen Elfer bekam (Scholl verwandelte zum 2:1). Und einer der sonst friedlichen SC-Fans warf den Golfball…

Skepsis: Altfuchs Lattek und Jungfuchs Sammer

Udo Lattek unterbricht Trainer-Rente für 5 Spiele

Fünf Spieltage vor Saisonende herrscht die totale Abstiegs-Panik in Dortmund. Nach nur 67 Tagen wird der erfolglose Bernd Krauss (Nachfolger von Skibbe) gefeuert. Dann die Trainer-Sensation: Der alte Trainer-Fuchs Udo Lattek kehrt mit 65 Jahren an die Seitenlinie zurück. Gemeinsam mit Matthias Sammer soll er den schlaffen Profis Dampf machen und die Borussia retten. Es gelingt. Die Bilanz: 2 Siege, 2 Remis und eine Niederlage. Der BVB landet auf Platz elf.

Freude: Udo Lattek und Matthias Sammer beim Synchron-Jubel über das rettende 1:1 gegen Schalke

Herr Lattek, retten Sie uns!

Ja, ich mach's! Matthias Sammer wird sein Berater. Die Chaos-Tage in Dortmund

BILD-Kommentar

BILD vom 14. April, 2000

Kurz nach dem Golfball-Wurf fließt Blut über das Gesicht von Oliver Kahn. Mit aller Macht muss Manager Uli Hoeneß den aufgebrachten Kahn zurückhalten

Olli Kahn will auf die Südtribüne zu rennen. Von dort kam der Golfball. Hoeneß hält ihn auf

Aus den Ulmer Spatzen werden die Moorhühner

Überraschungs-Aufsteiger SSV Ulm – nach nur einem Jahr geht es wieder abwärts. Der Tiefpunkt: Am 25. Spieltag ballert Leverkusen die „Spatzen" ab wie Moorhühner, siegt 9:1 im Donaustadion. Im folgenden Jahr wird den Ulmern die Lizenz verweigert. Es folgt der Zwangsabstieg in die Verbandsliga...

Frankfurt rettet sich trotz Punktabzug

Skandal-Klub Eintracht Frankfurt bringt sich mal wieder selbst in die Bredouille. Wegen Verstößen gegen die Lizenzauflagen (Spielerkäufe trotz Verschuldung) werden der „Diva vom Main" zwei Punkte abgezogen. Erst an den letzten beiden Spieltagen gelingt der Truppe von Trainer Magath die Rettung. 181

Pizza mit Zoff! Bayern feuern Basler & Scheuer

Die Pizzeria-Affäre – sie schmeckte keinem... Während eines Reha-Aufenthaltes in Donaustauf werden Bayern-Star Mario Basler und Ersatzkeeper Sven Scheuer bei einem Pizzeria-Besuch in eine Schlägerei verwickelt. Die Polizei muss schlichten, der FC Bayern reagieren: Obwohl die Spieler ihre Unschuld beteuern, fliegen beide raus! Scheuer wird später begnadigt, „Super-Mario" wechselt nach Lautern – und schießt von dort gegen Bayern-Manager Uli Hoeneß: „Ich bin froh, dass ich mir seinen Schwachsinn nicht mehr anhören muss."

Nur noch in Zivil im Olympiastadion: Die gefeuerten Basler (l.) und Scheuer

Die 200

182

Samba Borussia! Herrlich ausgelassen jubeln Dortmunds Brasilianer Amoroso, Evanilson und Ewerthon (v.l.). Sie haben großen Anteil am Meistertitel der Borussia am Ende der Saison 2001/2002

0er

Ganz Schalke weinte

Von RUDI ASSAUER

Diese Zahlen hätte ich auch noch nach ganz viel Pils im Kopp…

19. Mai 2001, exakt 17.20 Uhr. Nach genau 3 Minuten und 57 Sekunden Nachspielzeit in Hamburg: Andersson haut den Freistoß zum 1:1 rein, die Bayern „klauen" uns den Titel! Es war der allerletzte Schuss der Saison.

Der Wahnsinn bei uns auf Schalke.

4 Minuten und 38 Sekunden nach unserem 5:3 gegen Unterhaching fühlen sich unsere Fans als Meister.

Barbarez hat ja in der 90. Minute gegen Bayern getroffen, bei uns brüllt alles „Schalke, Schalke". Ich bleibe skeptisch. Bis mir ein Premiere-Reporter ins Ohr brüllt: „Wohl Schluss in Hamburg – Ihr habt die Schale!" Ich tanze mit Andy Möller wie bekloppt auf dem Rasen herum.

Ich rauf in die Kabine. Da hängen meine Jungs vorm Fernseher. Immer wieder läuft das 1:1 der Münchner. Ich hätte die Kiste kaputttreten können. Stattdessen heule ich los wie ein Schlosshund. Schließlich flennen alle…

BILD ernannte uns zum *„Meister der Herzen"*. Das tat gut, aber unter dem Strich blieb Vize. Schiri Dr. Merk war mit schuld. Ich werde nie begreifen, warum er vor dem entscheidenden Freistoß für Bayern einen Abwehrversuch von Hamburgs Ujfalusi als Rückpass wertete. Kurz nach Beginn der folgenden Saison entschied Merk in Gladbach bei einer viel klareren Situation anders…

Schalke-Manager Rudi Assauer weint nach der verpassten Meisterschaft

BILD vom 21. Mai 2001

Schalkes Anhänger durften sich für 4 Minuten und 38 Sekunden als Meister fühlen. Dann war der Titel wieder futsch. Und die Bilder der weinenden Fans rührten alle

Saison 2000/01

Abschluss-Tabelle

1. Bayern München	62:37	63
2. FC Schalke 04	65:35	62
3. Borussia Dortmund	62:42	58
4. Bayer Leverkusen	54:40	57
5. Hertha BSC Berlin	58:52	56
6. SC Freiburg	54:37	55
7. Werder Bremen	53:48	53
8. 1. FC Kaiserslautern	49:54	50
9. VfL Wolfsburg	60:45	47
10. 1. FC Köln	59:52	46
11. 1860 München	43:55	44
12. Hansa Rostock	34:47	43
13. Hamburger SV	58:58	41
14. Energie Cottbus	38:52	39
15. VfB Stuttgart	42:49	38
16. SpVgg Unterhaching	35:59	35
17. Eintracht Frankfurt	41:68	35
18. VfL Bochum	30:67	27

Torjäger

22 Tore
Sergej Barbarez
(HSV)

22 Tore
Ebbe Sand
(Schalke 04)

19 Tore
Claudio Pizarro
(Werder)

Die Top-Elf des Meisters

Zahlen & Fakten

Tore: 897 gesamt, 2,93 pro Spiel
Elfmeter: 81 (64 verwandelt, entspricht 79,01%)
Zuschauer: 8.696.712 gesamt, 28.421 im Schnitt
Fußballer des Jahres: Oliver Kahn
Herbstmeister: Schalke 04
Meistertrainer: Ottmar Hitzfeld
Pokalsieger: Schalke 04

Trainerentlassungen

Otto Rehhagel (Foto, Kaiserslautern), **Andreas Zachhuber** (Rostock), **Christoph Daum** (Leverkusen), **Felix Magath** (Frankfurt), **Ralf Zumdick** (Bochum), **Ralf Rangnick** (Stuttgart), **Rolf Dohmen** (Frankfurt)

Spielertransfers

Emerson (Foto) von Leverkusen zu AS Rom, **Willy Sagnol** von Monaco zu Bayern München, **Sunday Oliseh** von Juventus Turin zu Dortmund, **Ciriaco Sforza** von Kaiserslautern zu Bayern München, **Vratislav Lokvenc** von Sparta Prag zu Kaiserslautern, **Andreas Möller** von Dortmund zu Schalke 04

So sah's Franz Beckenbauer

Glücks-Titel half Bayern im Finale der Champions League

Dramatik lässt sich im Fußball noch steigern... Zunächst zur Meisterschaft. Die Schalker hätten es auch verdient gehabt. Doch das Glück stand am Ende auf Seiten des FC Bayern. Ich sage offen: Mit dem Tor zum 1:1 beim HSV in der Nachspielzeit hatte ich nicht mehr gerechnet. Das war ein Fußball-Wunder. Schön für uns, aber bitter für Schalke. Der 3. Titel in Serie brachte Bayern den Schub fürs Champions-League-Finale. Nach ManU und Real stand noch Valencia im Weg. Oliver Kahn machte in Mailand ein großes Spiel, hielt drei Elfer. Mit dem 6:5 n.E. ging ein Traum in Erfüllung. Ottmar Hitzfeld erfüllte ihn sich schon zum zweiten Mal.

Haching bläst der Liga den Marsch

Mit dem Abstieg der SpVgg Unterhaching verliert die Liga ihre kurioseste Stadion-Musik: die Blaskapelle „Blechschaden". Angeführt vom schottischen Musiker Bob Ross (Foto) wird bei jedem Hachinger Angriff der „Radetzkimarsch" gespielt. Sieht ein Gäste-Spieler Gelb, ertönt quer durch den „Sportpark" das Volkslied „Hoch auf dem gelben Wagen". Passend: Als Taktstock dient Ross ein Spielzeug-Laserschwert.

Der mutigste Wechsel aller Zeiten! Möller von Dortmund zu Schalke

Königsblau statt Gelb-Schwarz: Möller wechselt im Revier die Seite

Profitiert stark vom Möller-Transfer: Torjäger Ebbe Sand

Der Wechsel-Hammer des Jahres: Mittelfeld-Star Andreas Möller verlässt Borussia Dortmund – und wechselt ausgerechnet zum Erzrivalen Schalke 04! Im Revier brennt es lichterloh. Aufgebrachte Schalke-Fans kündigen ihre Mitgliedschaft, geben ihre Dauerkarten zurück. Manager Rudi Assauer fleht: „Gebt Andy eine faire Chance." Und der Mut von „Stumpen-Rudi" zahlt sich aus. Möller wird zum Chef, führt Schalke zur Vizemeisterschaft – und füttert Dänen-Bomber Ebbe Sand mit einer Flut von Vorlagen. Gemeinsam mit Sergej Barbarez (HSV) wird Sand (kam im Vorjahr aus Kopenhagen) Torschützenkönig.
Die Fans haben Möller längst in ihr Herz geschlossen. Sie taufen die einstige „Heulsuse" liebevoll in „Kampfsuse" um...

BILD vom 25. Mai, 2001

Der Meister-Schuss. Andersson (Nr. 5) trifft nach Effenbergs Freistoß-Vorlage mit viel Glück vorbei an der HSV-Mauer

„Titan Kahn“ brüllte Bayern zum Hattrick

Solche Momente sind ihm die liebsten: Meister in der letzten Sekunde – da „explodierte“ Oliver Kahn! Die Bayern hatten in Hamburg in der 90. Minute das 1:0 von Barbarez kassiert. „Nicht aufgeben!“ brüllte Kahn. Und tatsächlich: Anderssons Schuss machte vier Minuten später die Bayern doch noch zum Meister. Der Titel-Hattrick war perfekt. Und „Titan Kahn“ krönte sein Jahr mit einer überragenden Leistung beim anschließenden Gewinn der Champions League.

Oliver Kahn ballt die Fäuste, lässt lautstark Dampf ab: Meister und Champions-League-Sieger! Er wurde zum „Welt-Torhüter“ und zweimal in Folge zum „Fußballer des Jahres“ gewählt

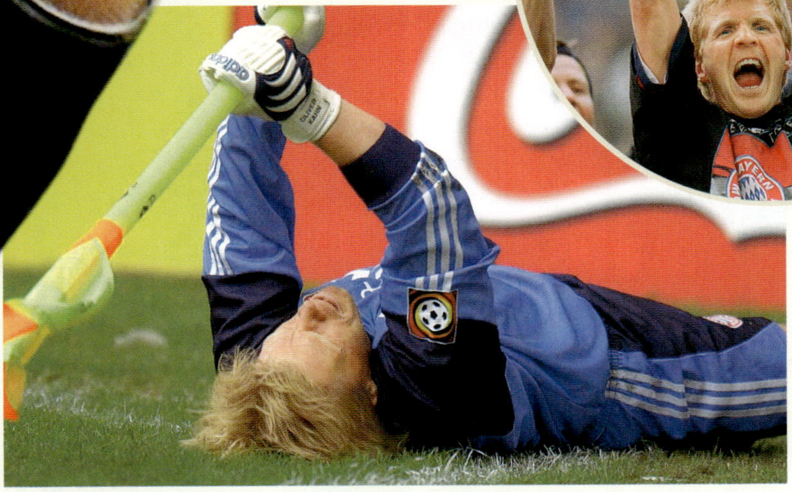

Da legst di nieder! Kahn schüttelt wie wahnsinnig die Eckfahne, dann lacht Kapitän Effenberg mit der Schale (oben)

Ballack: Ich wollte einen Titel und wurde 4x Vize...

Wieder müssen sie bei der Siegerehrung für eine andere Mannschaft zuschauen: Bayer-Manager Calmund und Trainer Toppmöller nach dem CL-Finale 2002 in Glasgow

Von MICHAEL BALLACK

In der Winterpause der Saison 2001/2002 fiel die Entscheidung. Mein Wechsel zum FC Bayern zur neuen Saison war klar. Und ich wollte unbedingt einen Titel aus Leverkusen mitnehmen!

Chancen dafür gab es genügend. Aber am Ende jener Saison war für die Presse aus Leverkusen *„Vizekusen"* geworden...

Vize-Meister. Vize in der Champions League. Vize im DFB-Pokal. In meinem Fall auch noch Vize-Weltmeister. Aber das war, nach einer guten WM, noch am ehesten zu verdauen.

Die Leiden mit Bayer Leverkusen gingen unter die Haut. Man litt allein schon, wenn man Manager Calmund leiden sah. Aus ihm weinte die Liebe zum Klub.

Am schlimmsten war der vergeigte Meister-Titel. Der

Die Silbermedaille kann sie nicht trösten: Reiner Calmund und Klaus Toppmöller

Knackpunkt war der drittletzte Spieltag. Wir gingen mit 5 Punkten Vorsprung vor Dortmund da rein. Aber nach unserem 1:2 gegen Werder verloren wir die Ordnung. Und schließlich den Titel an Borussia – obwohl wir anerkanntermaßen, über die Saison gesehen, den schönsten Fußball gespielt hatten.

Zum Champions-League-Finale (1:2) ist zu sagen: Real war besser – Aus.

Im Pokal-Finale (2:4) gegen Schalke kriegten wir noch einen mit, weil alle in den Köpfen leer waren.

So eine Saison hinterlässt Wunden! Ich glaube, dass Bayer Leverkusen auch deshalb in das Tief gefallen ist.

Mit leerem Blick geht Michael Ballack am silbernen Europapokal vorbei – die Trophäe bekommt Real Madrid

BILD vom 06. Mai, 2002

Bayer Vize-kusen

BAYER 04
IST JEDEM KLAR SIND DIE
WAHREN DEUTSCHEN
MEISTER
IN DIESEM JAHR
WIR SIND STOLZ AUF
UNSER TEAM

Mister Leverkusen, Reiner Calmund, weint im Stadion. „Ich schäme mich der Tränen nicht", sagt der Manager später. „Der Schmerz musste raus"

Meister der Schmerzen

Saison 2001/02

Abschluss-Tabelle

1. Borussia Dortmund	62:33	70
2. Bayer Leverkusen	77:38	69
3. Bayern München	65:25	68
4. Hertha BSC Berlin	61:38	61
5. Schalke 04	52:36	61
6. Werder Bremen	54:43	56
7. 1. FC Kaiserslautern	62:53	56
8. VfB Stuttgart	47:43	50
9. 1860 München	59:59	50
10. VfL Wolfsburg	57:49	46
11. Hamburger SV	51:57	40
12. Bor. Mönchengladbach	41:53	39
13. Energie Cottbus	36:60	35
14. Hansa Rostock	35:54	34
15. 1. FC Nürnberg	34:57	34
16. SC Freiburg	37:64	30
17. 1. FC Köln	26:61	29
18. FC St.Pauli	37:70	22

Torjäger

18 Tore
Marcio Amoroso
(Dortmund)

18 Tore
Martin Max
(1860 Mün.)

17 Tore
Michael Ballack
(Leverkusen)

17 Tore
Giovane Elber
(Bayern)

Die Top-Elf des Meisters

Lehmann

Evanilson – Wörns – Metzelder – Dede

Kehl – Reuter – Rosicky

Ewerthon – Koller – Amoroso

Zahlen & Fakten

Tore: 893 gesamt, 2,92 pro Spiel
Zuschauer: 9.500.367 gesamt, 31.047 im Schnitt
Elfmeter: 102 (74 verwandelt, entspricht 72,55%)
Fußballer des Jahres: Michael Ballack
Herbstmeister: Bayer Leverkusen
Meistertrainer: Matthias Sammer
Pokalsieger: Schalke 04

Trainerentlassungen

Frank Pagelsdorf (Foto, Hamburger SV), **Werner Lorant** (1860 München), **Friedhelm Funkel** (Hansa Rostock), **Ewald Lienen** (1.FC Köln), **Jürgen Röber** (Hertha BSC Berlin)

Spielertransfers

Marcio Amoroso (Foto) von Parma zu Dortmund, **Jan Koller** von Anderlecht zu Dortmund, **Robert Kovac** von Leverkusen zu Bayern München, **Claudio Pizarro** von Bremen zu Bayern München, **Patrik Andersson** von Bayern München zu Barcelona, **Marcelinho** von Porto Alegre zu Hertha BSC Berlin

So sah's Franz Beckenbauer

Jüngster Meister-Trainer! Hut ab vor Matthias Sammer

Matthias Sammer hatte bereits als Profi Führungs-Qualitäten unter Beweis gestellt. Jetzt wurde er mit 34 Jahren der jüngste Meistertrainer der Bundesliga-Geschichte. Vize Leverkusen, mit einem herausragenden Michael Ballack, spielte in dieser Saison am attraktivsten. Doch im Titelkampf zählt halt etwas anderes: Der BVB hatte den Tick mehr an Willen und Entschlossenheit. Leverkusen vergab noch zwei weitere Titelchancen (Champions League/DFB-Pokal). Das steckt keine Mannschaft weg. Einige der Spieler hatten als Vizeweltmeister oder als Weltmeister wie Lucio wenigstens eine gute WM als Abschluss.

Streitbare Meister: BVB-Trainer Sammer sprach viel mit Superstar Amoroso

„Glamoroso" zaubert Dortmund nach oben

Wieder ein Herzschlag-Finale! Bis zur 74. Minute ist Leverkusen am letzten Spieltag Meister – dann geht der BVB gegen Werder in Führung und holt die Schale. Einer verzaubert in seiner ersten Bundesliga-Saison die ganze Liga: Samba-Stürmer Marcio Amoroso. Mit 18 Toren schießt sich „Glamoroso" in die Herzen der Fans – und den BVB in den Bundesliga-Himmel!

Die große Sieg-Serie von „Big Brehme“

Die zwei Gesichter des 1. FC Kaiserslautern: Erst erleben sie den hellblauen Zauber – und dann ihr blaues Wunder. Mit Rehhagel-Nachfolger Andy Brehme und seinem hellblauen Glückshemd gewinnt Lautern die ersten sieben Spiele, stellt den Auftakt-Rekord der Bayern ein. Dann setzt es eine Pleite in Wolfsburg – und die Pfälzer stürzen ab. Am Ende langt es nicht mal für einen UEFA-Cup-Platz. „Big Brehme“ muss im August 2002 gehen.

Der Meistertreffer: Dortmunds Ewerthon schießt einen Abpraller von Werder-Torwart Rost (r.) aus spitzem Winkel zum 2:1 ins Tor. Links Amoroso und Krstajic

Multi-Kulti-Meister: Koller, Evanilson, Rosicky und Amoroso (oben, v.l.) feiern mit Dede und Ewerthon (unten, v.l.)

BILD vom 28. Januar, 2002

Bayern-Manager Hoeneß schimpft im Februar: „Die Spieler futtern nach solchen Pleiten lecker Scampi und ich habe eine schlaflose Nacht.“

Bayern zweimal derbe abgewatscht

Sensationelle Bayern-Pleiten: Am 19. Spieltag setzt es auf Schalke eine donnernde 1:5-Ohrfeige. Die höchste Niederlage seit acht Jahren! Vize Rummenigge tobt: „Das waren Kindergarten-Gegentore!“ Zehn Tage später schlägt St. Pauli die Bayern 2:1, ernennt sich zum „Weltpokalsiegerbesieger“ (T-Shirt-Aufdruck). Und Bayern muss die Meisterschaft frühzeitig abhaken.

Darf man mit Hut eine Ecke schießen?

Lautern-Star Mario Basler verblüfft mal wieder die Fans. Beim Sieg gegen St. Pauli (5:1) schnappt er sich den Pepita-Hut eines Fans – und will „behütet“ einen Eckball treten. Aber Schiri-Assistent Thorsten Schiffner verbietet „Super-Mario“ das Späßchen. Begründung: Mangelnder Respekt vor dem Gegner…

Hut ab! Mario Basler steht schon an der Eckfahne bereit, doch der Schiri-Assi sagt Nein. Basler winkt ab – und stiefelt von dannen

Giovane Elber Torkönig und Meister! Bayern ist mein Leben

Von GIOVANE ELBER

Es gibt ein Foto von mir aus dieser Saison, da lege ich beide Hände auf mein Herz. Darüber ist auf dem Trikot das Emblem des FC Bayern zu sehen. Ich wollte damit ausdrücken: Der FC Bayern ist mein Leben. Als Fußballprofi, versteht sich.

Die drei Jahre Stuttgart will ich auch nicht missen. Aber Bayern ist eben Bayern, ein Weltklub. Ich habe hier meine vierte Meisterschaft gewonnen, zuvor sogar die Champions League und den Weltpokal.

Und nun bin ich noch gemeinsam mit Bochums Christiansen Tor-Schützenkönig der Bundesliga geworden. In meinem neunten Bundesliga-Jahr konnte ich mir auch diesen Traum endlich erfüllen.

Diese Saison 2002/2003 – sie hatte es in sich.

Nach unserem frühen Ausscheiden in der Champions League war die Stimmung total auf dem Tiefpunkt. Wir alle konnten es gar nicht fassen, dass nach der Vorrunde schon alles vorbei war. In der Bundesliga hatte doch alles so glänzend begonnen mit wunderbaren Spielen. Damals schrieb alles, weil wir in weißen Trikots spielten, vom „weißen Ballett".

Der Fehler war, dass wir dachten, auch international könnten wir mit Hacke, Spitze, trallala etwas erreichen. Dabei ging nach dem Aus der Tanz erst los: Von allen wurde uns der Marsch geblasen…

Im Spätherbst kamen auch meine ganz persönlichen Tiefpunkte. Manager Uli Hoeneß kritisierte vor allem meine Leistung. Da hatte ich schon den Eindruck, dass der FC Bayern nicht mehr so hinter mir steht. Das hat mich getroffen. Also habe ich gesagt: Gut, es gibt einen anderen Verein, lasst mich gehen!

Schon vor dem letzten Spieltag feierten sie auf dem Rathaus-Balkon: Bayerns Meister Kahn, Pizarro, Hargreaves, Fink, Jeremies, Dreher und Salihamidzic (v.l.)

Zum Glück wurde nichts daraus. Wir haben uns zusammen gerauft. Uns total auf die Bundesliga konzentriert. Und Ottmar Hitzfeld hat mir den Rücken gestärkt: „Giovane, ich brauche dich und deine Tore."

Irritiert hat mich allerdings lange, dass ich auswärts die verdammte Kiste nicht traf. In Bochum beim 4:1 klappte es endlich. Das Glück kam zurück, auch auswärts. Beim 2:0 in Wolfsburg mache ich das zweite Tor – wir sind MEISTER!

Ein Jahr Vertrag habe ich noch, meine definitiv letzte Saison in München. Ich werde mich noch einmal für den FC Bayern zerreißen. Noch einmal die Champions League zu gewinnen, das wäre mein Traum-Abschied.

Elber deutet auf das Bayern-Emblem: Dies ist mein Verein!

Toller Fallrückzieher von Elber gegen Kaiserslautern (1:0). Er ist der erfolgreichste ausländische Torschütze in 40 Jahren Bundesliga (132 Treffer in 252 Spielen)

Saison 2002/03

Abschluss-Tabelle

1. FC Bayern	70:25	75
2. VfB Stuttgart	53:39	59
3. Dortmund	51:27	58
4. HSV	46:36	56
5. Hertha BSC	52:43	54
6. Werder	51:50	52
7. Schalke 04	46:40	49
8. Wolfsburg	39:42	46
9. Bochum	55:56	45
10. 1860	44:52	45
11. Hannover 96	47:57	43
12. Gladbach	43:45	42
13. Rostock	35:41	41
14. Lautern	40:42	40
15. Leverkusen	47:56	40
17. Bielefeld	35:46	36
18. Nürnberg	33:60	30
15. Cottbus	34:64	30

Torjäger

21 Tore
Giovane Elber
(FC Bayern)

21 Tore
Thomas Christiansen
(VfL Bochum)

16 Tore
Ailton
(Werder Bremen)

16 Tore
Claudio Pizarro
(FC Bayern)

Die Top-Elf des Meisters

Zahlen & Fakten

Tore: 821 gesamt, 2,63 pro Spiel
Elfmeter: 68 (48 verwandelt, entspricht 71%)
Zuschauer: 10.449.174 gesamt, 34.148 im Schnitt
Fußballer des Jahres: –
Herbstmeister: FC Bayern
Meistertrainer: Ottmar Hitzfeld

Trainerentlassungen

Andreas Brehme (Foto, Kaiserslautern), **Klaus Toppmöller** (Leverkusen), **Wolfgang Wolf** (Wolfsburg), **Hans Meyer** (Gladbach), **Peter Pacult** (1860 München), **Frank Neubarth** (Schalke 04), **Klaus Augenthaler** (Nürnberg), **Thomas Hörster** (Leverkusen)

Spielertransfers

Sebastian Deisler (Foto) von Hertha BSC zu Bayern München, **Zé Roberto** von Leverkusen zum FC Bayern, **Torsten Frings** von Bremen zu Dortmund, **Franca** von São Paulo zu Leverkusen, **Christian Poulsen** von Kopenhagen zu Schalke, **Frank Rost** von Bremen zu Schalke, **Michael Ballack** von Leverkusen zum FC Bayern

So sah's Franz Beckenbauer

Stuttgart ist die Sensation, Bayer steht vorm Abgrund

Der Meisterschaft fehlte es an Spannung, zu sehr dominierte der FC Bayern. Zu dieser Überlegenheit hatte das frühe Ausscheiden in der Champions League geführt. Wenn Bayern da eine normale Leistung bietet, also zumindest das Viertelfinale erreicht, wird es im Titelkampf wieder enger. Die Dortmunder haben es nicht hinbekommen, sich auf zwei große Ziele zu konzentrieren. Auch in der Liga haben sie sich unter Wert präsentiert. Stuttgart war für mich die positive Überraschung – Leverkusen die negative. Drei Trainer in einer Saison zeugen kaum von klarer Linie. Der Absturz in die 2. Liga konnte gerade noch vermieden werden.

BILD vom 29. März, 2003

FUSSBALL
Irre Vollgas-Fahrt mit Blondine
Kahn an einem Tag 3 Mal geblitzt

Ferrari-Fahrer Kahn wird mehrfach als Raser erwischt. Ungestraft dagegen bleibt seine „Selbstjustiz“ gegen Brdaric beim 1:2 in Leverkusen (unten)

Es ist der ganz normale „Kahnsinn“...

Oliver Kahn erlebt ein turbulentes Jahr. 10 000 Euro Geldstrafe nach einer Disco-Tour während seiner Verletzungspause. Würgegriff gegen Brdaric in Leverkusen. Kurz vor der Geburt seines zweiten Kindes wird sein Verhältnis mit Disco-Girl Verena bekannt, Trennung von Ehefrau Simone. Wirbel um Tempo- und Parksünden. Kapitän Kahn fehlt bei Bayerns Meisterfeier – und bekommt den Beinamen „Olli Größenkahn“.

Effenberg hat's mal wieder allen gezeigt

Nach seinem stillen Abschied vom FC Bayern wechselt Stefan Effenberg im August überraschend zum VfL Wolfsburg, möchte den Verein in den UEFA-Cup führen. Als der neue Trainer Röber im April Effenbergs Fitness anzweifelt, löst Effe seinen Vertrag auf und unterschreibt bei Al Arabi (Katar). Neues auch privat: Nach der Trennung von Frau Martina lebt Effenberg mit Claudia Strunz zusammen.

Aufsehen erregende Fotos werben im Mai für Effenbergs Buch „Ich hab's allen gezeigt“

Klaus Toppmöller

Am Schluss durfte er nur noch unter ärztlicher Aufsicht ins Stadion. Bayer-Manager Reiner Calmund sieht in dieser Saison sein Lebenswerk zerbrechen. Und leidet sichtlich. Nach den Verkäufen von Ballack und Zé Roberto sowie der schweren Verletzung von Kapitän Nowotny (zweimal Kreuzbandriss)

Bild SPORT
Seite 12 • BILD • 14. Mai 2003
Der sensationelle Trainer-Wechsel in Leverkusen
Steigt Auge in einer Saison 2x ab?
Von NICK SEELIGER und PHILLIP ARENS
Chaos-Klub Leverkusen – kann ER wirklich noch die Rettung bringen?
Weltmeister Klaus Augenthaler (45): Gerade mal vor zwei Wochen wurde er bei Absteiger Nürnberg wegen Erfolglosigkeit gefeuert. Jetzt
wenn man dir das Herz rausreißt."
Gestern, 14 Uhr, wurde der neue Trainer in Leverkusen vorgestellt.
Auge (grauer Anzug, hellbraune Slipper) spricht ruhig und markig: „Ich will Unmögliches möglich machen. Reden hilft nichts, jetzt
Wie kam Bayer ausgerechnet auf Auge?
Er ist ein Kumpel von Jürgen Kohler, sie wurden 1990 gemeinsam Weltmeister. Kohler: „Wir haben fast identische Lebensläufe, bekamen nie was geschenkt. Die Entscheidung für ihn ist schnell gefallen."
Hand drauf, Blick nach vorn (von links): Werden Auge, Calmund und Kohler zum Retter-Trio?

BILD vom 14. Mai, 2003

Calmunds schlimmste Saison: Rettung in letzter Minute

Thomas Hörster

Jürgen Kohler

stürzt Leverkusen Richtung Tabellenende. Das Krisenmanagement misslingt: Im Februar fliegt Trainer Toppmöller, doch Nachfolger Thomas Hörster, früher Bayer-Libero, entpuppt sich als Fehlbesetzung. Calmund will Udo Lattek als Retter, bekommt DFB-Trainer Jürgen Kohler als Sportdirektor. Und holt dann zwei (!) Spieltage vor Schluss den gerade in Nürnberg gefeuerten Klaus Augenthaler. Der am letzten Spieltag ausgerechnet in Nürnberg die Rettung schafft...

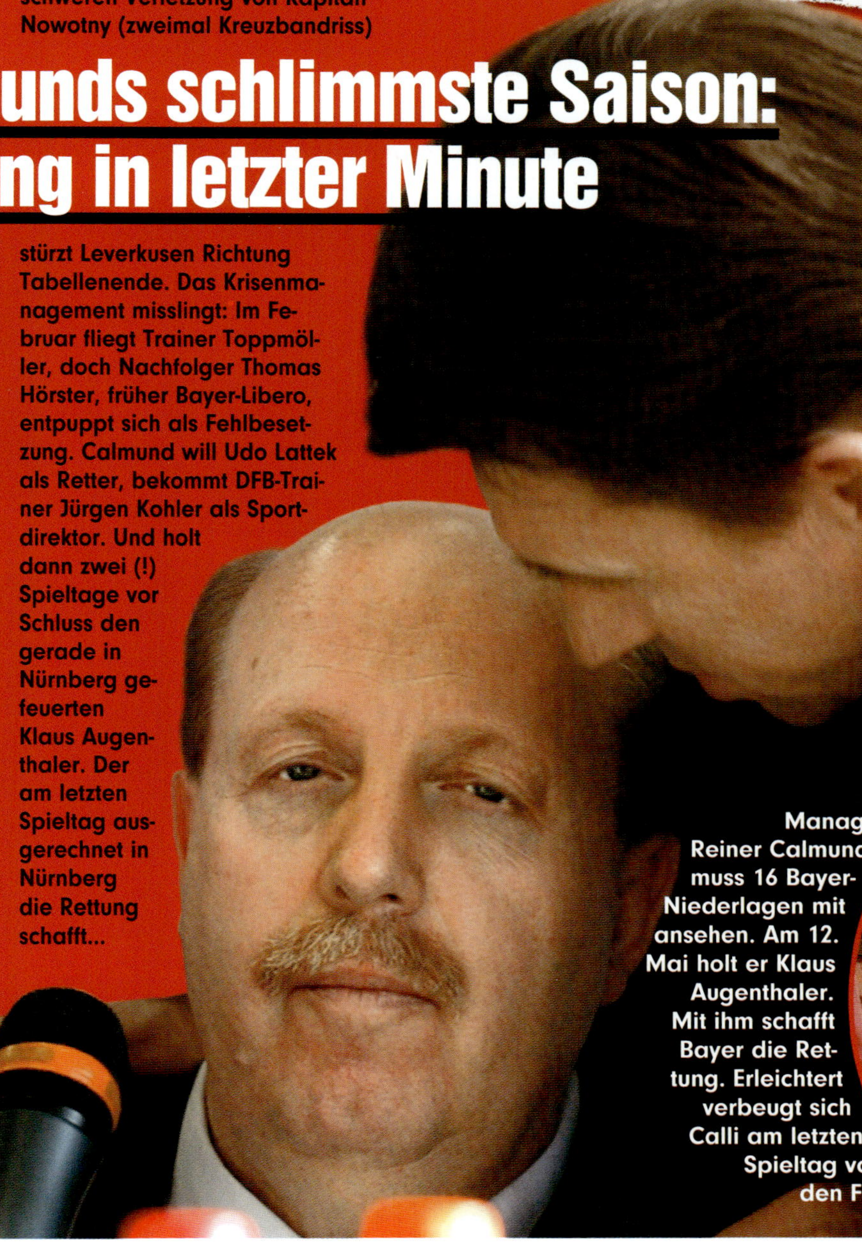

Manager Reiner Calmund muss 16 Bayer-Niederlagen mit ansehen. Am 12. Mai holt er Klaus Augenthaler. Mit ihm schafft Bayer die Rettung. Erleichtert verbeugt sich Calli am letzten Spieltag vor den Fans

Jäggi und Gerets – die Helden der Pfalz

Der 1. FC Kaiserslautern steht finanziell und sportlich vor dem Kollaps. Zwei neue Männer reißen das Ruder herum: Vorstandschef Rene C. Jäggi holt die neue Lizenz, Trainer Erik Gerets schafft den Klassenerhalt. Dabei war sein Start schief gegangen: Nur 14 Punkte aus 12 Spielen, der FCK stand als Absteiger fast schon fest. Danach aber 27 Punkte aus 16 Spielen – der populäre Belgier ist neben Magath der Trainer des Jahres.

Rene C. Jäggi

Erik Gerets

Fredi Bobic: In der neuen Saison spielt er für Hertha BSC

„Fredi Bombic": Ladenhüter wird zum Top-Torjäger

In Dortmund saß er nur noch auf der Tribüne, Leih-Klub Bolton schickte ihn zurück – Fredi Bobic war ein Ladenhüter. Am letzten Tag der Wechselfrist (30.8.) holt ihn der punktlose Aufsteiger Hannover 96 – ein Glücksgriff! Mit 14 Toren in 27 Spielen rettet „Fredi Bombic" 96. Und kehrt nach fast fünf Jahren Pause auch in die Nationalelf zurück. Ende Mai unterschreibt Bobic mit 31 einen Top-Vertrag bei Hertha BSC – was für ein Comeback!

Alle Bundesligisten

Platz	Verein	Jahre
1	Hamburger SV	40
2	1.FC Kaiserslautern	39
2	Werder Bremen	39
4	VfB Stuttgart	38
4	FC Bayern München	38
6	1.FC Köln	37
7	Borussia Dortmund	36
7	Borussia M'gladbach	36
7	Eintracht Frankfurt	36
10	FC Schalke 04	35
11	VfL Bochum	28
12	MSV Duisburg	26
13	Bayer 04 Leverkusen	24
14	1.FC Nürnberg	23
15	Hertha BSC Berlin	22
15	Fortuna Düsseldorf	22
15	Karlsruher SC	22
18	Eintracht Braunschweig	20
19	TSV 1860 München	19
20	Hannover 96	15
21	KFC Uerdingen 05	14
22	DSC Arminia Bielefeld	12
23	Hansa Rostock	9
24	SC Freiburg	8
25	FC St. Pauli	7
25	SC Rot-Weiß Essen	7
25	SV Waldhof Mannheim	7
25	Offenbacher FC Kickers	7
29	VfL Wolfsburg	6
30	1.FC Saarbrücken	5
31	SG Wattenscheid 09	4
31	1.FC Dynamo Dresden	4
31	Rot-Weiß Oberhausen	4
34	Borussia Neunkirchen	3
34	TSV Alemannia Aachen	3
34	FC 08 Homburg/Saar	3
34	FC Energie Cottbus	3
34	Wuppertaler SV	3
39	SpVgg Unterhaching	2
39	Tennis Borussia Berlin	2
39	SV Darmstadt 98	2
39	Stuttgarter Kickers	2
43	SC Tasmania 1900 Berlin	1
43	SC Fortuna Köln	1
43	VfB Leipzig	1
43	SC Preußen Münster	1
43	Blau-Weiß 90 Berlin	1
43	SSV Ulm 1846	1

FC Bayern München

Gegründet: 27.02.1900
Mitglieder: 92 800
Größte Erfolge: 2 x Weltpokalsieger, 18 x Deutscher Meister, 3 x EC-Landesmeister, 1 x EC-Pokalsieger, 1 x UEFA-Pokal, 1 x Champions League
Adresse: Säbener Straße 51, 81547 München
Internet: www.fcbayern.de

Borussia Dortmund

Gegründet: 19.12.1909
Mitglieder: 11 000
Größte Erfolge: Weltpokalsieger (1997), Deutscher Meister (1956, 57, 63, 95, 96, 02), Pokalsieger (1965, 89), EC-Pokalsieger (1966), Champions-League (1997)
Adresse: Strobelallee 50, 44139 Dortmund
Internet: www.borussia-dortmund.de

Hamburger SV

Gegründet: 29.09.1887
Mitglieder: 18 110
Größte Erfolge: 7 x Deutscher Meister, DFB-Pokalsieger (1963, 1976, 1987), EC-Landesmeister (1983), EC-Pokalsieger (1977)
Adresse: Sylvesterallee 7 22525 Hamburg
Internet: www.hsv.de

FC Schalke 04

Gegründet: 04.05.1904
Mitglieder: 20 095
Größte Erfolge: Deutscher Meister (1934, 35, 37, 39, 40, 42, 58), Pokalsieger (1937, 1972, 2001, 2002), UEFA-Pokal (1997)
Adresse: Ernst-Kuzorra-Weg 1, 45891 Gelsenkirchen
Internet: www.schalke04.de

Der Hamburger SV: Seit 40 Jahren dabei

Vom ersten Tag an immer in der Bundesliga – das hat nur ein Verein geschafft, der HSV. Zwei weitere Gründungsmitglieder, der 1. FC Kaiserslautern und Werder Bremen, kommen mit nur einem Jahr in der zweiten Liga auf stolze 39 Jahre in der Bundesliga. Auch andere Traditionsvereine erwischte der Abstieg mindestens einmal. Darunter so große Namen wie Schalke 04, der 1. FC Nürnberg oder der 1. FC Köln. Große Ausnahme: Der FC Bayern München ist seit seinem Bundesliga-Aufstieg 1965 noch nie abgestiegen.

Bayer 04 Leverkusen

Gegründet: 01.08.1904
Mitglieder: 9500
Größte Erfolge: DFB-Pokalsieger (1993), UEFA-Pokal (1988)
Adresse: Bismarckstraße 122-124 51373 Leverkusen
Internet: www.bayer04.de

VfL Wolfsburg

Gegründet: 12.09.1945
Mitglieder: 5300
Größte Erfolge: Finale DFB-Pokal 1995
Adresse: Elsterweg 5 38446 Wolfsburg
Internet: www.vfl-wolfsburg.de

VfL Bochum

Gegründet: 01.07.1848
Mitglieder: 4800
Größte Erfolge: Finale DFB-Pokal 1968, 1988
Adresse: Castroper Straße 145 44791 Bochum
Internet: www.vfl-bochum.de

Hannover 96

Gegründet: 12.04.1896
Mitglieder: 2500
Größte Erfolge: Deutscher Meister (1938, 54), Pokalsieger 1992
Adresse: Clausewitzstr. 2 30175 Hannover
Internet: www.hannover96.de

VfB Stuttgart

Gegründet: 09.09.1893
Mitglieder: 8001
Größte Erfolge: Deutscher Meister (1950, 1952, 1984, 1992), Pokalsieger (1954, 1958, 1997)
Adresse: Mercedesstraße 109 70372 Stuttgart
Internet: www.vfb-stuttgart.de

Hertha BSC Berlin

Gegründet: 25.07.1892
Mitglieder: 10 000
Größte Erfolge: Deutscher Meister (1930, 1931)
Adresse: Hanns-Braun-Straße, Friesenhaus 2 14053 Berlin
Internet: www.herthabsc.de

1. FC Kaiserslautern

Gegründet: 02.06.1900
Mitglieder: 10 500
Größte Erfolge: Deutscher Meister (1951, 1953, 1991, 1998), DFB-Pokalsieger: (1990, 1996)
Adresse: Fritz-Walter-Straße 1 67663 Kaiserslautern
Internet: www.fck.de

Borussia Mönchengladbach

Gegründet: 01.08.1900
Mitglieder: 13 300
Größte Erfolge: Deutscher Meister (1970, 71, 75, 76, 77), Pokalsieger (1960, 73, 95), UEFA-Pokal (1975, 79)
Adresse: Bökelstraße 165 41063 Mönchengladbach
Internet: www.borussia.de

Typisch Uwe! So spektakulär traf Kapitän Uwe Seeler für seinen HSV, hier beim 3:2 über 1860 München im Oktober 1966. Hinten Patzke, Schulz und Wagner

SV Werder Bremen

Gegründet: 04.02.1899
Mitglieder: 3055
Größte Erfolge: Deutscher Meister (1965, 1988, 1993), DFB-Pokalsieger (1961, 1991, 1994, 1999), EC-Pokalsieger: 1992
Adresse: Am Weserstadion 7, 28205 Bremen
Internet: www.werder-online.de

1860 München

Gegründet: 17.05.1860
Mitglieder: 22 722
Größte Erfolge: Deutscher Meister 1966, Pokalsieger 1942, 64
Adresse: Grünwalder Straße 114 81547 München
Internet: www.tsv1860.de

FC Hansa Rostock

Gegründet: 28.12.1965
Mitglieder: 1800
Größte Erfolge: NOFV-Pokalsieger 1991, NOFV-Meister 1991
Adresse: Trotzenburger Weg 14 18057 Rostock
Internet: www.fc-hansa-rostock.de

1. FC Köln

Gegründet: 13.02.1948
Mitglieder: 10 000
Größte Erfolge: Deutscher Meister (1962, 64, 78), Pokalsieger (1968, 77, 78, 83)
Adresse: Postfach 420251 50896 Köln
Internet: www.fc-koeln.de

SC Freiburg

Gegründet: 30.05.1904
Mitglieder: 2200
Größte Erfolge: 3. Tabellenplatz 1995
Adresse: Schwarzwaldstraße 193 79117 Freiburg
Internet: www.scfreiburg.com

Eintracht Frankfurt

Gegründet: 08.03.1899
Mitglieder: 6000
Größte Erfolge: Deutscher Meister 1959, Pokalsieger 1974, 75, 81, 88, UEFA-Pokal 1980
Adresse: Mörfelder Landstr. 362c 60528 Frankfurt
Internet: www.eintracht-frankfurt.de

1963/64

1. 1. FC Köln	78:40	45-15
2. Meidericher SV	60:36	39-21
3. Eintracht Frankfurt	65:41	39-21
4. Borussia Dortmund	73:57	33-27
5. VfB Stuttgart	48:40	33-27
6. Hamburger SV	69:60	32-28
7. TSV München 1860	66:50	31-29
8. FC Schalke 04	51:53	29-31
9. 1.FC Nürnberg	45:56	29-31
10. Werder Bremen	53:62	28-32
11. Eintr. Braunschweig	36:49	28-32
12. 1.FC Kaiserslautern	48:69	26-34
13. Karlsruher SC	42:55	24-36
14. Hertha BSC Berlin	45:65	24:36
15. Preußen Münster	34:52	23-37
16. 1. FC Saarbrücken	44:72	17-43

1964/65

1. Werder Bremen	54:29	41-19
2. 1. FC Köln	66:45	38-22
3. Borussia Dortmund	67:48	36-24
4. TSV München 1860	70:50	35-25
5. Hannover 96	48:42	33-27
6. 1. FC Nürnberg	44:38	32-28
7. Meidericher SV	46:48	32-28
8. Eintracht Frankfurt	50:58	29-31
9. Eintr. Braunschweig	42:47	28-32
10. Borussia Neunkirchen	44:48	27-33
11. Hamburger SV	46:56	27-33
12. VfB Stuttgart	46:50	26-34
13. 1. FC Kaiserslautern	41:53	25-35
14. Hertha BSC Berlin*	40:62	25-35
15. Karlsruher SC	47:62	24-36
16. FC Schalke 04	45:60	22-38

1965/66

1. TSV München 1860	80:40	50-18
2. Borussia Dortmund	70:36	47-21
3. Bayern München	71:38	47-21
4. Werder Bremen	76:40	45-23
5. 1.FC Köln	74:41	44-24
6. 1.FC Nürnberg	54:43	39-29
7. Eintracht Frankfurt	64:46	38-30
8. Meidericher SV	70:48	36-32
9. Hamburger SV	64:52	34-34
10. Eintr. Braunschweig	49:49	34-34
11. VfB Stuttgart	42:48	32-36
12. Hannover 96	59:57	30-38
13. Bor. Mönchengladbach	57:68	29-39
14. FC Schalke 04	33:55	27-41
15. 1.FC Kaiserslautern	42:65	26-42
16. Karlsruher SC	35:71	24-44
17. Borussia Neunkirchen	32:82	22-46
18. Tasmania 1900 Berlin	15:108	8-60

1966/67

1. Eintr. Braunschweig	49:27	43-25
2. TSV München 1860	60:47	41-27
3. Borussia Dortmund	70:41	39-29
4. Eintracht Frankfurt	66:49	39-29
5. 1.FC Kaiserslautern	43:42	38-30
6. Bayern München	62:47	37-31
7. 1.FC Köln	48:48	37:31
8. Bor. Mönchengladbach	70:49	34-34
9. Hannover 96	40:46	34-34
10. 1.FC Nürnberg	43:50	34-34
11. MSV Duisburg	40:42	33-35
12. VfB Stuttgart	48:54	33:35
13. Karlsruher SC	54:62	31-37
14. Hamburger SV	37:53	30-38
15. FC Schalke 04	37:63	30-38
16. Werder Bremen	49:56	29-39
17. Fortuna Düsseldorf	44:66	25-43
18. Rot-Weiß Essen	35:53	25-43

1968: Gladbachs Verteidiger Berti Vogts grätscht gegen Braunschweigs Stürmer Bernd Dörfel

1967/68

1. 1.FC Nürnberg	71:37	47-21
2. Werder Bremen	68:51	44-24
3. Bor. Mönchengladbach	77:45	42-26
4. 1.FC Köln	68:52	38-30
5. Bayern München	68:58	38-30
6. Eintr. Frankfurt	58:51	38-30
7. MSV Duisburg	69:58	36-32
8. VfB Stuttgart	65:54	35-33
9. Eintr. Braunschweig	37:39	35-33
10. Hannover 96	48:52	34-34
11. Alemannia Aachen	52:66	34-34
12. TSV München 1860	55:39	33-35
13. Hamburger SV	51:54	33-35
14. Borussia Dortmund	60:59	31-37
15. FC Schalke 04	42:48	30-38
16. 1.FC Kaiserslautern	39:67	28-40
17. Bor. Neunkirchen	33:93	19-49
18. Karlsruher SC	32:70	17-51

1968/69

1. Bayern München	61:31	46-22
2. Alemannia Aachen	57:51	38-30
3. Bor. Mönchengladbach	61:46	37-31
4. Eintr. Braunschweig	46:43	37-31
5. VfB Stuttgart	60:54	36-32
6. Hamburger SV	55:55	36-32
7. FC Schalke 04	45:40	35-33
8. Eintr. Frankfurt	46:43	34-34
9. Werder Bremen	59:59	34-34
10. TSV München 1860	44:59	34-34
11. Hannover 96	47:45	32-36
12. MSV Duisburg	33:37	32-36
13. 1.FC Köln	47:56	32-36
14. Hertha BSC Berlin	31:39	32-36
15. 1.FC Kaiserslautern	45:47	30-38
16. Borussia Dortmund	49:54	30-38
17. 1.FC Nürnberg	45:55	29-39
18. Kickers Offenbach	42:59	28-40

1969/70

1. Bor. Mönchengladbach	71:29	51-17
2. Bayern München	88:37	47-21
3. Hertha BSC Berlin	67:41	45-23
4. 1. FC Köln	83:38	43-25
5. Borussia Dortmund	60:67	36-32
6. Hamburger SV	57:54	35-33
7. VfB Stuttgart	59:62	35-33
8. Eintr. Frankfurt	54:54	34-34
9. FC Schalke 04	43:54	34-34
10. 1. FC Kaiserslautern	44:55	32-36
11. Werder Bremen	38:47	31-37
12. Rot-Weiß Essen	41:54	31-37
13. Hannover 96	49:61	30-38
14. Rot-Weiß Oberhausen	50:62	29-39
15. MSV Duisburg	35:48	29-39
16. Eintr. Braunschweig	40:49	28-40
17. TSV München 1860	41:56	25-43
18. Alemannia Aachen	31:83	17-51

1970/71

1. Bor. Mönchengladbach	77:35	50-18
2. Bayern München	74:36	48-20
3. Hertha BSC Berlin	61:43	41-27
4. Eintr. Braunschweig	52:40	39-29
5. Hamburger SV	54:63	37-31
6. FC Schalke 04	44:40	36-32
7. MSV Duisburg	43:47	35-33
8. 1.FC Kaiserslautern	54:57	34-34
9. Hannover 96	53:49	33-35
10. Werder Bremen	41:40	33-35
11. 1.FC Köln	46:56	33-35
12. VfB Stuttgart	49:49	30-38
13. Borussia Dortmund	54:60	29-39
14. Arminia Bielefeld	34:53	29-39
15. Eintr. Frankfurt	39:56	28-40
16. Rot-Weiß Oberhausen	54:69	27-41
17. Kickers Offenbach	49:65	27-41
18. Rot-Weiß Essen	48:68	23-45

* Zwangs-Abstieg für Hertha BSC wg. überhöhter Handgelder. DFB stockt Liga auf 18 Klubs auf – dadurch kein sportlicher Absteiger.

1971/72

1. Bayern München	101:38	55-13
2. FC Schalke 04	76:35	52-16
3. Bor. Mönchengladbach	82:40	43-25
4. 1. FC Köln	64:44	43-25
5. Eintr. Frankfurt	71:61	39-29
6. Hertha BSC Berlin	46:55	37-31
7. 1. FC Kaiserslautern	59:53	35-33
8. VfB Stuttgart	52:56	35-33
9. VfL Bochum	59:69	34-34
10. Hamburger SV	52:52	33-35
11. Werder Bremen	63:58	31-37
12. Eintr. Braunschweig	43:48	31-37
13. Fortuna Düsseldorf	40:53	30-38
14. MSV Duisburg	36:51	27-41
15. Rot-Weiß Oberhausen	33:66	25-43
16. Hannover 96	54:69	23-45
17. Borussia Dortmund	34:83	20-48
18. Arminia Bielefeld**	0:0	0-0

1972/73

1. Bayern München	93:29	54-14
2. 1. FC Köln	66:51	43-25
3. Fortuna Düsseldorf	62:45	42-26
4. Wuppertaler SV	62:49	40-28
5. Bor. Mönchengladbach	82:61	39-29
6. VfB Stuttgart	71:65	37-31
7. Kickers Offenbach	61:60	35-33
8. Eintracht Frankfurt	58:54	34-34
9. 1. FC Kaiserslautern	58:68	34-34
10. MSV Duisburg	53:54	33-35
11. Werder Bremen	50:52	31-37
12.. VfL Bochum	50:68	31-37
13. Hertha BSC Berlin	53:64	30-38
14. Hamburger SV	53:59	28-40
15. FC Schalke 04	46:61	28-40
16. Hannover 96	49:65	26-42
17. Eintr. Braunschweig	33:56	25-43
18. Rot-Weiß Oberhausen	45:84	22-46

1973/74

1. Bayern München	95:53	49-19
2. Bor. Mönchengladbach	93:52	48-20
3. Fortuna Düsseldorf	61:47	41-27
4. Eintracht Frankfurt	63:50	41-27
5. 1. FC Köln	69:56	39-29
6. 1. FC Kaiserslautern	80:69	38-30
7. FC Schalke 04	72:68	37-31
8. Hertha BSC Berlin	56:60	33-35
9. VfB Stuttgart	58:57	31-37
10. Kickers Offenbach	56:62	31-37
11. Werder Bremen	48:56	31-37
12. Hamburger SV	53:62	31-37
13. Rot-Weiß Essen	56:70	31-37
14. VfL Bochum	45:57	30-38
15. MSV Duisburg	42:56	29-39
16. Wuppertaler SV	42:65	25-43
17. Fortuna Köln	46:79	25-43
18. Hannover 96	50:66	22-46

1974/75

1. Bor. Mönchengladbach	86:40	50-18
2. Hertha BSC Berlin	61:43	44-24
3. Eintracht Frankfurt	89:49	43-25
4. Hamburger SV	55:38	43-25
5. 1. FC Köln	77:51	41-27
6. Fortuna Düsseldorf	66:55	41-27
7. FC Schalke 04	52:37	39-29
8. Kickers Offenbach	72:62	38-30
9. Eintr. Braunschweig	52:42	36-32
10. Bayern München	57:63	34-34
11. VfL Bochum	53:53	33-35
12. Rot-Weiß Essen	56:68	32-36
13. 1. FC Kaiserslautern	56:55	31-37
14. MSV Duisburg	59:77	30-38
15. Werder Bremen	45:69	25-43
16. VfB Stuttgart	50:79	24-44
17. Tennis Borussia Berlin	38:89	16-52
18. Wuppertaler SV	32:86	12-56

1971: Rudi Assauer (Werder Bremen) fliegt im Spagat vor Schalkes Rolf Rüssmann (r.) zum Ball

1975/76

1. Bor. Mönchengladbach	66:37	45-23
2. Hamburger SV	59:32	41-27
3. Bayern München	72:50	40-28
4. 1. FC Köln	62:45	39-29
5. Eintr. Braunschweig	52:48	39-29
6. FC Schalke 04	76:55	37-31
7. 1. FC Kaiserslautern	66:60	37-31
8. Rot-Weiß Essen	61:67	37-31
9. Eintracht Frankfurt	79:58	36-32
10. MSV Duisburg	55:62	33-35
11. Hertha BSC Berlin	59:61	32-36
12. Fortuna Düsseldorf	47:57	30-38
13. Werder Bremen	44:55	30-38
14. VfL Bochum	49:62	30-38
15. Karlsruher SC	46:59	30-38
16. Hannover 96	48:60	27-41
17. Kickers Offenbach	40:72	27-41
18. Bayer Uerdingen	28:69	22-46

1976/77

1. Bor. Mönchengladbach	58:34	44-24
2. FC Schalke 04	77:52	43-25
3. Eintr. Braunschweig	56:38	43-25
4. Eintracht Frankfurt	86:57	42-26
5. 1. FC Köln	83:61	40-28
6. Hamburger SV	67:56	38-30
7. Bayern München	74:65	37-31
8. Borussia Dortmund	73:64	34-34
9. MSV Duisburg	60:51	34-34
10. Hertha BSC Berlin	55:54	34-34
11. Werder Bremen	51:59	33-35
12. Fortuna Düsseldorf	52:54	31-37
13. 1. FC Kaiserslautern	53:59	29-39
14. 1. FC Saarbrücken	43:55	29-39
15. VfL Bochum	47:62	29-39
16. Karlsruher SC	53:75	28-40
17. Tennis Borusia Berlin	47:85	22-46
18. Rot-Weiß Essen	49:103	22-46

1977/78

1. 1. FC Köln	86:41	48-20
2. Bor. Mönchengladbach	86:44	48-20
3. Hertha BSC Berlin	59:48	40-28
4. VfB Stuttgart	58:40	39-29
5. Fortuna Düsseldorf	49:36	39-29
6. MSV Duisburg	62:59	37-31
7. Eintracht Frankfurt	59:52	36-32
8. 1. FC Kaiserslautern	64:63	36-32
9. FC Schalke 04	47:52	34-34
10. Hamburger SV	61:67	34-34
11. Borussia Dortmund	57:71	33-35
12. Bayern München	62:64	32-36
13. Eintr. Braunschweig	43:53	32-36
14. VfL Bochum	49:51	31-37
15. Werder Bremen	48:57	31-37
16. TSV München 1860	41:60	22-46
17. 1. FC Saarbrücken	39:70	22-46
18. FC St.Pauli	44:86	18-50

1978/79

1. Hamburger SV	78:32	49-19
2. VfB Stuttgart	73:34	48-20
3. 1. FC Kaiserslautern	62:47	43-25
4. Bayern München	69:46	40-28
5. Eintracht Frankfurt	50:49	39-29
6. 1. FC Köln	55:47	38-30
7. Fortuna Düsseldorf	70:59	37-31
8. VfL Bochum	47:46	33-35
9. Eintr. Braunschweig	50:55	33-35
10. Bor. Mönchengladbach	50:53	32-36
11. Werder Bremen	48:60	31-37
12. Borussia Dortmund	54:70	31-37
13. MSV Duisburg	43:56	30-38
14. Hertha BSC Berlin	40:50	29-39
15. FC Schalke 04	55:61	28-40
16. Arminia Bielefeld	43:56	26-42
17. 1. FC Nürnberg	36:67	24-44
18. SV Darmstadt 98	40:75	21-41

** Bielefeld wurde die Lizenz entzogen. Alle Spiele für den Verein nicht gewertet.

1979/80

1. Bayern München	84:33	50-18
2. Hamburger SV	86:35	48-20
3. VfB Stuttgart	75:53	41-27
4. 1. FC Kaiserslautern	75:53	41-27
5. 1. FC Köln	72:55	37-31
6. Borussia Dortmund	64:56	36-32
7. Bor. Mönchengladbach	61:60	36-32
8. FC Schalke 04	40:51	33-35
9. Eintracht Frankfurt	65:61	32-36
10. VfL Bochum	41:44	32-36
11. Fortuna Düsseldorf	62:72	32-36
12. Bayer Leverkusen	45:61	32-36
13. TSV München 1860	42:53	30-38
14. MSV Duisburg	43:57	29-39
15. Bayer Uerdingen	43:61	29-39
16. Hertha BSC Berlin	41:61	29-39
17. Werder Bremen	52:93	25-43
18. Eintr. Braunschweig	32:64	20-48

1980/81

1. Bayern München	89:41	53-15
2. Hamburger SV	73:43	49-19
3. VfB Stuttgart	70:44	46-22
4. 1. FC Kaiserslautern	60:37	44-24
5. Eintracht Frankfurt	61:57	38-30
6. Bor. Mönchengladbach	68:64	37-31
7. Borussia Dortmund	69:59	35-33
8. 1. FC Köln	54:55	34-44
9. VfL Bochum	53:45	33-35
10. Karlsruher SC	56:63	32-36
11. Bayer Leverkusen	52:53	30-38
12. MSV Duisburg	45:58	29-39
13. Fortuna Düsseldorf	57:64	28-40
14. 1. FC Nürnberg	47:57	28-40
15. Arminia Bielefeld	46:65	26-42
16. TSV München 1860	49:67	25-43
17. FC Schalke 04	43:88	23-45
18. Bayer Uerdingen	47:79	22-46

1981/82*

1. Hamburger SV	95:45	48-20
2. 1. FC Köln	72:38	45-23
3. Bayern München	77:56	43-25
4. 1. FC Kaiserslautern	70:81	42-26
5. Werder Bremen	81:52	42-26
6. Borussia Dortmund	59:40	41-27
7. Bor. Mönchengladbach	61:51	40-28
8. Eintracht Frankfurt	83:72	37-31
9. VfB Stuttgart	62:55	35-33
10. VfL Bochum	52:51	32-36
11. Eintr. Braunschweig	61:66	32-36
12. Arminia Bielefeld	46:50	30-38
13. 1. FC Nürnberg	53:72	28-40
14. Karlsruher SC	50:68	27-41
15. Fortuna Düsseldorf	48:73	25-43
16. Bayer Leverkusen	45:72	25-43
17. SV Darmstadt 98	46:82	21-47
18. MSV Duisburg	40:77	19-49

1982/83

1. Hamburger SV	79:33	52-16
2. Werder Bremen	76:38	52-16
3. VfB Stuttgart	80:47	48-20
4. Bayern München	74:33	44-24
5. 1. FC Köln	69:42	43-25
6. 1. FC Kaiserslautern	57:44	41-27
7. Borussia Dortmund	78:62	39-29
8. Arminia Bielefeld	46:71	31-37
9. Fortuna Düsseldorf	63:75	30-38
10. Eintracht Frankfurt	48:57	29-39
11. Bayer Leverkusen	43:66	29-39
12. Bor. Mönchengladbach	64:63	28-40
13. VfL Bochum	43:49	28-40
14. 1. FC Nürnberg	44:70	28-40
15. Eintr. Braunschweig	42:65	27-41
16. FC Schalke 04	48:68	22-46
17. Karlsruher SC	39:86	21-47
18. Hertha BSC Berlin	43:67	20-48

1985: Werders Mirko Votava (l.) verfolgt Felix Magath, der den HSV 1981 und 1982 zum Titel führte

1983/84

1. VfB Stuttgart	79:33	48-20
2. Hamburger SV	75:36	48-20
3. Bor. Mönchengladbach	81:48	48-20
4. Bayern München	84:41	47-21
5. Werder Bremen	79:46	45-23
6. 1. FC Köln	70:57	38-30
7. Bayer Leverkusen	50:50	34-34
8. Arminia Bielefeld	40:49	33-35
9. Eintr. Braunschweig	54:69	32-36
10. Bayer Uerdingen	66:79	31-37
11. Waldhof Mannheim	45:58	31-37
12. 1. FC Kaiserslautern	68:69	30-38
13. Borussia Dortmund	54:65	30-38
14. Fortuna Düsseldorf	63:75	29-39
15. VfL Bochum	58:70	28-40
16. Eintracht Frankfurt	45:61	27-41
17. Kickers Offenbach	48:106	19-49
18. 1. FC Nürnberg	38:85	14-54

1984/85

1. Bayern München	79:38	50-18
2. Werder Bremen	87:51	46-22
3. 1. FC Köln	69:66	40-28
4. Bor. Mönchengladbach	77:53	39-29
5. Hamburger SV	58:49	37-31
6. Waldhof Mannheim	47:50	37-31
7. Bayer Uerdingen	57:52	36-32
8. Schalke 04	63:62	34-34
9. VfL Bochum	52:54	34-34
10. VfB Stuttgart	79:59	33-35
11. 1. FC Kaiserslautern	56:60	33-35
12. Eintracht Frankfurt	62:67	32-36
13. Bayer Leverkusen	52:54	31-37
14. Borussia Dortmund	51:65	30-38
15. Fortuna Düsseldorf	53:66	29-39
16. Arminia Bielefeld	46:61	29-39
17. Karlsruher SC	47:88	22-46
18. Eintr. Braunschweig	39:79	20-48

1985/86

1. Bayern München	82:31	49-19
2. Werder Bremen	83:41	49-19
3. Bayer Uerdingen	63:60	45-23
4. Bor. Mönchengladbach	65:51	42-26
5. VfB Stuttgart	69:45	41-27
6. Bayer Leverkusen	63:51	40-28
7. Hamburger SV	52:35	39-29
8. Waldhof Mannheim	41:44	33-35
9. VfL Bochum	55:57	32-36
10. Schalke 04	53:58	30-38
11. 1. FC Kaiserslautern	49:54	30-38
12. 1. FC Nürnberg	51:54	29-39
13. 1. FC Köln	46:59	29-39
14. Fortuna Düsseldorf	54:78	29-39
15. Eintracht Frankfurt	35:49	28-40
16. Borussia Dortmund	49:65	28-40
17. 1. FC Saarbrücken	39:68	21-47
18. Hannover 96	43:92	18-50

1986/87

1. Bayern München	67:31	53-15
2. Hamburger SV	69:37	47-21
3. Bor. Mönchengladbach	74:44	43-25
4. Borussia Dortmund	70:50	40-28
5. Werder Bremen	65:54	40-28
6. Bayer Leverkusen	56:38	39-29
7. 1. FC Kaiserslautern	64:51	37-31
8. Bayer Uerdingen	51:49	35-33
9. 1. FC Nürnberg	62:62	35-33
10. 1. FC Köln	50:53	35-33
11. VfL Bochum	52:44	32-36
12. VfB Stuttgart	55:49	32-36
13. Schalke 04	50:58	32-36
14. Waldhof Mannheim	52:71	28-40
15. Eintracht Frankfurt	42:53	25-43
16. FC Homburg	33:79	21-47
17. Fortuna Düsseldorf	42:91	20-48
18. Blau-Weiß 90 Berlin	36:76	18-50

* Ab dieser Saison neue Abstiegsregelung durch Einführung der eingleisigen 2. Bundesliga: Der Drittletzte der 1. Liga bestreitet zwei Relegationsspiele gegen den Dritten der 2. Liga.

1987/88

1. Werder Bremen	61:22	52-16
2. Bayern München	83:45	48-20
3. 1. FC Köln	57:28	48-20
4. VfB Stuttgart	69:49	40-28
5. 1. FC Nürnberg	44:40	37-31
6. Hamburger SV	63:68	37-31
7. Bor. Mönchengladbach	55:53	33-35
8. Bayer Leverkusen	53:60	32-36
9. Eintracht Frankfurt	51:50	31-37
10. Hannover 96	59:60	31-37
11. Bayer Uerdingen	59:61	31-37
12. VfL Bochum	47:51	30-38
13. Borussia Dortmund	51:54	29-39
14. 1. FC Kaiserslautern	53:62	29-39
15. Karlsruher SC	37:55	29-39
16. Waldhof Mannheim	35:50	28-40
17. FC Homburg	37:70	24-44
18. Schalke 04	48:84	23-45

1988/89

1. Bayern München	67:26	50-18
2. 1. FC Köln	58:30	45-23
3. Werder Bremen	55:32	44-24
4. Hamburger SV	60:36	43-25
5. VfB Stuttgart	58:49	39-29
6. Bor. Mönchengladbach	44:43	38-30
7. Borussia Dortmund	56:40	37-31
8. Bayer Leverkusen	45:44	34-34
9. 1. FC Kaiserslautern	47:44	33-35
10. FC St. Pauli	41:42	32-36
11. Karlsruher SC	48:51	32-36
12. Waldhof Mannheim	43:52	31-37
13. Bayer Uerdingen	50:60	31-37
14. 1. FC Nürnberg	36:54	26-42
15. VfL Bochum	37:57	26-42
16. Eintracht Frankfurt	30:53	26-42
17. Stuttgarter Kickers	41:68	26:42
18. Hannover 96	36:71	19-49

1989/90

1. Bayern München	64:28	49-19
2. 1. FC Köln	54:44	43-25
3. Eintracht Frankfurt	61:40	41-27
4. Borussia Dortmund	51:35	41-27
5. Bayer Leverkusen	40:32	39-29
6. VfB Stuttgart	53:47	36-32
7. Werder Bremen	49:41	34-34
8. 1. FC Nürnberg	42:46	33-35
9. Fortuna Düsseldorf	41:41	32-36
10. Karlsruher SC	32:39	32-36
11. Hamburger SV	39:46	31-37
12. 1. FC Kaiserslautern	42:55	31-37
13. FC St. Pauli	31:46	31-37
14. Bayer Uerdingen	41:48	30-38
15. Bor. Mönchengladbach	37:45	30-38
16. VfL Bochum	44:53	29-39
17. Waldhof Mannheim	36:53	26-42
18. FC Homburg/Saar	33:51	24-44

1990/91

1. 1. FC Kaiserslautern	72:45	48-20
2. Bayern München	74:41	45-23
3. Werder Bremen	46:29	42-26
4. Eintracht Frankfurt	63:40	40-28
5. Hamburger SV	60:38	40-28
6. VfB Stuttgart	57:44	38-30
7. 1. FC Köln	50:43	37-31
8. Bayer Leverkusen	47:46	35-33
9. Bor. Mönchengladbach	49:54	35-33
10. Borussia Dortmund	46:57	34-34
11. SG Wattenscheid 09	42:51	33-35
12. Fortuna Düsseldorf	40:49	32-36
13. Karlsruher SC	46:52	31-37
14. VfL Bochum	50:52	29-39
15. 1. FC Nürnberg	40:54	29-39
16. FC St. Pauli	33:53	27-41
17. Bayer Uerdingen	34:54	23-45
18. Hertha BSC Berlin	37:84	14-54

1995: Toller Fallrückzieher vom Gladbacher Schweden Martin Dahlin, rechts Stefan Effenberg

1991/92**

1. VfB Stuttgart	62:32	52-24
2. Borussia Dortmund	66:47	52-24
3. Eintracht Frankfurt	76:41	50-26
4. 1. FC Köln	58:41	44-32
5. 1. FC Kaiserslautern	58:42	44-32
6. Bayer Leverkusen	53:39	43-33
7. 1. FC Nürnberg	54:51	43-33
8. Karlsruher SC	48:50	41-35
9. Werder Bremen	44:45	38-38
10. Bayern München	59:61	36-40
11. FC Schalke 04	45:45	34-42
12. Hamburger SV	32:43	34-42
13. Bor. Mönchengladbach	37:49	34-42
14. Dynamo Dresden	34:50	34-42
15. VfL Bochum	38:55	33-43
16. SG Wattenscheid 09	50:60	32-44
17. Stuttgarter Kickers	53:64	31-45
18. FC Hansa Rostock	43:55	31-45
19. MSV Duisburg	43:55	30-46
20. Fortuna Düsseldorf	41:69	24-52

1992/93

1. Werder Bremen	63:30	48-20
2. Bayern München	74:45	47-21
3. Eintracht Frankfurt	56:39	42-26
4. Borussia Dortmund	61:43	41-27
5. Bayer Leverkusen	64:45	40-28
6. Karlsruher SC	60:54	39-29
7. VfB Stuttgart	56:50	36-32
8. 1. FC Kaiserslautern	50:40	35-33
9. Bor. Mönchengladbach	59:59	35-33
10. FC Schalke 04	42:43	34-34
11. Hamburger SV	42:44	31-31
12. 1. FC Köln	41:51	28-40
13. 1. FC Nürnberg	30:47	28-40
14. SG Wattenscheid 09	46:67	28-40
15. Dynamo Dresden	32:49	27-41
16. VfL Bochum	45:52	26-42
17. Bayer Uerdingen	35:64	24-44
18. 1. FC Saarbrücken	37:71	23-45

1993/94

1. Bayern München	68:37	44-24
2. 1. FC Kaiserslautern	64:36	43-25
3. Bayer Leverkusen	60:47	39-29
4. Borussia Dortmund	49:45	39-29
5. Eintracht Frankfurt	57:41	38-30
6. Karlsruher SC	46:43	38-30
7. VfB Stuttgart	51:43	37-31
8. Werder Bremen	51:44	36-32
9. MSV Duisburg	41:52	36-32
10. Bor. Mönchengladbach	65:59	35-33
11. 1. FC Köln	49:51	34-34
12. Hamburger SV	48:52	34-34
13. Dynamo Dresden	33:44	30-34
14. FC Schalke 04	38:50	29-39
15. SC Freiburg	54:57	28-40
16. 1. FC Nürnberg	41:55	28-40
17. SG Wattenscheid 09	48:70	23-45
18. VfB Leipzig	32:69	17-51

1994/95

1. Borussia Dortmund	67:33	49-19
2. Werder Bremen	70:39	48-20
3. SC Freiburg	66:44	46-22
4. 1. FC Kaiserslautern	58:41	46-22
5. Bor. Mönchengladbach	66:41	43-25
6. Bayern München	55:41	43-25
7. Bayer Leverkusen	62:51	36-32
8. Karlsruher SC	51:47	36-32
9. Eintracht Frankfurt	41:49	33-35
10. 1. FC Köln	54:54	32-36
11. FC Schalke 04	48:54	31-37
12. VfB Stuttgart	52:66	30-38
13. Hamburger SV	43:50	29-39
14. TSV München 1860	41:57	27-41
15. Bayer Uerdingen	37:52	25-43
16. VfL Bochum	43:67	22-46
17. MSV Duisburg	31:64	20-48
18. Dynamo Dresden	33:68	16-52

** Wegen Eingliederung der Ost-Vereine Dresden und Rostock spielt die Liga einmalig mit 20 Vereinen, vier steigen ab.

1995/96

1. Borussia Dortmund	76:38	68
2. Bayern München	66:46	62
3. FC Schalke 04	45:36	56
4. Bor. Mönchengladbach	52:51	53
5. Hamburger SV	52:47	50
6. FC Hansa Rostock	47:43	49
7. Karlsruher SC	53:47	48
8. TSV München 1860	52:46	45
9. Werder Bremen	39:42	44
10. VfB Stuttgart	59:62	43
11. SC Freiburg	30:41	42
12. 1. FC Köln	33:35	40
14. Fortuna Düsseldorf	40:47	40
14. Bayer Leverkusen	37:38	38
15. FC St. Pauli	43:51	38
16. 1. FC Kaiserslautern	31:37	36
17. Eintracht Frankfurt	43:68	32
18. KFC Uerdingen 05	33:56	26

1996/97

1. Bayern München	68:34	71
2. Bayer Leverkusen	69:41	69
3. Borussia Dortmund	63:41	63
4. VfB Stuttgart	78:40	61
5. VfL Bochum	54:51	53
6. Karlsruher SC	55:44	49
7. TSV München 1860	56:56	49
8. Werder Bremen	53:52	48
9. MSV Duisburg	44:49	45
10. 1. FC Köln	62:62	44
11. Bor. Mönchengladbach	46:48	43
12. FC Schalke 04	35:40	43
13. Hamburger SV	46:60	41
14. Arminia Bielefeld	46:54	40
15. FC Hansa Rostock	35:46	40
16. Fortuna Düsseldorf	26:57	33
17. SC Freiburg	43:67	29
18. FC St. Pauli	32:69	27

1997/98

1. 1. FC Kaiserslautern	63:39	68
2. Bayern München	69:37	66
3. Bayer Leverkusen	66:39	55
4. VfB Stuttgart	55:49	52
5. FC Schalke 04	38:32	52
6. FC Hansa Rostock	54:46	51
7. Werder Bremen	43:47	50
8. MSV Duisburg	43:44	44
9. Hamburger SV	38:46	44
10. Borussia Dortmund	57:55	43
11. Hertha BSC Berlin	41:53	43
12. VfL Bochum	41:49	41
13. TSV München 1860	43:54	41
14. VfL Wolfsburg	38:54	39
15. Mönchengladbach	54:59	38
16. Karlsruher SC	48:60	38
17. 1. FC Köln	49:64	36
18. Arminia Bielefeld	43:56	32

1998/99

1. Bayern München	76:28	78
2. Bayern Leverkusen	61:30	63
3. Hertha BSC Berlin	59:32	62
4. Borussia Dortmund	48:34	57
5. 1. FC Kaiserslautern	51:47	57
6. VfL Wolfsburg	54:49	55
7. Hamburger SV	47:46	50
8. MSV Duisburg	48:45	49
9. TSV München 1860	49:56	41
10. FC Schalke 04	41:54	41
11. VfB Stuttgart	41:48	39
12. SC Freiburg	36:44	39
13. Werder Bremen	41:47	38
14. FC Hansa Rostock	49:58	38
15. Eintracht Frankfurt	44:54	37
16. 1. FC Nürnberg	40:50	37
17. VfL Bochum	40:65	29
18. Bor. Mönchengladbach	41:79	21

Mai 2003: Oliver Kahn holt seinen fünften Meister-Titel mit Bayern München

1999/00

1. Bayern München	73:28	73
2. Bayer Leverkusen	74:36	73
3. Hamburger SV	63:39	59
4. TSV München 1860	55:48	53
5. 1. FC Kaiserslautern	54:59	50
6. Hertha BSC Berlin	39:46	50
7. VfL Wolfsburg	51:58	49
8. VfB Stuttgart	44:47	48
9. Werder Bremen	65:52	47
10. SpVgg Unterhaching	40:42	44
11. Borussia Dortmund	41:38	40
12. SC Freiburg	45:50	40
13. Eintracht Frankfurt	42:44	39
14. FC Schalke 04	42:44	39
15. FC Hansa Rostock	44:60	38
16. SSV Ulm 1846	36:62	35
17. Arminia Bielefeld	40:61	30
18. MSV Duisburg	37:71	22

2000/01

1. Bayern München	62:37	63
2. FC Schalke 04	65:35	62
3. Borussia Dortmund	62:42	58
4. Bayer Leverkusen	54:40	57
5. Hertha BSC Berlin	58:52	56
6. SC Freiburg	54:37	55
7. Werder Bremen	53:48	53
8. 1. FC Kaiserslautern	49:54	50
9. VfL Wolfsburg	60:45	47
10. 1. FC Köln	59:52	46
11. 1860 München	43:55	44
12. Hansa Rostock	34:47	43
13. Hamburger SV	58:58	41
14. Energie Cottbus	38:52	39
15. VfB Stuttgart	42:49	38
16. SpVgg Unterhaching	35:59	35
17. Eintracht Frankfurt	41:68	35
18. VfL Bochum	30:67	27

2001/02

1. Borussia Dortmund	62:33	70
2. Bayer Leverkusen	77:38	69
3. Bayern München	65:25	68
4. Hertha BSC Berlin	61:38	61
5. Schalke 04	52:36	61
6. Werder Bremen	54:43	56
7. 1. FC Kaiserslautern	62:53	56
8. VfB Stuttgart	47:43	50
9. 1860 München	59:59	50
10. VfL Wolfsburg	57:49	46
11. Hamburger SV	51:57	40
12. Bor. Mönchengladbach	41:53	39
13. Energie Cottbus	36:60	35
14. Hansa Rostock	35:54	34
15. 1. FC Nürnberg	34:57	34
16. SC Freiburg	37:64	30
17. 1. FC Köln	26:61	29
18. FC St.Pauli	37:70	22

2002/03

1. Bayern München	70:25	75
2. VfB Stuttgart	53:39	59
3. Borussia Dortmund	51:27	58
4. Hamburger SV	46:36	56
5. Hertha BSC Berlin	52:43	54
6. Werder Bremen	51:50	52
7. Schalke 04	46:40	49
8. VfL Wolfsburg	39:42	46
9. VfL Bochum	55:56	45
10. 1860 München	44:52	45
11. Hannover 96	47:57	43
12. Bor. Mönchengladbach	43:45	42
13. Hansa Rostock	35:41	41
14. 1. FC Kaiserslautern	40:42	40
15. Bayer Leverkusen	47:56	40
16. Arminia Bielefeld	35:46	36
17. 1. FC Nürnberg	33:60	30
18. Energie Cottbus	34:64	30

Größter Vorsprung

(umgerechnet auf 3-Punkte-Regel)

Punkte	Verein	Saison
20	FC Bayern München	1972/1973
16	FC Bayern München	2002/2003
15	FC Bayern München	1998/1999
10	FC Bayern München	1968/1969
8	FC Bayern München	1989/1990
8	Borussia M'gladbach	1974/1975
7	FC Bayern München	1986/1987
7	FC Bayern München	1984/1985
7	1.FC Köln	1963/1964

Die höchsten Siege

Datum	Paarung	Ergebnis
29.04.1978	Borussia M'gladbach – Borussia Dortmund	12:0
07.01.1967	Borussia M'gladbach – FC Schalke 04	11:0
27.11.1971	FC Bayern München – Borussia Dortmund	11:1
06.11.1982	Borussia Dortmund – DSC Arminia Bielefeld	11:1
04.11.1967	Borussia M'gladbach – Borussia Neunkirchen	10:0
11.10.1984	Borussia M'gladbach – Eintracht Braunschweig	10:0
27.02.1965	TSV 1860 München – Karlsruher SC	9:0
26.03.1966	SC Tasmania 1900 Berlin – Meidericher SpV	0:9
10.09.1976	FC Bayern München – Tennis Borussia Berlin	9:0
13.03.1984	FC Bayern München – Offenbacher FC Kickers	9:0
16.04.1966	Borussia Neunkirchen – TSV 1860 München	1:9
18.04.1970	Hertha BSC Berlin – Borussia Dortmund	9:1
05.10.1974	Eintracht Frankfurt – SC Rot-Weiß Essen	9:1
18.03.2000	SSV Ulm 1846 – Bayer 04 Leverkusen	1:9

Längste Siegesserie

Verein	Spiele	von – bis
FC Bayern München	13	04.04.1981 – 08.09.1981
Borussia M'gladbach	12	14.04.1987 – 08.08.1987
FC Bayern München	9	18.08.2001 – 03.11.2001
FC Bayern München	9	10.06.1995 – 23.09.1995
FC Bayern München	9	03.09.1980 – 31.10.1980
FC Bayern München	9	06.05.1972 – 30.09.1972
1.FC Köln	9	31.01.1970 – 18.03.1970
FC Bayern München	8	13.12.1998 – 20.03.1999
FC Bayern München	8	21.03.1987 – 09.05.1987
Werder Bremen	8	18.03.1983 – 07.05.1983
Borussia M'gladbach	8	07.02.1970 – 24.03.1970

Längste Serie ohne Niederlage

Verein	Spiele	von – bis
Hamburger SV	36	30.01.1982 – 22.01.1983
FC Bayern München	27	03.05.1988 – 25.03.1989
FC Bayern München	25	08.11.1986 – 15.08.1987
FC Bayern München	23	02.12.1989 – 22.09.1990
Eintracht Frankfurt	22	20.11.1976 – 06.08.1977
Bayer 04 Leverkusen	21	27.09.1997 – 04.04.1998
FC Bayern München	19	09.02.2002 – 21.09.2002
Borussia Dortmund	19	04.10.1991 – 28.03.1992
FC Bayern München	19	15.03.1986 – 18.10.1986

DFB-Pokalsieger

Saison	Paarung	Ergebnis
1963/1964	TSV 1860 München – Eintracht Frankfurt	2:0
1964/1965	Borussia Dortmund – TSV Alemannia Aachen	2:0
1965/1966	FC Bayern München – Meidericher SpV	4:2
1966/1967	FC Bayern München – Hamburger SV	4:0
1967/1968	1.FC Köln – VfL Bochum	4:1
1968/1969	FC Bayern München – FC Schalke 04	2:1
1969/1970	Offenbacher FC Kickers – 1.FC Köln	2:1
1970/1971	FC Bayern München – 1.FC Köln	2:1 n.V.
1971/1972	FC Schalke 04 – 1.FC Kaiserslautern	5:0
1972/1973	Borussia M'gladbach – 1.FC Köln	2:1 n.V.
1973/1974	Eintracht Frankfurt – Hamburger SV	3:1 n.V.
1974/1975	Eintracht Frankfurt – MSV Duisburg	1:0
1975/1976	Hamburger SV – 1.FC Kaiserslautern	2:0
1976/1977	1.FC Köln – Hertha BSC Berlin	1:1 n.V. 1:0 Wh.
1977/1978	1.FC Köln – Fortuna Düsseldorf	2:0
1978/1979	Fortuna Düsseldorf – Hertha BSC Berlin	1:0 n.V.
1979/1980	Fortuna Düsseldorf – 1.FC Köln	2:1
1980/1981	Eintracht Frankfurt – 1.FC Kaiserslautern	3:1
1981/1982	FC Bayern München – 1.FC Nürnberg	4:2
1982/1983	1.FC Köln – SC Fortuna Köln	1:0
1983/1984	FC Bayern München – Borussia M'gladbach	1:1 n.V. 7:6 i.E.
1984/1985	FC Bayer 05 Uerdingen – FC Bayern München	2:1
1985/1986	FC Bayern München – VfB Stuttgart	5:2
986/1987	Hamburger SV – Stuttgarter Kickers	3:1
1987/1988	Eintracht Frankfurt – VfL Bochum	1:0
1988/1989	Borussia Dortmund – Werder Bremen	4:1
1989/1990	1.FC Kaiserslautern – Werder Bremen	3:2
1990/1991	Werder Bremen – 1.FC Köln	1:1 n.V. 4:3 i.E.
1991/1992	Hannover 96 – Borussia M'gladbach	0:0 n.V. 4:3 i.E.
1992/1993	Bayer 04 Leverkusen – Hertha BSC Berlin (A)	1:0
1993/1994	Werder Bremen – SC Rot-Weiß Essen	3:1
1994/1995	Borussia M'gladbach – VfL Wolfsburg	3:0
1995/1996	1.FC Kaiserslautern – Karlsruher SC	1:0
1996/1997	VfB Stuttgart – FC Energie Cottbus	2:0
1997/1998	FC Bayern München – MSV Duisburg	2:1
1998/1999	Werder Bremen – FC Bayern München	1:1 n.V. 5:4 i.E.
1999/2000	FC Bayern München – Werder Bremen	3:0
2000/2001	FC Schalke 04 – 1.FC Union Berlin	2:0
2001/2002	FC Schalke 04 – Bayer 04 Leverkusen	4:2

DFB-Pokalüberraschungen

Datum	Paarung	Ergebnis
26.10.1974	VfB Eppingen – Hamburger SV	2:1
23.09.1978	Bayern München – VfL Osnabrück	4:5
02.12.1978	Südwest Ludwigshafen – 1. FC Kaiserslautern	2:1
04.04.1983	Fortuna Köln – Borussia Dortmund	5:0
01.09.1984	SC Geislingen – Hamburger SV	2:0
04.08.1990	FV Weinheim – Bayern München	1:0
14.08.1994	TSV Vestenbergsgreuth – Bayern München	1:0
27.08.1995	SV Sandhausen – VfB Stuttgart	2:2 n.V. 13:12 i.E.
15.04.1997	Energie Cottbus – Karlsruher SC	3:0
28.10.1997	Eintracht Trier – Borussia Dortmund	2:1
26.08.2000	VfB Stuttgart (A) – Eintracht Frankfurt	6:1
01.11.2000	1. FC Magdeburg – Bayern München	1:1 n.V. 4:2 i.E.

Fußballer des Jahres

Jahr	Name	Verein
1960	Uwe Seeler	Hamburger SV
1961	Max Morlock	1. FC Nürnberg
1962	Karl-Heinz Schnellinger	1. FC Köln
1963	Hans Schäfer	1. FC Köln
1964	Uwe Seeler	Hamburger SV
1965	Hans Tilkowski	Borussia Dortmund
1966	Franz Beckenbauer	Bayern München
1967	Gerd Müller	Bayern München
1968	Franz Beckenbauer	Bayern München
1969	Gerd Müller	Bayern München
1970	Uwe Seeler	Hamburger SV
1971	Berti Vogts	Bor. Mönchengladbach
1972	Günter Netzer	Bor. Mönchengladbach
1973	Günter Netzer	Bor. Mönchengladbach
1974	Franz Beckenbauer	Bayern München
1975	Sepp Maier	Bayern München
1976	Franz Beckenbauer	Bayern München
1977	Sepp Maier	Bayern München
1978	Sepp Maier	Bayern München
1979	Berti Vogts	Bor. Mönchengladbach
1980	Karl-Heinz Rummenigge	Bayern München
1981	Paul Breitner	Bayern München
1982	Karlheinz Förster	VfB Stuttgart
1983	Rudi Völler	Werder Bremen
1984	Harald Schumacher	1. FC Köln
1985	Hans-Peter Briegel	Hellas Verona
1986	Harald Schumacher	1. FC Köln
1987	Uwe Rahn	Bor. Mönchengladbach
1988	Jürgen Klinsmann	VfB Stuttgart
1989	Thomas Häßler	1. FC Köln
1990	Lothar Matthäus	Inter Mailand
1991	Stefan Kuntz	1. FC Kaiserslautern
1992	Thomas Häßler	AS Rom
1993	Andreas Köpke	1. FC Nürnberg
1994	Jürgen Klinsmann	AS Monaco
1995	Matthias Sammer	Borussia Dortmund
1996	Matthias Sammer	Borussia Dortmund
1997	Jürgen Kohler	Borussia Dortmund
1998	Oliver Bierhoff	Udinese Calcio
1999	Lothar Matthäus	Bayern München
2000	Oliver Kahn	Bayern München
2001	Oliver Kahn	Bayern München
2002	Michael Ballack	Bayer Leverkusen

Die schnellsten Tore

Zeit	Name	Paarung	Datum
11 Sekunden	Paul Freier	860 München – Vfl Bochum	24.05.03
11 Sekunden	Ulf Kirsten	Leverkusen – Kaiserslautern	30.03.2002
11 Sekunden	Giovane Elber	München – Hamburger SV	31.01.1998
12 Sekunden	Dirk Zander	FC St. Pauli – Karlsruher SC	12.04.1991
13 Sekunden	Lothar Matthäus	München – M'gladbach	26.04.1986
14 Sekunden	Ronald Worm	Duisburg – Hamburger SV	12.10.1974
16 Sekunden	Alexander Zickler	München – Werder Bremen	29.03.1997
16 Sekunden	Martin Dahlin	M'gladbach – Dortmund	22.03.1997
16 Sekunden	Henryk Baluszynski	Bochum – Werder Bremen	03.03.1995
16 Sekunden	Uwe Wegmann	Bochum – München	05.12.1992

Die jüngsten Spieler

Name	Erstes Spiel	Alter bei Premiere	Klub
Jürgen Friedl	20.03.1976	17 Jahre, 26 Tage	Frankfurt
Ibrahim Tanko	24.09.1994	17 Jahre, 61 Tage	Dortmund
Christian Wörns	09.09.1989	17 Jahre, 122 Tage	SV Waldhof
Christian Wück	20.10.1990	17 Jahre, 133 Tage	Nürnberg
Dirk Drescher	10.08.1985	17 Jahre, 163 Tage	Bochum
Rüdiger Abramczik	11.08.1973	17 Jahre, 174 Tage	Schalke 04
Franco Foda	15.10.1983	17 Jahre, 175 Tage	Kaiserslautern
Bernd Thiele	11.08.1973	17 Jahre, 199 Tage	Schalke 04
Uwe Höfer	26.02.1977	17 Jahre, 220 Tage	Schalke 04

Ulf Kirsten (Leverkusen) traf 2002 beim 4:2-Sieg in Lautern schon nach 11 Sekunden

Längste Vereinszugehörigkeit

Name	Verein	Jahre	Spiele
Karl-Heinz Körbel	Eintracht Frankfurt	19	602
Manfred Kaltz	Hamburger SV	19	581
Klaus Fichtel	FC Schalke 04	19	477
Michael Zorc	Borussia Dortmund	17	463
Günther Schäfer	VfB Stuttgart	17	331
Michael Lameck	VfL Bochum	16	518
Bernd Nickel	Eintracht Frankfurt	16	426
Dieter Eilts	Werder Bremen	16	390
Christian Hochstätter	Borussia M'gladbach	16	339
Axel Roos	1.FC Kaiserslautern	16	303

Spieler mit den meisten Vereinen

Name	Anz.	Vereine
Michael Spies	7	VfB Stuttgart, Karlsruher SC, Borussia M'gladbach, Hansa Rostock, Hamburger SV, 1.FC Dynamo Dresden, VfL Wolfsburg
Stefan Kohn	6	Bayer 04 Leverkusen, Hannover 96, VfL Bochum, Werder Bremen, 1.FC Köln, FC Schalke 04
Bruno Labbadia	6	Hamburger SV, 1.FC Kaiserslautern, FC Bayern München, 1.FC Köln, Werder Bremen, DSC Arminia Bielefeld
Jürgen Rynio	6	Karlsruher SC, 1.FC Nürnberg, Borussia Dortmund, SC Rot-Weiß Essen, FC St. Pauli, Hannover 96
Jörn Andersen	5	1.FC Nürnberg, Eintracht Frankfurt, Fortuna Düsseldorf, Hamburger SV, 1.FC Dynamo Dresden

Die Rekord-Spieler

Platz	Name	Vereine	Spiele
1	Karl-Heinz Körbel	Frankfurt	602
2	Manfred Kaltz	HSV	581
3	Klaus Fichtel	Schalke, Werder Bremen	552
4	Mirko Votava	Dortmund, Werder Bremen	546
5	Klaus Fischer	1860 München, Schalke, Köln, Bochum	535
6	Eike Immel	Dortmund, Stuttgart	534
7	Willi Neuberger	Dortmund, Werder Bremen, Wuppertaler SV, Frankfurt	520
8	Michael Lameck	Bochum	518
9	Uli Stein	Bielefeld, HSV, Frankfurt	512
10	Bernard Dietz	Duisburg, Schalke	495
11	Ditmar Jakobs	Oberhausen, Tennis Borussia, Duisburg, HSV	493
12	Rainer Geye	Düsseldorf, Kaiserslautern	485
13	Dieter Burdenski	Schalke, Bielefeld, Werder Bremen	478
14	Josef Maier	Bayern München	473
15	Oliver Reck	Offenbacher Kickers, Werder Bremen, Schalke	471
16	Stefan Reuter	Nürnberg, Bayern München, Dortmund	469
17	Lothar Matthäus	M'gladbach, Bayern München	464
17	Toni Schumacher	Köln, Schalke, Bayern München, Dortmund	464
19	Michael Zorc	Dortmund	463
20	Franz-Josef Tenhagen	Oberhausen, Bochum, Dortmund	457
21	Norbert Nigbur	Schalke, Hertha BSC	456
22	Rolf Rüssmann	Schalke, Dortmund	453
23	Stefan Kuntz	Bochum, Uerdingen, Kaiserslautern, Bielefeld	449
24	Manfred Burgsmüller	Rot-Weiß Essen, Dortmund, Nürnberg, Werder Bremen	447
25	Olaf Thon	Schalke, Bayern München	443
26	Jürgen Grabowski	Frankfurt	441
26	Johannes Riedl	Duisburg, Hertha BSC, Kaiserslautern, Bielefeld, Offenbacher Kickers	441
28	Gerd Zewe	Düsseldorf	440
29	Michael Frontzeck	M'gladbach, Stuttgart, Bochum, SC Freiburg	436
30	Wolfgang Kleff	M'gladbach, Hertha BSC, Düsseldorf, Bochum	433
31	Gerd Müller	Bayern München	427
32	Bernd Nickel	Frankfurt	426
33	Klaus Allofs	Düsseldorf, Köln, Werder Bremen	424
33	Franz Beckenbauer	Bayern München, HSV	424
35	Siegfried Held	Dortmund, Offenbacher Kickers, Uerdingen	422
36	Lothar Woelk	Bochum, Duisburg	420
36	Horst-Dieter Höttges	Werder Bremen	420
36	Bernd Hölzenbein	Frankfurt	420
39	Heinz Simmet	Neunkirchen, Rot-Weiß Essen, Köln	419
39	Berti Vogts	M'gladbach	419
39	Franz Merkhoffer	Braunschweig	419
42	Andreas Möller	Frankfurt, Dortmund, Schalke	417
42	Rudi Bommer	Düsseldorf, Uerdingen, Frankfurt	417
44	Georg Schwarzenbeck	Bayern München	416
44	Holger Fach	Düsseldorf, Uerdingen, M'gladbach, Leverkusen, 1860 München	416
46	Dieter Bast	Rot-Weiß Essen, Bochum, Leverkusen	412
47	Georg Volkert	Nürnberg, HSV, Stuttgart	410
47	Marcel Witeczek	Uerdingen, Kaiserslautern, Bayern München, M'gladbach	410
49	Wolfgang Overath	Köln	409
50	Rudi Kargus	HSV, Nürnberg, Karlsruhe, Düsseldorf	408

Die Torjäger

Platz	Name	Tore
1	Gerd Müller	365
2	Klaus Fischer	268
3	Jupp Heynckes	220
4	Manfred Burgsmüller	213
5	Ulf Kirsten	182
6	Stefan Kuntz	179
7	Klaus Allofs	177
7	Dieter Müller	177
9	Hannes Löhr	166
10	Karl-Heinz Rummenigge	162
11	Bernd Hölzenbein	160
12	Fritz Walter	157
13	Thomas Allofs	148
14	Bernd Nickel	141
15	Uwe Seeler	137
16	Horst Hrubesch	136
17	Rudi Völler	132
17	Giovane Elber	132
19	Michael Zorc	131
20	Karl Allgöwer	129
21	Dieter Hoeneß	127
22	Georg Volkert	125
23	Frank Mill	123
24	Lothar Matthäus	121
24	Herbert Laumen	121
26	Roland Wohlfarth	120
27	Bernd Rupp	119
27	Ronald Worm	119
29	Pierre Littbarski	116
30	Lothar Emmerich	115
31	Rainer Geye	113
32	Andreas Möller	110
32	Jürgen Klinsmann	110
34	Jürgen Grabowski	109
35	Klaus Toppmöller	108
36	Uwe Rahn	107
37	Christian Schreier	106
37	Stephane Chapuisat	106
39	Martin Max	105
40	Bruno Labbadia	103
41	Marco Bode	101
41	Thomas von Heesen	101
43	Fredi Bobic	100
44	Bum-Kun Cha	98
44	Erwin Kostedde	98
46	Franz Brungs	97
46	Frank Neubarth	97
48	Hermann Ohlicher	96
48	Anthony Yeboah	96
50	Erich Beer	95

1969: Gerd Müller (l.) hatte immer das Tor im Visier. Rechts Hermandung, Roth, Torwart Scholz (Aachen)

DDR-Meister

Saison	Paarung
1948	SG Planitz (Ostzonen-Meisterschaft)
1949	ZSG Union Halle (Ostzonen-Meisterschaft)
1949/50	ZSG Horch Zwickau
1950/51	BSG Chemie Leipzig
1951/52	BSG Turbine Halle
1952/53	SG Dynamo Dresden
1953/54	BSG Turbine Erfurt
1954/55	SC Turbine Erfurt
1956	SC Wismut Karl-Marx-Stadt
1957	SC Wismut Karl-Marx-Stadt
1958	ASK Vorwärts Berlin
1959	SC Wismut Karl-Marx-Stadt
1960	ASK Vorwärts Berlin
1961/62	ASK Vorwärts Berlin
1962/63	SC Motor Jena
1963/64	BSG Chemie Leipzig
1964/65	ASK Vorwärts Berlin
1965/66	FC Vorwärts Berlin
1966/67	FC Karl-Marx-Stadt
1967/68	FC Carl Zeiss Jena
1968/69	FC Vorwärts Berlin
1969/70	FC Carl Zeiss Jena
1970/71	SG Dynamo Dresden
1971/72	1.FC Magdeburg
1972/73	SG Dynamo Dresden
1973/74	1.FC Magdeburg
1974/75	1.FC Magdeburg
1975/76	SG Dynamo Dresden
1976/77	SG Dynamo Dresden
1977/78	SG Dynamo Dresden
1978/79	Berliner FC Dynamo
1979/80	Berliner FC Dynamo
1980/81	Berliner FC Dynamo
1981/82	Berliner FC Dynamo
1982/83	Berliner FC Dynamo
1983/84	Berliner FC Dynamo
1984/85	Berliner FC Dynamo
1985/86	Berliner FC Dynamo
1986/87	Berliner FC Dynamo
1987/88	Berliner FC Dynamo
1988/89	SG Dynamo Dresden
1989/90	SG Dynamo Dresden
1990/91	Hansa Rostock

Ein großer Spielmacher: Hans-Jürgen „Dixie" Dörner von Dynamo Dresden. Links Bräutigam (Zwickau)

DDR-Pokalsieger

Datum	Paarung	Ergebnis
1949	BSG Waggonbau Dessau – BSG Gera Süd	1:0
1949/50	BSG EHW Thale – BSG KWU Erfurt	4:0
1951/52	SG Volkspolizei Dresden – BSG Einheit Pankow	3:0
1953/54	ZSK Vorwärts Berlin – BSG Motor Zwickau	2:1
1954/55	SC Wismut Karl-Marx-Stadt – SC Empor Rostock	3:2 n.V.
1956	SC Chemie Halle-Leuna – ASK Vorwärts Berlin	2:1
1957	SC Lokomotive Leipzig – SC Empor Rostock	2:1 n.V.
1958	SC Einheit Dresden – SC Lokomotive Leipzig	2:1 n.V.
1959	SC Dynamo Berlin – SC Wismut Karl-Marx-Stadt (Wiederh.-Spiel)	0:0 n.V. 3:2
1960	SC Motor Jena – SC Empor Rostock	3:2 n.V.
1961/62	SC Chemie Halle – SC Dynamo Berlin	3:1
1962/63	BSG Motor Zwickau – BSG Chemie Zeitz	3:0
1963/64	SC Aufbau Magdeburg – SC Leipzig	3:2
1964/65	SC Aufbau Magdeburg – SC Motor Jena	2:1
1965/66	BSG Chemie Leipzig – BSG Lokomotive Stendal	1:0
1966/67	BSG Motor Zwickau – Hansa Rostock	3:0
1967/68	1.FC Union Berlin – FC Carl Zeiss Jena	2:1
1968/69	1.FC Magdeburg – FC Karl-Marx-Stadt	4:0
1969/70	FC Vorwärts Berlin – 1.FC Lokomotive Leipzig	4:2
1970/71	SG Dynamo Dresden – Berliner FC Dynamo	2:1 n.V.
1971/72	FC Carl Zeiss Jena – SG Dynamo Dresden	2:1
1972/73	1.FC Magdeburg – 1.FC Lokomotive Leipzig	3:2
1973/74	FC Carl Zeiss Jena – SG Dynamo Dresden	3:1 n.V.
1974/75	BSG Sachsenring Zwickau – SG Dynamo Dresden	2:2 n.V. 4:3 i.E.
1975/76	1.FC Lokomotive Leipzig – FC Vorwärts Frankfurt/Oder	3:0
1976/77	SG Dynamo Dresden – 1.FC Lokomotive Leipzig	3:2
1977/78	1.FC Magdeburg – SG Dynamo Dresden	1:0
1978/79	1.FC Magdeburg – Berliner FC Dynamo	1:0 n.V.
1979/80	FC Carl Zeiss Jena – FC Rot-Weiß Erfurt	3:1 n.V.
1980/81	1.FC Lokomotive Leipzig – FC Vorwärts Frankfurt/Oder	4:1
1981/82	SG Dynamo Dresden – Berliner FC Dynamo	1:1 n.V. 5:4 i.E.
1982/83	1.FC Magdeburg – FC Karl-Marx-Stadt	4:0
1983/84	SG Dynamo Dresden – Berliner FC Dynamo	2:1
1984/85	SG Dynamo Dresden – Berliner FC Dynamo	3:2
1985/86	1.FC Lokomotive Leipzig – 1.FC Union Berlin	5:1
1986/87	1.FC Lokomotive Leipzig – Hansa Rostock	4:1
1987/88	Berliner FC Dynamo – FC Carl Zeiss Jena	2:0 n.V.
1988/89	Berliner FC Dynamo – FC Karl-Marx-Stadt	1:0
1989/90	1.FC Dynamo Dresden – PSV Schwerin	2:1
1990/91	Hansa Rostock – Eisenhüttenstädter FC Stahl	1:0

DDR-Oberliga: Die höchsten Siege

Datum	Paarung	Ergebnis
23.10.49	SG Dresden Friedrichstadt – Anker Wismar	11:0
20.11.49	Volksstimme Babelsberg – SG Dresden-Friedrichstadt	2:12
15.03.80	BFC Dynamo – Chemie Leipzig	10:0
17.03.79	BFC Dynamo – Sachsenring Zwickau	10:0
05.02.50	Waggonbau Dessau – Vorwärts Schwerin	10:0
05.09.81	Dynamo Dresden – Chemie Buna Schkopau	10:1
09.03.85	BFC Dynamo – Stahl Riesa	9:0
27.11.82	1. FC Magdeburg – Sachsenring Zwickau	9:0
22.09.57	ASK Vorwärts Berlin – Motor Zwickau	9:0
04.12.55	SC Dynamo Berlin – Chemie Karl-Marx-Stadt	9:0
29.08.51	Einheit Pankow – Motor Dessau	0:9
30.09.51	Rotation Dresden – Motor Gera	9:0
09.09.50	Rotation Babelsberg – VfB Pankow	9:0

Die großen Erfolge des DDR-Fußballs

Der Deutsche Fußball-Verband (DFV) der früheren DDR wurde 1952 in den Weltverband FIFA aufgenommen. Nach dem Fall der Mauer 1989 gewann Hansa Rostock die letzte Meisterschaft des DDR-Fußballs vor seiner Eingliederung in den DFB. Die größten Erfolge des DDR-Fußballs: Das 1:0 gegen den späteren Weltmeister Deutschland bei der WM 1974, der Olympiasieg 1976 in Montreal und das 2:0 des 1. FC Magdeburg im Endspiel um den Europacup der Pokalsieger 1974.

Martin Hoffmann (l.) und Joachim Streich stemmen den FDGB-Pokal: Magdeburg gewann 1979 gegen den BFC Dynamo 1:0 n.V.

DDR-Fußballer des Jahres

Saison	Name	Verein
1963	Manfred Kaiser	Wismut Karl-Marx-Stadt
1964	Klaus Urbanczyk	SC Chemie Halle
1965	Horst Weigang	SC Leipzig
1966	Jürgen Nöldner	FC Vorwärts Berlin
1967	Dieter Erler	FC Karl-Marx-Stadt
1968	Bernd Bransch	Hallescher FC Chemie
1969	Eberhard Vogel	Carl Zeiss Jena
1970	Roland Ducke	Carl Zeiss Jena
1971	Peter Ducke	Carl Zeiss Jena
1972	Jürgen Croy	Sachsenring Zwickau
1973	Hans-Jürgen Kreische	Dynamo Dresden
1974	Bernd Bransch	Hallescher FC Chemie
1975	Jürgen Pommerenke	1. FC Magdeburg
1976	Jürgen Croy	Sachsenring Zwickau
1977	Hans-Jürgen Dörner	Dynamo Dresden
1978	Jürgen Croy	Sachsenring Zwickau
1979	Joachim Streich	1. FC Magdeburg
1980	Hans-Ulrich Grapenthin	Carl Zeiss Jena
1981	Hans-Ulrich Grapenthin	Carl Zeiss Jena
1982	Rüdiger Schnuphase	Carl Zeiss Jena
1983	Joachim Streich	1. FC Magdeburg
1984	Hans-Jürgen Dörner	Dynamo Dresden
1985	Hans-Jürgen Dörner	Dynamo Dresden
1986	Rene Müller	1. FC Lok Leipzig
1987	Rene Müller	1. FC Lok Leipzig
1988	Andreas Thom	BFC Dynamo
1989	Andreas Trautmann	Dynamo Dresden
1990	Ulf Kirsten	Dynamo Dresden
1991	Torsten Gütschow	Dynamo Dresden

DDR-Spieler mit den meisten Einsätzen

Platz	Name	Tore	Verein
1	Eberhard Vogel	440	Karl-Marx-Stadt, Jena
2	Alois Glaubitz	428	Zwickau
3	Henning Frenzel	420	Lok Leipzig
4	Hans-Jürgen Dörner	392	Dynamo Dresden
5	Reinhard Häfner	391	Dynamo Dresden
6	Wolfgang Seguin	380	Magdeburg
7	Joachim Streich	378	Rostock, Magdeburg
8	Frank Terletzki	373	BFC Dynamo
9	Jürgen Croy	372	Zwickau
10	Holger Erler	359	Aue

Die besten DDR-Torschützen

Platz	Name	Tore	Verein
1	Joachim Streich	229	Rostock, Magdeburg
2	Eberhard Vogel	188	Karl-Marx-Stadt, Jena
3	Peter Ducke	153	Jena
4	Henning Frenzel	152	SC/Lok Leipzig
5	Günter Schröter	142	Dyn. Dresden, Dyn. Berlin
6	Hans-Jürgen Kreische	131	Dynamo Dresden
7	Rüdiger Schnuphase	123	Jena, Erfurt
8	Dieter Kühn	122	Lok Leipzig, Sachs. Leipzig
9	Bernd Bauchspieß	120	Zeitz, Chem. Leipzig, Dyn. Berlin
10	Hans Schöne	114	Einh. Ost Leipzig, Babelsbg.
10	Jürgen Heun	114	Erfurt
10	Jürgen Raab	114	Jena

Die **Bild** Super-Stars

4 Jahrzehnte,

Max Merkel: Meine Super-Elf der 60er

Der erstgenannte Verein unter dem Namen prägte die Karriere des Spielers am meisten

Max Merkel trainierte Meister-Mannschaften in Österreich, Spanien und der Bundesliga (1860, Nürnberg)

Udo Lattek: Meine Super-Elf der 70er

Udo Lattek holte 8 Meisterschaften und zwei Europapokale mit Bayern und Gladbach, dazu den Europacup der Pokalsieger mit dem FC Barcelona

4 Dream-Teams

Otto Rehhagel: Meine Super-Elf der 80er

Otto Rehhagel wurde mit Werder Bremen (2x) und Kaiserslautern Deutscher Meister, holte den Europacup der Pokalsieger

Ottmar Hitzfeld: Meine Super-Elf der 90er

Ottmar Hitzfeld gewann mit Dortmund (2) und Bayern (4) sechs Meisterschaften, wurde mit beiden Vereinen Champions-League-Sieger

VELTINS